Leon Weintraub, Magda Jaros
Die Versöhnung mit dem Bösen

Leon Weintraub | Magda Jaros

Die Versöhnung mit dem Bösen

Geschichte eines Weiterlebens

*Aus dem Polnischen
von Jan Obermeier*

WALLSTEIN VERLAG

Die polnische Originalausgabe wurde gefördert durch das Dialogzentrum Marek Edelmann Lodz sowie das Museum der Geschichte der polnischen Juden Warschau.

Bibliografische Information der Deutschen Nationalbibliothek
Die Deutsche Nationalbibliothek verzeichnet diese Publikation in der Deutschen Nationalbibliografie; detaillierte bibliografische Daten sind im Internet über http://dnb.d-nb.de abrufbar.

4. Auflage 2024

www.wallstein-verlag.de

Das polnische Original erschien 2021 unter dem Titel *Pojednanie ze złem. Historia chłopca z łodzkiego getta* im Verlag Bellona.
Vom Verlag gesetzt aus der Minion
Umschlaggestaltung: Susanne Gerhards, Düsseldorf, © SG-Image unter Verwendung von AKG 5273031, © akg-images / UIG / Universal History Archive sowie Unbekannt, Foto der Umbenennung der Stadt Lodz, 1940, via wikimedia commons, gemeinfrei.
Druck und Verarbeitung: bookSolutions Vertriebs GmbH, Göttingen
Lithografien: SchwabScantechnik, Göttingen
ISBN 978-3-8353-5232-2

Inhalt

Cogito ergo sum.

Descartes

Guter Wille, gegenseitiger Respekt und die Bereitschaft zu Zugeständnissen sind unerlässliche Bedingungen für eine befriedigende Lösung von Konflikten.

Leon Weintraub

Vorwort der Autoren

Ich habe es geschafft … Ich bin 95 Jahre alt geworden und habe es geschafft, mein langes, ungewöhnliches Leben nochmals Revue passieren zu lassen und näher zu beschreiben.

Seit dem Ende meiner beruflichen Tätigkeit im Alter von 71 Jahren setze ich mich dafür ein, junge Menschen am Beispiel meines eigenen Lebens auf die fatalen Konsequenzen der NS-Ideologie hinzuweisen: angefangen von der Abneigung gegen Menschen anderer Herkunft oder Anschauung bis hin zum massenhaften Völkermord in Gaskammern. Oftmals wurde ich dabei nach meiner Haltung gegenüber den Tätern gefragt. Vergebung oder gar Rechtfertigung dieser jedes menschliche Vorstellungsvermögen überschreitenden Verbrechen ist für mich unmöglich. Es bleibt also nur die Versöhnung, die es nach dem Verzicht auf weitere gegenseitige Vorwürfe und der Unterbrechung der endlosen Spirale von Feindschaft und Bosheit erlaubt, gemeinsam eine menschenwürdige Zukunft zu schaffen. Als Überlebender des Holocaust habe ich eben diese Haltung ganz bewusst eingenommen – die Bereitschaft zur Versöhnung.

Meine Begegnungen mit Schülern schließe ich für gewöhnlich mit einigen Kernbotschaften. Dabei sage ich, dass das heutige Wissen über die DNA, die Trägerin unseres Erbguts, beweist, dass es nur eine einzige menschliche Rasse gibt – den *homo sapiens*. Daher beruhte die NS-Ideologie auf völlig falschen Voraussetzungen. Ferner weise ich darauf hin, dass ich bei den von mir durchgeführten Operationen immer festgestellt habe, dass das Hautgewebe aller Patientinnen egal welcher Hautfarbe stets identisch war.

Dieses Buch entstand dank der Initiative von Magda Jaros. Es war ihre Inspiration und ihr Verdienst, dass ich das, was mir in meinem langen Leben widerfahren ist, nochmals in Erinnerung rufen und weitergeben konnte. Mein Leben war anfangs von Armut geprägt. Meine Jugend verbrachte ich unter unmenschlichen Bedingungen im Getto Litzmannstadt (ich möchte gar nicht daran denken, dass in meiner Heimatstadt ein Getto gewesen war – nicht in meinem Lodz, sondern nur im deutschen Litzmannstadt schufen die Nazis einen furchtbaren Ort der Isolierung) und in mehreren Konzentrationslagern: Auschwitz-Birkenau, Groß-Rosen, Flossenbürg und Offenburg, einem Außenlager von Natzweiler-Struthof. Die Rückkehr in die Normalität war für mich zwar ein mühsamer Weg, aber insgesamt bewerte ich die Zeit nach dem Krieg sehr positiv. Ich führe weiterhin ein abwechslungsreiches Leben und habe viel erreicht. Magda bin ich dankbar für ihre Geduld, ihren Scharfsinn und ihre Tiefgründigkeit bei der Entwirrung der vielen, in den hintersten Winkeln meines Gedächtnisses verborgenen Einzelheiten.

Ich habe drei Söhne und eine Tochter, die alle bereits selbst eigene Familien gegründet haben. Viel verdanke ich meiner Frau – seit 45 Jahren ist Evamaria meine Stütze, und es ist ihr Verdienst, dass ich mich so gut fühle.

Ich bin für mein Alter in guter psychischer und physischer Verfassung, wobei ich viel Zufriedenheit aus meinem Leben schöpfe. Nach Auschwitz benutze ich das Wort »sich beklagen« nicht mehr, denn alles ist seitdem um Welten besser.

Den Leserinnen und Lesern dieser Erzählung möchte ich meine unerschütterliche Überzeugung ans Herz legen, dass in allen zwischenmenschlichen Beziehungen der gesunde Menschenverstand letztlich die Oberhand behält.

Leon Weintraub
Stockholm, 2020

*

Ich erlebte Leon Weintraub im Fernsehen, als er im Namen der Holocaust-Überlebenden anlässlich des 74. Jahrestages der Befreiung von Auschwitz-Birkenau eine Rede hielt. Er sprach dabei von dem Risiko, das der in Polen und weltweit wiederauflebende Nationalismus mit sich bringe. Er strahlte Stolz, Würde, aber auch Traurigkeit aus. Ich rief ihn an, um ihm zu dieser Rede zu gratulieren. Ich kenne ihn noch aus Zeiten, in denen ich als Kind in der Volksrepublik Polen in den Ferien regelmäßig nach Schweden gefahren bin, wohin meine Tante emigriert ist. Ich wusste, dass er in mehreren Konzentrationslagern gewesen ist. Einmal wollte ich sogar heimlich einen Blick auf seinen Unterarm erhaschen, um zu sehen, ob dort eine Häftlingsnummer eintätowiert ist – was nicht der Fall ist. Er hat mir nie von seinen Erlebnissen erzählt, und ich habe ihn nie danach gefragt. Ich spürte wohl eher Scheu und Respekt. Nach jenem Telefonat tauschten wir unsere Mailadressen aus. Schließlich wagte ich es, ihm das Buch vorzuschlagen. »Die Zeit ist reif dafür« – schrieb er zurück. Dies verstand ich als Einwilligung.

Unsere Gespräche begannen wir in einer anderen Welt. Wir trafen uns mehrmals in Warschau, wo Leon im Sommer 2019 häufig zu Gast war. Er drehte mit dem Bayerischen Fernsehen einen Dokumentarfilm, nahm an den Gedenkfeiern zum 74. Jahrestag der Auflösung des Ghettos Litzmannstadt teil und begleitete eine Gruppe deutscher Studenten zu den Gedenkstätten. Im Herbst 2019 gelang es mir, ihn in Auschwitz zu treffen – er war dort nur angereist, um sich mit Pfadfindern aus Lodz zu treffen. Im Dezember 2019 besuchte ich ihn in Stockholm. Den Winter 2019/20 verbrachte er im damals sonnig-warmen Arizona. Er scherzte, dass dies die einzigen Wochen im Jahr seien, in denen er langsamer treten und seinen Akku wieder aufladen könne. Und dann kam die Zeit der Corona-Pandemie, die er in seiner Stockholmer Wohnung verbrachte. Wenn er damals nicht unter »Hausarrest« gestanden hätte, wäre dieses Buch sicherlich nicht entstanden. Aber so fand er endlich Zeit dafür.

Wir unterhielten uns auf Skype, wobei mir im Laufe der Gespräche immer deutlicher bewusst wurde, mit was für einer interessanten Lebensgeschichte und was für einem außergewöhnlichen Menschen ich es zu tun hatte. Leon überraschte mich durch sein phänomenales, in zahlreichen Momenten geradezu fotografisches Gedächtnis. Präzise rekonstruierte er die Topographie von Städten und die räumliche Ausstattung von Wohnungen. Mitunter hatte er Schwierigkeiten, seine Emotionen zu zeigen, die er – wie er mir erläuterte – in den Kriegsjahren einfrieren musste. Ich fragte ihn nicht nach den großen geschichtlichen Zusammenhängen. Diese seien den Historikern überlassen, obwohl sie zwangsläufig mit Leons Schicksal eng verflochten sind. Wir unterhielten uns über ganz gewöhnliche Dinge: über Lodz in der Zwischenkriegszeit, das Alltagsleben im Getto, den Alptraum in den KZs und dann über die Rückkehr in die Normalität und das Leben als Erwachsener. Leon erzählte mit einer schönen Sprache und viel Gefühl für einzelne Wortbedeutungen, obwohl er doch seit 50 Jahren nicht mehr in Polen lebt. Als die Rede auf seine Ansichten zur Welt von heute kam, überraschte er mich mit überaus zutreffenden Bemerkungen, aber auch durch die Gewagtheit seiner Äußerungen. Ich verstand, dass ein Mensch in seinem Alter sich nicht mehr auf die Zunge beißen muss und frei sagt, was er denkt.

Trotz des großen Altersunterschieds zwischen uns habe ich diesen überhaupt nicht wahrgenommen. Es war eher Leon, der in unserem Duett oftmals als der Jüngere erschien, obwohl er das gute Recht hatte, auch schlecht aufgelegt zu sein. Er ging nie aus dem Haus, und die ihm nahestehenden Menschen sah er mit Ausnahme seiner Frau lediglich auf seinem Handy oder dem PC-Bildschirm. Dennoch begrüßte er mich stets gut gelaunt, war positiv eingestellt und hellwach. Seine Lebensenergie hätte für mehrere Personen ausgereicht. Die ihm begegnenden Unannehmlichkeiten verglich er mit dem Leben in einem goldenen Käfig. Über was hätte er sich also beklagen sollen? Wiederholt sprach er davon, dass es abgesehen von letzten Dingen wie Tod oder Krankheit keine Probleme gebe. Und die Schwierigkeiten, die man auf Schritt und Tritt antreffe, müsse man einfach nur lösen. Dies nahm ich mir zu Herzen. Ich weiß nicht, ob sich aus unseren stundenlangen Gesprächen tatsächlich Freundschaft entwickelt hat, aber eine tiefe Verbundenheit auf jeden Fall. Leon, ich danke dir!

Magda Jaros
Warschau, 2020

Vorwort zur deutschen Ausgabe

Das vorliegende Buch, *Die Versöhnung mit dem Bösen*, das vom Wallstein Verlag in Göttingen veröffentlicht wird, hat für mich eine sehr starke emotionale Bedeutung. In dieser Stadt habe ich im Wintersemester 1946/47 das Medizinstudium an der Georg-August-Universität begonnen – und das nach der langen Zeit der Verfolgung und Entwürdigung im Getto Litzmannstadt und in verschiedenen Konzentrationslagern sowie anschließend der Erholungszeit in Reichenau am Bodensee und dem DP-Lager Bergen-Belsen. Hier, in dieser wunderbaren und im Zweiten Weltkrieg kaum zerstörten Stadt, konnte ich meinen Weg zurück ins Leben finden. Angefangen mit einem Gespräch mit Prof. Hermann Rein, dem damaligen Dekan der Medizinischen Fakultät, dann mit meinem späteren Mentor Rachmiel Brandwajn, der mit mir im Polnischen Studentenheim am Nikolausberger Weg 22 ein Zimmer teilte, und schließlich meine »Sturm und Drang-Periode« als politischer Aktivist in der FDJ-Hochschulgruppe; all dies hat zu meiner psychischen Entwicklung beigetragen, um »Erbträger« der Enzyklopädisten und ein Befürworter der Parole »Freiheit, Gleichheit und Brüderlichkeit« zu werden. In diesem Sinne habe ich mich in meinem sehr langen Leben bemüht zu handeln.

Eine weitere Anknüpfung zu Göttingen ist der Verlag Vandenhoeck & Ruprecht, der 1970 *König Hänschen der Erste*, das Buch von Janusz Korczak, in der Übersetzung meiner Frau Katja Weintraub herausgegeben hat. Janusz Korczak wurde 1972 posthum der Friedenspreis des Deutschen Buchhandels zuerkannt.

Dem Göttinger Wallstein Verlag bin ich daher für die Herausgabe des Buches sehr dankbar und hoffe, dass dieses Buch bei den deutschen Lesern eine gute Aufnahme finden wird.

Ich möchte hier Magda Jaros, die meine Erinnerungen und Gedanken vortrefflich niedergeschrieben hat, Jan Obermeier für die Übertragung ins Deutsche, Prof. Sascha Feuchert, dem

Urheber der Stellenkommentare, und meinem Lektor Dr. Jan Philipp Bothe für die sehr gute Zusammenarbeit meinen herzlichsten Dank aussprechen.

Leon Weintraub
Stockholm, 2022

Einführung

Eine Villa am Stadtrand von München im September 2020. Es ist ein warmer, sonniger Tag. Im Garten befinden sich drei kleine Tische, Fernsehkameras auf Stützschienen stehen bereit. Einen Augenblick später begegnen sich drei Menschen, die sich zwar nicht persönlich kennen, aber durch eine gemeinsame Vergangenheit verbunden sind. Leon Weintraub – ein Jude aus Lodz, Jens-Jürgen Ventzki – der Sohn von Werner Ventzki, dem Oberbürgermeister von Litzmannstadt,[1] der ins »Dritte Reich« eingegliederten Stadt Lodz, und Julie Lindahl, die Enkelin eines SS-Manns, der damals im Gefolge der Wehrmacht in Wielkopolska (Großpolen, unter NS-Besatzung in »Reichsgau Wartheland« umbenannt) einmarschierte und die dortigen Landgüter an sich riss. Eine Enkelin und ein Sohn der Täter sowie deren Opfer (was wichtig ist – Leon wird sich als Sieger anstatt als Opfer bezeichnen) wollen sich über Geschichte unterhalten. Aufgenommen wird das Gespräch vom Bayerischen Rundfunk, der eine Programmreihe mit Holocaust-Überlebenden vorbereitet, solange diese noch über ihre Erlebnisse erzählen können.

Werner Ventzki, unter dessen Aufsicht das Getto stand, und dessen Verwaltungsleiter Hans Biebow wurden nie gerichtlich verurteilt. Ventzki war nach dem Krieg beim Bund der Vertriebenen tätig und verstarb 2004 im Alter von 98 Jahren. Die Großeltern von Julie flohen aus Furcht vor einem möglichen Prozess zu Beginn der 1960er Jahre nach Brasilien. Jens-Jürgen entdeckte die dunkle Vergangenheit seines Vaters 1990 in einer Ausstellung über das Getto Litzmannstadt im Jüdischen Museum in Frankfurt am Main. Julie und Jens liefen vor dieser Vergangenheit nicht davon. Ventzki schrieb ein aufsehenerregendes, auch in polnischer Sprache erschienenes Buch unter dem Titel *Seine Schatten, meine Bilder. Eine Spurensuche.* Lindahl veröffentlichte ihre Memoiren in den USA (*The Pendulum*) und in Schweden (*Pendeln*).

Zu dieser Begegnung kam es auf Betreiben des schwedischen Bürgers und Gynäkologen Leon Weintraub, der es für interessant hielt, drei Generationen zusammenzubringen, deren Geschicke durch eine gemeinsame Geschichte verbunden waren. Die in Brasilien geborene Julie Lindahl lebt wie Weintraub bis heute in Schweden – sie wurde ihm von einer Freundin vorgestellt. Von bekannten Holocaust-Überlebenden wusste Weintraub, dass Jens-Jürgen Ventzki ein Buch schrieb und Kontakt zu Menschen suchte, die den Krieg in Litzmannstadt auf der anderen Seite des Stacheldrahts überlebt hatten.

»Wir gingen auf das Problem von Schuld und Verantwortung ein, und Frau Lindahl fügte noch die Frage der Scham hinzu«, sagte Weintraub. »Zu Beginn wandte ich mich an Ventzki. Ich sagte ihm, dass ich nicht wisse, was es bedeutet, einen Vater zu haben, da mein Vater starb, als ich eineinhalb Jahre alt war. Aber ich kann mir vorstellen, was für ein Schock es für ihn gewesen sein muss, zu entdecken, dass der Mensch, den er geliebt und bewundert hatte, der ein Vorbild für ihn gewesen war, in Wirklichkeit ein glühender Nationalsozialist und Kriegsverbrecher gewesen war und die Mitverantwortung für das getragen hatte, was sich im Getto Litzmannstadt in meiner Stadt ereignete. Es tut mir leid für ihn, dass er das erleben musste. Aber andererseits verneige ich mich davor, dass er den Mut hatte, über den eigenen Schatten zu springen und sich von allem abzunabeln, was sein Vater darstellte.«

Die Familie Ventzki wohnte in Lodz in der schönen, von einem Garten umgebenen Sezessionsvilla von Hilmar Girbardt in der Bednarska-Straße. Ihr standen ein Dienstmädchen sowie ein Chauffeur, ein Koch und ein Gärtner zur Verfügung. Jens-Jürgen erinnerte sich an sein privilegiertes Leben. Mit Tränen in den Augen erzählte er, dass seine Mutter als Frau eines Prominenten die von Juden beschlagnahmten und an die Gettoverwaltung weitergeleiteten Waren auf dem Bałucki-Markt kaufen konnte. Für 540 Reichsmark – also für so gut wie nichts – erwarb sie einen Silberfuchs-Pelz, später noch einen Persianermantel und mehrere Goldringe. Der Vater blieb dem

»Führer« bis ans Lebensende treu und verurteilte ihn nie. Er bedauerte, dass seine Familie nach der Niederlage des »Dritten Reiches« ihre bisherige Position verloren hatte. Jens-Jürgens Brüder wollten sich nicht mit der Geschichte und ihrem schweren Erbe beschäftigen. In den Augen Werner Ventzkis war der eindringliche Mahner Thomas Mann nichts weiter als ein flüchtiger Vaterlandsverräter. Julie Lindahl wird von ihren Angehörigen als das schwarze Schaf der Familie behandelt. »Es war immer schwierig, in meiner Familie über meinen 1976 verstorbenen Großvater und seine Vergangenheit zu sprechen«, erzählt Lindahl. Ihre Familie sah es als Verrat an, eben diese Vergangenheit wieder ans Licht zu holen.

Alle drei dachten ähnlich – sie verdammten das, was der Nazismus und die NS-Ideologie mit sich gebracht hatten. Jens-Jürgen hoffte darauf, dass sich andere Menschen mit ähnlichen Vorfahren wie er nach der Betrachtung des Dokumentarfilms trauen würden, öffentlich über ihre Verwandten und die Vergangenheit zu sprechen. Nur auf diese Weise kann man der braunen Gefahr in Europa und in der Welt entgegentreten. Am Ende des Gesprächs reichten sie sich wegen der Corona-Pandemie nicht die Hand, sondern stießen ihre Ellenbogen aneinander. Danach aß man in freundschaftlicher Atmosphäre zu Abend.

»Für mich war das symbolisch«, sagte Leon Weintraub. »Ich, ein armer Bursche aus einer jüdischen Familie, der mit aller Grausamkeit und extremer Deutlichkeit kennenlernte, was Unterdrückung, Entmenschlichung und Verfolgung bedeuten, begegnete einem Menschen, der in sich die Gene meines Verfolgers trug. In gewissem Sinne stand er mir nahe, obwohl uns alles trennte: Geburt und Religion, mit der wir aufgewachsen waren, der materielle Status. Aber eines hatten wir gemeinsam – meine Stadt Lodz.« Dort hat alles angefangen …

Das Czulent-Gässchen und andere Adressen

Eine Welt, die nicht nur physisch, sondern auch mental auf einige wenige Straßen im armen jüdischen Lodz begrenzt war: die Kamienna-Straße, Wschodnia-Straße, Południowa-Straße und Kiliński-Straße. Ich fühlte eine unerklärliche, lähmende Angst davor, mein Viertel zu verlassen.

Lodz steht auch mir nahe. Ich kam im Stadtteil Górna auf die Welt. Bis zu meinem Studienabschluss wohnte ich in der Plattenbausiedlung Retkinia. Das Stadtzentrum und das Netz der Einbahnstraßen kenne ich ausgezeichnet. Einige Menschen vergleichen das Stadtzentrum mit Manhattan, was ich etwas übertrieben finde. Und obwohl ich in Lodz ein renommiertes Lyzeum und dann die dortige Universität besucht habe, lasteten auf meinem Wissen über das jüdische Lodz der Roman *Gelobtes Land* (*Ziemia obiecana*)[1] und der gleichnamige Film von Andrzej Wajda. Im Schulunterricht oder in den Vorlesungen sprach man manchmal über jüdische Blutsauger, wie etwa Hausbesitzer, Fabrikanten oder kapitalistische Ausbeuter. Aber man erfuhr nichts über diejenigen Menschen in Lodz, die Theater, Kinos oder Konzertsäle schufen und dadurch zugleich die prächtigsten Paläste und Gebäude der Stadt errichteten. Man wusste nichts über Krankenhäuser, Kinderheime oder Gymnasien. Nichts über das riesige Erbe, ohne das Lodz nicht die Stadt wäre, die es heute ist.

Ich habe mich oft gefragt, warum das so war. Natürlich kann man alles auf die Politik der Nachkriegszeit schieben, auf die lügenhafte Verfälschung der Geschichte. Aber das wäre zu einfach. Warum ist das jüdische Lodz den Einwohnern dieser Stadt so schwach in Erinnerung geblieben? Warum hat meine Oma – auch eine Lodzer Bürgerin, die in diese Stadt verliebt war – nie darüber gesprochen? Die Antwort fand ich im Buch von Waldemar Wolański, *Ślepy Maks. Historia prawdziwa* [*Der blinde Max. Eine wahre Geschichte*]. Der Held dieses Buches ist eine weitere facettenreiche jüdische Gestalt, von der ich lediglich eine sehr vage Vorstellung hatte. Warum redet niemand über den berüchtigten Räuber, den Al Capone von Lodz? Warum kann sich niemand an ihn erinnern? Die Antwort überraschte mich durch ihre Schlichtheit und vortreffliche Logik: »Das ist doch ganz klar: Es gibt niemanden mehr, dem er in Erinnerung gerufen werden könnte.«[2] Ich denke, dass das auf das ganze jüdische Lodz zutrifft – es gibt niemanden mehr, dem es in Erinnerung gerufen werden könnte. Vielleicht wäre es also angebracht, an dessen Anfänge zu erinnern?

Alles begann am Alten Markt. Dort kaufte Daniel Lejzerowicz – der erste jüdische Hausbesitzer – im Jahre 1794 ein Grundstück und errichtete dort ein Holzhaus. 1810 lebten am Markt bereits 14 jüdische Familien. Anfang des 19. Jahrhunderts durften sich die Juden in Lodz noch ansiedeln, wo sie wollten. Sie wählten zumeist den Alten Markt und dessen Umgebung: die Wolborska-Straße (dort entstand die berühmte, wunderschön verzierte Synagoge), die Drewnowska-Straße, den nördlichen Teil der Piotrkowska-Straße (heutige Nowomiejska-Straße) und die Podrzeczna-Straße. Die Situation änderte sich erst 1821, als die Kleinstadt Lodz durch Beschluss des Königreiches Polen ein Fabrikort wurde. In der Folgezeit entwickelte sich dort die Textilindustrie, die Lodz für immer veränderte. Dieser Industriezweig bildete sich durch die nach Lodz eingeladenen Weber aus Deutschland heraus. Diese legten mit dem Wojewoden von Masowien vertraglich fest, dass es fortan keinem Juden erlaubt war, in der neuen Siedlung – also in der Neustadt – zu wohnen oder dort Grund und Boden zu erwerben. Diese Vereinbarung wurde durch einen Erlass von Józef Zajączek, dem russischen Statthalters des Königreichs Polens, im Jahre 1825 bekräftigt. Der Erlass legte fest, dass Juden sich nur innerhalb der Altstadt ansiedeln durften, wo man ihnen ein spezielles Viertel zuteilte. Sie durften hingegen nicht in bessere Stadtteile umziehen – es sei denn, dass sie ein von Schulden unbelastetes Vermögen in Höhe von mindestens 20.000 Zloty besaßen, darüber hinaus Polnisch, Russisch oder Französisch sprachen und sich in ihrer Bekleidung von anderen Bürgern nicht unterschieden. Eine Ansiedlung außerhalb ihres Viertels ermöglichte man den Juden auch dann, wenn sie eine Fabrik errichteten oder ihre Kinder auf eine öffentliche Schule schickten.[3]

Um das Jahr 1820 siedelte eine für diese Geschichte wichtige Gestalt, Samuel Saltzman, aus dem nahegelegenen Ort Brzeziny nach Lodz über. Saltzman kam hier rasch zu beträchtlichem Vermögen und wurde Eigentümer mehrerer Wohnhäuser, Plätze und Garnlager. Obwohl er ein reicher Mann war, durfte er sein Viertel nicht verlassen. Saltzman trug einen Vollbart sowie einen Kaftan und war ein frommer chassidischer Jude. Die Errichtung der Synagoge an der Wolborska-Straße wurde größtenteils von Saltzman finanziert. Nach über 40 Jahren gelang ihm der Auszug aus dem jüdischen Viertel. Im Jahre 1862 bat er die Stadtväter von Lodz um die Gründung einer neuen Straße, die die Średnia-Straße (heutige Pomorska-Straße) mit der Północna-Straße verband. Diese Straße erhielt zunächst den Namen »Saltzman-Straße« und wurde im Laufe der Zeit in »Solna-Straße« umbenannt. In der Solna-Straße 5 gründete Saltzman eine chassidische[4] Schule.[5]

In der Solna-Straße 12 kam am 1. Januar 1926 Leon Weintraub auf die Welt. Zu seinen Erinnerungen an die früheste Kindheit gehört der Unterricht in der Chederschule,[6] wohin ihn seine Mutter, eine fromme Jüdin, sandte.

Zu Beginn der 1930er Jahre zog die Familie Weintraub in die Kamienna-Straße (heutige Włókiennicza-Straße) um. Diese befand sich am Rande der Neustadt mit ihrem zentral gelegenen Neuen Markt, dem Wolności-Platz. Die Kamienna-Straße hieß auf Jiddisch *Czulentgesl* – Czulent-Gässchen. In einem der Wohnhäuser befand sich eine Bäckerei. Jeden Freitag vor dem Sabbat brachten Leon und seine Schwester einen Topf mit *Czulent*, also Grütze mit Fleisch und Gemüse, sowie einen süßen Leckerbissen dorthin. Der Bäcker stellte den Topf in den erloschenen, aber noch glühend heißen Ofen. Das waren festliche Speisen für den Samstag, da an diesem Tag traditionsgemäß nicht gekocht werden durfte.

Vor dem Krieg war diese Straße recht arm, sie besaß keine Kanalisation. Aber dort befanden sich mehrere jüdische Gotteshäuser.[7] Die Geschichte der Straße ist interessant: Im 19. Jahrhundert errichtete ein gewisser Hilary Majewski ein Wohnhaus im Czulent-Gässchen 11 und zog dort ein. Zwei Jahrzehnte lang fungierte er als Architekt der Stadt und gilt bis heute als Baumeister von Lodz. Er entwarf u. a. den Poznański-Palast,[8] das Grand Hotel und den Heinzl-Palast.[9]

Um die Jahrhundertwende entwickelte sich Lodz zu einer Stadt atemberaubender Karrieren und spektakulärer Pleiten. Die dortigen Fabrikantenfamilien wurden immer mächtiger, und Baumwolle aus Lodz war bald in ganz Europa bekannt und begehrt – vor allem in Russland. 1915 wurde das Stadtgebiet von Lodz durch die Ortschaft Bałuty erweitert, eine seit Mitte des 19. Jahrhunderts immer größer werdende dörfliche Siedlung. Interessanterweise zählte Bałuty zu diesem Zeitpunkt bereits 100.000 Einwohner und bildete damit das größte Dorf Europas. Die Lodzer Bürger bezeichneten den neuen Stadtteil als »Abwasser«. Nicht nur aufgrund der fehlenden Kanalisation, sondern auch wegen des dort lebenden lichtscheuen Gesindels.

In der Zwischenkriegszeit war das jüdische Lodz eine arme und hungrige Stadt. Dort lebten vorwiegend Händler, Ladenbesitzer und Handwerker, die in den hinteren Hofgebäuden der Wohnhäuser wohnten. Sie versuchten gottesfürchtig und fromm zu leben, ihre Kinder ordentlich zu erziehen und einfach durchzuhalten. Lodz war auch eine Stadt der Intelligenz: Ärzte, Juristen und Lehrer bildeten die lokale Elite. Sie besuchten die jüdischen Theater und Kinos und sandten ihre Kinder auf renommierte Schulen. Die Stadt entwickelte sich auch auf künstlerischem Gebiet weiter. Es entstand zum Beispiel das Avantgarde-Theater »Ararat«. Und die aus Lodz stammenden jüdischen Künstler Julian Tuwim, Artur Rubinstein und Artur Szyk erzielten größte Erfolge.[10]

Im September 1939 lebten in Lodz bereits über 600.000 Menschen, ein Drittel davon waren Juden. Aber obwohl nach dem Krieg zahlreiche Wohngebäude derart unverändert weiterexistierten, dass Andrzej Wajda an der ehemaligen Kamienna-Straße die Szenen für seinen letzten Film *Nachbilder* [*Powidoki*, 2016] drehen konnte, gibt es die Stadt, über die Weintraub so liebevoll erzählt, heute nicht mehr.

*

Herr Leon …

Sagen wir »du« zueinander. In Schweden sprechen sich alle so an. Sogar mit dem König ist man per »du«.

Leon, welche Erinnerungen hast du an deine frühe Kindheit?

Das sind für mich frühe Bilder aus meiner Vergangenheit. Darin sehe ich meine Wohnung an der Solna-Straße 12: das Eingangstor, rechts ein paar Treppen, man kommt in eine kleine Diele, wo ein flauschiger Vorhang hängt. Dann kommt man ins Zimmer. Dort stehen ein Tisch und eine grüne, korallenverzierte Schirmlampe. Ich erinnere mich an die Stimme von Mama, die ein Gedicht [auf Russisch] aufsagt: »Odin, dwa, tri, czetyrie, piat', wyszeł malczik pagulat'…« [dt. »Eins, zwei, drei, vier, fünf – ein kleiner Junge ging spazieren«]. Lodz stand unter russischer Fremdherrschaft. Mama kannte diese Sprache.

Wenn ich mich richtig erinnere, befanden sich auf der linken Seite die Küche, ein Kinderzimmer und das Bad. Rechts das Esszimmer und dahinter lag das Schlafzimmer. Hier habe ich ein deutliches Bild. Das Zimmer war dunkel und hatte ein Fenster zur Straße hin. Ich sehe noch, wie ich auf dem breiten Bett der Eltern mit meiner jüngsten Schwester Róża liege. Ich war das fünfte Kind und hatte vier Schwestern: Lola, Jahrgang 1920, Frania, 1921, Mala, 1922, und Róża, 1924. Ich kam 1926 auf die Welt. Wir liegen unter der Bettdecke, jagen uns gegenseitig mit Schreckgespenstern an der Wand Angst ein und schlüpfen dann mit einem Quietschen unter die Decke.

Ein zweites Bild: Das jüdische Ostern, also das Pessachfest,[11] steht unmittelbar bevor. Ich bekam einen abgetragenen, knielangen Mantel mit Wildlederkragen. Ich spaziere festlich gekleidet vor mich hin, und plötzlich wird mir klar, dass ich nicht mehr weiß, wo ich bin. Ich ging in einen Laden. Ich muss wohl unsere Adresse oder meinen Namen gekannt haben, denn nach einer gewissen Zeit kam Mama und brachte mich nach Hause zurück.

Woher kommt deine Familie?

Mein Vater Szmul-Szlomo kam illegal nach Lodz in einer Zeit, in der man die Erlaubnis der russischen Behörden besitzen musste, um den Wohnort zu wechseln. Als ich das Schicksal meiner Vorfahren näher erforschte, fand ich bei einem Rabbiner in Lodz in einer kleinen Schachtel einen Zettel mit seinem Namen, der bezeugte, dass er zu dieser Gemeinde gehört hatte. In Lodz war er offiziell nicht gemeldet. Er kam in Ryczywół in Masowien auf die Welt. Mein Großvater Lejzer Weintraub stammte aus der nahegelegenen Ortschaft Magnuszew. Mein Urgroßvater war stets auf der Wanderschaft. Seine Kinder erblickten in verschiedenen Städten das Licht der Welt, aber immer im Gebiet zwischen Warschau, Lublin und Radom. Mama Nacha wurde in Dobra bei Turek geboren. Ihr Mädchenname lautete Bajrach. Nach dem Ersten Weltkrieg kam sie zusammen mit ihrer Familie nach Lodz.

Welcher Beschäftigung ging dein Vater nach?

Wie viele andere Juden dieser Zeit begab auch er sich in die Stadt, um Arbeit zu suchen. Die fand er in einer Textilfabrik. Ich habe keine Ahnung, was er genau gemacht hat. Ich weiß aber mit Sicherheit, dass er einen Unfall hatte: Der rechte Unterarm geriet in einen Treibriemen und musste amputiert werden. Als ich später Wajdas Film *Das gelobte Land* ansah, musste ich deshalb zu Beginn des Films aus dem Saal gehen – nach der Szene, in der die Maschine dem Arbeiter die Hand abschneidet. Der Anblick war erschütternd.

Nach seinem Unfall gründete Vater mit drei Brüdern eine Firma. Heute würden wir das Recycling nennen, damals waren das Lumpensammler. Sie kauften alte Kleidungsstücke und Materialien, sortierten sie und gaben sie an einen Betrieb weiter, in dem sie zu Garn zerfetzt wurden. Daraus entstanden neue Stoffe.

Das ruft ein weiteres Bild in mir hervor. Ich muss vier oder fünf Jahre alt gewesen sein. Eines der Fenster der Wohnung an der Solna-Straße ging zum Hinterhof hinaus, in dem ein kleiner Schuppen stand, der an der Mauer zum nächsten Haus gebaut worden war. Ich sehe durch die Ritzen in den Bretterwänden, wie Sonnenstrahlen in den Schuppen fallen. Sie beleuchten Frauen, die Materialien sortieren. Sie werfen sie in Kisten und machen dann große Ballen, die sie mit Metallbändern umwickeln. Sie laden diese auf einen Rollwagen, an den zwei große Pferde angespannt sind. Wir nannten sie »belgische Pferde«. Die Luft im Schuppen ist stickig und verstaubt. Bis heute spüre ich mein damaliges Erstaunen: »Wie können sie dort atmen?« – Sie hatten ja keine Schutzmasken.

An Vater kann ich mich nicht erinnern. Mein Gehirn hat ihn nicht registriert, obwohl meine Augen ihn in den ersten Lebensmonaten gesehen haben. Danach ereignete sich die Tragödie, von der ich von meinen Schwestern erst dann erfuhr, als wir erwachsen waren. Sie gingen in den Keller und entdeckten, dass Vater sich erhängt hatte. Ich erkläre mir das so: Er war Weber, hatte keine Ader für Geschäfte. Mit seinen Brüdern klappte es nicht. Es waren die 1920er Jahre – Weltwirtschaftskrise, wirtschaftlicher Niedergang. Er liegt auf dem jüdischen Friedhof an der Bracka-Straße in Lodz begraben. Franka hat das Grab von Vater nach dem Krieg gefunden.

Warum hast du nie nach ihm gefragt?

Mein Vater starb im Juni 1927, als ich eineinhalb Jahre alt war. Bereits nach diesem Ereignis fand ich unter dem Bett seine Handprothese und spielte mit ihr. Aber ich dachte natürlich nicht darüber nach, wo die künstliche Hand herkam. Ich habe mit Mama nie über meinen Vater gesprochen. Sicherlich deswegen, weil ich – so wie Kinder es eben tun – nur in der Gegenwart lebte. Ich hatte keine Vorstellung von der Vergangenheit und dachte auch nicht an die Zukunft – ich nahm das an, was damals war. Eigentlich habe ich niemals einen Papa gehabt, daher hatte ich auch niemanden, nach dem ich mich sehnen konnte. Ich habe über das Fehlen meines Vaters nie groß nachgedacht. Denn ich fühlte mich geliebt, zuhause herrschte eine warme Atmosphäre. Ich hing stark an Mama. Außerdem hatte ich vier Schwestern, die sich um mich kümmerten. Aber fünf »Mütter« zu haben, war nicht immer angenehm – sie kontrollierten mich.

Es ist jüdischer Brauch, dass die Brüder eines Verstorbenen die Pflicht haben, sich um dessen Witwe und Kinder zu kümmern. Die vier Brüder meines Vaters – Onkel Wolf (Welwl), Joel, Mejlech (verst. 1938) und Stiefonkel Szapsa (Oma Weintraub war Witwe geworden und hatte daraufhin noch einmal geheiratet – einen Herrn Mundlak) – stellten Mama verschiedene Heiratskandidaten vor. Aber sie nahm daraufhin die von (jüdischen) Ehefrauen traditionell getragene Perücke ab und erklärte ihren Schwagern, dass sie nicht noch einmal zu heiraten gedenke, da sie alleine für ihre Kinder sorgen wolle. Ihren Anteil am Geschäft übertrug sie entweder Vaters Brüdern oder verkaufte ihn. Aufgrund ihrer Entscheidung wandten sich die Onkel von uns ab. Wir hatten daraufhin keinen näheren Kontakt mehr zu ihnen.

Nach Kriegsende besuchte ich Stiefonkel Szapsa in Israel. Er war ein frommer Jude und wohnte im orthodoxen Viertel von Tel Aviv. Er war sterbenskrank und wollte mich sehen. Unbedachterweise reichte ich damals zuerst seiner Frau die Hand zum Gruß, die diese jedoch abwehrte, da dies gegen die Prinzipien der jüdischen Religion verstieß. Mein Stiefonkel bedauerte, dass seine Brüder sich von meiner verwitweten Mutter losgesagt hatten – dass sie ihr nicht halfen, obwohl sie doch wussten, dass sie die Mutter der Kinder ihres Bruders war. Ich dachte damals: »Gut, dass du aufgewacht bist, nur etwas zu spät«. Aber da mein Stiefonkel bereits ein alter, schwerkranker Mensch war, nickte ich nur zustimmend mit dem Kopf. Er riet mir, nach Israel zurückzukehren, eine Jüdin zu heiraten und unsere Gene weiterzugeben, da so viele von uns umgekommen waren. Er selbst hatte durch den Holocaust zehn Kinder verloren, weitere Nachkommen hatte er nicht. Dies war einer der wenigen konkreten Kontakte mit der Welt meines Vaters.

Hatte sein Fehlen schwerwiegenden Einfluss auf dein Leben?

In jüdischen Familien ist der Vater für die religiöse Erziehung der Kinder verantwortlich, insbesondere was die religiöse Erziehung der Knaben anbelangt. Töchter hingegen werden stiefmütterlich behandelt. Wenn ihnen etwas beigebracht wird, dann über die Mutter. Sie lernen, was eine koschere[12] Küche ist und wie man den Haushalt führt. Das Lehren von Gebeten und der Sprache des Alten Testaments ist die Aufgabe des Vaters. Uns fehlte ein Vater. Daher schickte mich Mama – als wir an der Solna-Straße wohnten – auf eine Chederschule. Das ist eine Grundschule für Knaben zwischen vier und sieben Jahren. Eine solche Schule befand sich gegenüber unserem Haus an der Solna-Straße 5 im ersten Stock. Ich war höchstens vier Jahre alt, als ich dorthin gelangte.

Damit ist eine weitere Erinnerung verbunden. Ich sehe ein kleines Zimmer, kleine Sitzbänke. Vorne steht ein älterer Jude mit grauweißem Bart, der in einer für mich unverständlichen Sprache etwas vor sich hinmurmelt. In meiner Klasse waren 25 bis 30 kleine Jungen. Der jüdische Lehrer lässt uns jeden Satz wiederholen, um alles auswendig zu können. Und im jüdischen Gebetbuch *Siddur* zeigt er uns hebräische Buchstaben. Ich verstand gar nichts, da er seine Worte in keine lebendige Sprache übersetzte. In meiner frühen Kindheit verständigte ich mich auf Jiddisch. Jiddisch sprach ich mit Mama und meinen Schwestern, die polnische Sprache kannte ich nicht. Außer mit meinen jüdischen Nachbarn hatte ich mit niemandem Kontakt. Polnisch lernte ich erst, als ich die öffentliche Grundschule besuchte.

Als wir in die Kamienna-Straße 2 (heutige Włókiennicza-Straße) umzogen, sagte ich Mutter, dass ich nicht mehr auf die Chederschule gehen wollte, da ich nichts verstünde. Daraufhin verzichtete sie auf meine religiöse Erziehung. Sie hatte damals ohnehin genug Schwierigkeiten und Aufgaben, um weiter darauf zu bestehen. Sie widmete uns ihre ganze Energie. Als alleinstehende Frau für den Unterhalt von fünf Kindern zu sorgen, war Anfang der 1930er Jahre ein schwieriges Unterfangen. Ich überging sogar die *Bar Mitzvah*. In jüdischen Familien wird diese gefeiert, wenn ein Junge das dreizehnte Lebensjahr vollendet. Er wird dann in die Gemeinde aufgenommen und trägt fortan Verantwortung für seine Sünden vor Gott. Ich wurde am 1. Januar 1939 dreizehn Jahre alt, absolvierte aber die *Bar Mitzvah* nicht – wohl deswegen, weil Mama das Geld für den Rabbiner und die festliche Einladung fehlte. Man hätte mich übrigens sowieso nicht in die Gemeinde aufgenommen. Denn ich konnte nicht auf Hebräisch beten und war nicht in der Lage, einige Verse aus der Tora vorzulesen, was Pflicht ist.

An der Kamienna-Straße mit den ungeraden Nummern befand sich das Gotteshaus der Chassiden. Deren Glaube ist fröhlich: Sie tanzten und sangen zur Verabschiedung des Sabbats und zur Begrüßung einer neuen Woche. Dort schlich ich mich jeden Samstagabend hinein. Hier herrschte der Brauch, dabei stets ein kleines Glas *Bromfen*, also Schnaps, zu trinken. In dem Gotteshaus stand auch eine große Schüssel mit gesalzenen und gepfefferten gelben Erbsen. Immer wenn die Chassiden beschäftigt waren, stopfte ich mir die Hosentaschen mit Erbsen voll und machte mich aus dem Staube. Dies war einer meiner wenigen Kontakte mit der jüdischen Religion.

Deine Mama war nicht religiös?

Sie war religiös, aber nicht auf extreme oder fanatische Weise. Sie hielt die koschere Küche weiter aufrecht, mischte niemals

Fleisch mit Milch und beging den Sabbat und andere Feiertage. Für das Pessachfest war ein spezielles Essgeschirr nötig. Das Geschirr durfte nicht in Berührung mit Brot kommen – zum Gedenken an die Wanderung der Juden durch die Wüste, als es kein Brot gab und man das Matzot[13] essen musste, das mit Wasser und von der Sonnenhitze gebackenem Mehl angefertigt wurde. Wir waren arm und konnten uns kein eigenes Tafelgedeck leisten. Vor dem Pessachfest kam immer ein Mann zu uns auf den Hinterhof, der ein Feuer entfachte, einen großen Kessel aufstellte und Wasser kochte. Darin tauchte er unsere Teller und das Geschirr ein. Das nannte man »Kaschern« – auf diese Weise wurde das Geschirr koscher, also rein. Ich kann mich noch genau daran erinnern, dass Mama stets das Purimfest[14] beging. Aber wir Kinder haben ihr nicht allzu sehr gehorcht.

Lola hatte linke politische Ansichten. Im Alter von 14 Jahren ging sie in eine Strumpffabrik an der Sienkiewicz-Straße arbeiten. Meine Schule befand sich an der Ecke Narutowicz-Straße/Kiliński-Straße und zog später in die Kiliński-Straße 63 um. Morgens verließen wir zu zweit das Haus und gingen ein paar Straßen gemeinsam. Immer wenn wir am Fleischer vorbeikamen, blickten wir uns kurz an. Dann gingen wir hinein, und Lola kaufte mir ein nicht »koscheres« Schinkenbrötchen für ca. 15 Groschen – bis heute erinnere ich mich an diesen Geschmack – und sagte: »Aber sag' es ja nicht Mama!« Einen besseren Schinken habe ich später mein Leben lang nicht mehr gegessen.

Das traditionelle jüdische Leben lernte ich in den Ferien bei Mamas Schwester, Tante Hadasa Łęczycka in Warta am Fluss Warta, kennen. Mein ältester Sohn Michał schenkte mir unlängst zum Geburtstag das dreibändige Werk *Historia i literatura żydowska* [*Jüdische Geschichte und Literatur*] von Majer Balaban,[15] Jede Seite liest sich wie ein Krimi! Nicht eine einzige Seite, in der nicht von Verfolgungen, Pogromen oder Morden die Rede ist. Es ist unglaublich, dass es sogar kleinen Gruppen von Juden trotz der schwierigen Vergangenheit gelungen ist, wieder eine Gemeinschaft zu gründen, eine weitere Gemeinde –

eine Generation, die die Tradition fortsetzt. Bei Tante Hadasa spürte ich diese Kontinuität. Ihre Familie verhielt sich stets in Einklang mit den Prinzipien. Sie schien ein ruhiges Leben zu führen. Tag für Tag zeigte man sich Gott gegenüber dankbar dafür, dass man lebte. Dennoch waren sie für heutige Verhältnisse unvorstellbar arm.

Du sprichst in zärtlichem Ton über diese Zeit.

An die Reise nach Warta erinnere ich mich noch sehr gut. Mama setzte mich in den Omnibus. Der Geruch von Auspuffgasen, etwas schmutzige Fenster und die Sonnenstrahlen, die durch diese hineinfielen – das war ein Abenteuer! Ich fuhr alleine, obwohl ich nur zehn oder höchstens zwölf Jahre alt war. Zu solchen jüdischen Kleinstädten wie Warta sagte man »Schtetl«, in der Umgebung von Lodz gab es davon mehrere Dutzend. Meine Tante und ihr Mann – Onkel Hemie – hatten ein Häuschen an der Klasztorna-Straße 6, die vom Marktplatz wegführte. Auf der linken Seite – gegenüber – befand sich ein prunkvolles Benediktinerkloster. Ich bewunderte die imposanten Turmhelme und fühlte Respekt vor dieser für mich feindlichen Religion. Die Hütte der Familie Łęczycki war bescheiden: ein Eingang von der Straßenseite, ein kleiner Korridor, links die Tür zum Zimmer der Eltern, dort ein Holzfußboden, in der Mitte ein Tisch, rechts ein Schrank, auf der linken Seite ein Bett und ein Fenster zur Straße. Dann ein Eingang zum zweiten Raum, wo sich nur eine Küche mit Lehmfußboden und der Ausgang zum Hinterhof befanden. Dort befand sich ein Stall, in dem mein Onkel zwei Pferde hielt. Er hatte eine Pferdekutsche wie im Wilden Westen – mit halbrundem Dach. Er nahm regelmäßig Aufträge von den Ladenbesitzern auf dem Marktplatz in Warta entgegen und holte die bestellten Waren aus Lodz. Während der Fahrt schlief er, die Pferde kannten den Weg und liefen von alleine. Zweimal habe ich ihn begleitet, dabei saß ich auf dem Kutschersitz. An den Markttagen stellte Tante Hadasa ihre Marktbude auf. Das ganze Städtchen lebte mit dem Markt und freute sich, dass die jüdischen Bewohner – mehr als die Hälfte aller Einwohner – den Landwirten und Bauern alles lieferten, was diese benötigten. Das war ein Tauschhandel, einen großen Bargeldumlauf gab es nicht. Meine Tante verkaufte wohl Stoffe.

Die Familie Łęczycki hatte zehn Kinder. Einer der Söhne, Icchak, wanderte 1936 nach Palästina aus, um Landwirtschaft zu studieren. Ein weiterer Sohn, Leon, war in der Armee – ich kann mich in meiner Ferienzeit in Warta nicht an ihn erinnern, erst später im Getto. Gabryś war kleinwüchsig, etwa 150 cm groß und versorgte die Pferde. Dann gab es auch noch Michał und den jüngsten Bruder Heniek, der nur zwei Jahre älter als ich war – wir hatten also die freundschaftlichsten Beziehungen zueinander. Darüber hinaus gab es noch fünf Mädchen: Minia – die älteste –, sowie Chana und Hinda, beide etwas geistig behindert, und die zwei Schönheiten Fajgele und Ruchcia. Ich sehe diese Gesichter noch heute vor mir.

Wir Kinder schliefen in einer Reihe nebeneinander auf dem kleinen Dachboden, auf den man mit Hilfe einer Leiter kletterte. Wir lagen auf Stroh, es gab nicht einmal Bettlaken. Für gewöhnlich aßen wir morgens mit Zucker bestreutes Brot. Aber der Freitag, also der Sabbat, war ein heiliger Tag. Zunächst fand stets das rituelle Bad in der Mikwe[16] statt, nach dem wir saubere Kleidung anlegten. Danach gingen ich, meine Vettern und mein Onkel gemeinsam zum Gotteshaus – ich weiß noch genau, dass er einen Bart hatte und eine typisch jüdische Kleidung trug: einen Kaftan und eine kleine Schirmmütze. Ich murmelte dabei etwas vor mich hin, da ich ja keine Gebete kannte. Es folgte das Festmahl: Wir bekamen immer ein Fischgericht und dann Hühnersuppe mit Nudeln.

Kannst du dich noch daran erinnern, wie du die Zeit in Warta verbrachtest?

Der Bruder meines Onkels besaß ein Sägewerk an der Ausfallstraße nach Lodz. Dort vergnügten wir uns auf frisch gehobelten Brettern aus Kiefernholz. Wie diese gerochen haben! Wir lasen *Die Jungen von der Paulstraße* von Ferenc Molnár[17] und weinten über das Schicksal von Nemecsek. Im Sägewerk begleitete mich mein Cousin Heniek.

Gabryś, der älter war als wir, versorgte die Pferde. Manchmal führten wir diese zu dritt zur Tränke an die Warta, um sie zu säubern. Wir ritten ohne Sattel, da wir gar keine hatten. Ich erinnere mich noch daran, dass uns die Burschen aus dem Städtchen dabei mit Steinen bewarfen. Sie wollten die Pferde aufscheuchen und uns verjagen. Wir hielten uns krampfhaft an den Mähnen fest und versuchten, nicht zu stürzen. Dies war einer der wenigen Momente in diesem Lebensabschnitt, in dem ich meine Andersartigkeit verspürte. Ich verstand, dass ich fremd war. Aber auch so denke ich an die Ferienzeit wie an eine Idylle. In Lodz war es schwieriger.

Wie hat deine Mutter nach dem Tod des Vaters und ohne die Hilfe der Schwager weiter für den Unterhalt der Familie sorgen können?

Sie eröffnete eine Wäscherei, obwohl Wäscherei zu viel gesagt ist. Wir zogen in das Eckhaus an der Ecke Kamienna-Straße/Wschodnia-Straße um. Diese Straße beschrieb Agnieszka Osiecka in ihrem Lied *Kochankowie z ulicy Kamiennej* [*Das Liebespaar von der Kamienna-Straße*].[18] Zum Andenken an sie wurde im Jahre 2004 im Fenster unserer Wohnung ein Flachrelief eingemauert.

Der Eingang zu uns befand sich direkt an der Straße. Gleich hinter der Eingangstür stand ein Tisch für den Empfang von Wäsche, auf der rechten Seite befanden sich Hängebretter für die gewaschene Wäsche, dann zwei Trennwände und hinter diesen Tische: zum Mangeln und Bügeln mit einem Holzkohle-Bügeleisen. Abends wurden die Tische zu Betten für meine Schwestern. Hinter dem »Dienst«-Trakt der Wohnung befand sich der Eingang in die zweite Räumlichkeit. Dort hingen an der Decke Stangen zum Trocknen der gewaschenen Sachen. Es gab auch einen Küchenschrank und zwei Betten – für mich und Mama. Unmittelbar vor dem Türausgang zum Hinterhof war ein eingemauerter Kessel mit einer Feuerstelle zum Kochen der weißen Wäsche. Das war unsere gesamte Unterkunft: ein Ort zum Arbeiten und Leben für sechs Personen. Die Toilette befand sich auf dem Hinterhof. Immer wenn wir dort vor dem Einschlafen hinausgingen, nahmen meine Schwestern eine kleine Kerze mit. Denn wir hatten vor den Ratten Angst, die am Abort herumschlichen.

Bis heute steigt beim Gedanken an die Kamienna-Straße Bedauern über meine Schwestern in mir auf. Im Jahre 1939 war meine älteste Schwester 19 Jahre alt, die anderen waren damals 18, 17 und 15 Jahre alt – das waren bereits Frauen. Wie konnten sie unter diesen Bedingungen leben? Ich versuche mir das vorzustellen, und das ist schwierig.

Wir hatten einen Waschzuber, in dem wir uns nacheinander wuschen. Dieser diente auch als Werkzeug. Tagsüber wurde darin die Wäsche gewaschen. Unter diesen Bedingungen konnte von einem Privatleben meiner Schwestern keine Rede sein. Auch ich habe niemals einen Schulfreund zu mir nach Hause eingeladen.

An der Kamienna-Straße mit den geraden Hausnummern wurden wohl einmal in der Woche Marktbuden aufgebaut. Es gab keine Kanalisation, nur die Straßenrinne, in der sich dickflüssiger, stinkender Schlamm ansammelte. Jeder bekam zwei Meter zugeteilt, und wir gruben mit den Fingern darin, da die Leute manchmal Geldstücke verloren. Danach stanken die Hände furchtbar. Aber wenn man fünf Groschen oder sogar zehn fand, war die Freude unvorstellbar groß. Dann konnten wir uns ein paar Bonbons kaufen.

Hattest du Freunde?

Mein enger Freund Nachme wohnte im gleichen Haus wie ich – auf dem Dachboden. Er war vielleicht ein Jahr älter als ich. Wir zwei beschlossen, ein Abenteuer zu erleben. Ich sagte Mama, dass ich außerhalb der Stadt eingeladen bin, daher gab sie mir ein paar Groschen. Wir machten uns auf den Weg, ohne zu wissen wohin. Wahrscheinlich landeten wir im Park »Helenów«, auch »Helenówek« genannt. Dann wurde es Abend. Wir dachten, dass es unter den hohen Bäumen kalt werden würde, dagegen im Gebüsch wärmer. Es stellte sich heraus, dass es gerade umgekehrt war. Die Baumwipfel hielten die erwärmte Luft fest, während es im Gebüsch rasch kühler wurde. Nachme hatte lange Hosen an – ich kurze. Es war so eisig kalt, dass ich in seine Hosen schlüpfte, um mich aufzuwärmen. Wir schliefen zusammen. Am nächsten Tag kehrten wir nach Hause zurück und hatten Hunger. Aber noch schlimmer war, dass sich auf unserem Ausflug nichts Interessantes ereignet hatte.

Woher kam die Neigung zu Abenteuern?

Von Kinofilmen. Meine größte Leidenschaft war damals das Kino. Vor dem Krieg gab es davon in Lodz zwei Arten. Die eine Art war das Non-Stop-Kino, in das man hinein- und hinausgehen konnte, wann man wollte. Als ich eintrat, saß ich dort mehrere Filmvorführungen lang, und Mama schlug besorgt die Hände über den Kopf zusammen: »Wo bleibt denn der Junge nur?« Die zweite Art von Kino war das Repertoire-Kino, wie es heute existiert. Nur wie ins Kino kommen ohne Geld? Ich fand ein Mittel. Ich entdeckte, dass Eltern bei der Bezahlung von zwei Eintrittskarten ein Kind umsonst mitnehmen konnten. Anfangs bat ich die Leute: »Nehmt mich mit, nehmt mich mit!« Oft jagten sie mich fort. Schnell lernte ich, dass es keinen Sinn hatte, Paare in mittlerem Alter zu suchen, da diese fremde Kinder wegjagten. Junge, verliebte Paare, die nur Augen für sich hatten, das war etwas anderes. Solche Paare beachteten ein fremdes Kind überhaupt nicht. Ein Hindernis war jedoch der Mann, der die Eintrittskarten kontrollierte (in Lodzer Mundart *bileciarz* [dt. Eintrittskontrolleur] – vielleicht kehrt diese Bezeichnung irgendwann zurück?). Als dieser mich ein weiteres Mal bemerkte, schrie er: »Hau ab, du Bengel, du hast zu viele Eltern!« Daraufhin wechselte ich in ein anderes Kino in meiner

Nähe. Meistens ging ich ins Kino »Czary« an der Ecke Cegielniana-Straße – heute Ecke Jaracz-Straße/Piotrkowska-Straße.

Nur einmal begab ich mich in den Lodzer Stadtteil Chojny ins Kino »Słońce«. Das war ein sonderbarer Ort. Man saß direkt vor der Leinwand auf einer Erhöhung und musste den Kopf ganz nach oben strecken. Danach tat der Nacken weh. Aber es war günstig und kostete ca. zehn Groschen. In Chojny wurde ich mit Steinen beworfen – ich hörte dabei: »Hau ab, Jüdlein! Du hast hier nichts zu suchen.«

Ich habe noch eine üble Erinnerung in Zusammenhang mit meiner Herkunft. Als ich einmal aus der Wäscherei auf unsere Straße hinaustrat, sah ich einen flüchtenden Juden. Hinter ihm lief ein Mann mit einem Revolver. Vor meinen Augen schoss er – einmal, zweimal, dreimal … Auf dem Gehweg bildete sich eine Blutlache … Der Bandit hieß Szaniawski. An einem Tag schoss er auf mehrere Juden. Er wurde in Lodz in einem bekannten Gerichtsprozess verurteilt.

Die Sache ereignete sich 1936. Du warst also damals zehn Jahre alt. Das Gericht entschied nicht darüber, ob Tadeusz Szaniawski aufgrund von Antisemitismus oder aus Angst geschossen hatte, da er von einer Menschenmenge verfolgt wurde, die ihn entwaffnen wollte. Im Alter von 18 Jahren wurde er zu zwölf Jahren Gefängnis verurteilt.

Mir erschien er älter … Für einen Burschen wie mich war das ein erschütterndes Erlebnis. Ich erinnere mich mit fotografischer Exaktheit daran.

Eine furchtbare Szene, aber fast wie im Film.

So könnte man sagen. Obwohl ich Abenteuerfilme lieber mochte als Krimis. Am liebsten schaute ich *Tarzan* an. Die Titelrolle spielte der mehrfache Schwimm-Olympiasieger Johnny Weissmüller. Ich mochte auch die Westernfilme mit Ken Maynard – in meiner Kinderzeit war er mein Idol.

Dank des Kinos habe ich die weite Welt wie durch ein Schlüsselloch betrachtet – eine Welt, zu der ich keinen Zutritt hatte. Diese Welt war so anders als meine Welt, die sich nicht nur physisch, sondern auch mental auf einige wenige Straßen beschränkte: Kamienna-Straße, Wschodnia-Straße, Południowa-Straße (heute: Rewolucja-1905-Straße) und Kiliński-Straße. Zeitungen lasen wir nur selten, zuhause hatten wir kein Radio. Aber ich kann mich noch daran erinnern, dass die Abdankung des in Frau Simpson verliebten Königs Edward VIII. auch bei uns Diskussionen auslöste. Ich habe keine Ahnung, woher wir davon erfahren hatten. Wir unterhielten uns auch über den Widerstand gegen die koschere Schlachtung von Vieh, was damals recht gewagt war. Meistens erzählte uns jedoch Mama davon, wie man vor dem Ersten Weltkrieg gelebt hatte. Daher spüre ich immer noch eine besondere Stimmung, wenn ich das gedämpfte grüne Licht einer Lampe sehe – eine solche gab es damals bei uns – und wenn ich die Romanzen von Wiertinski[19] höre, die Mama so gemocht hat. Das erzeugt in mir eine innere Wärme und eine positive Einstellung zur russischen Kultur, einer wehmütigen und sentimentalen Kultur ohne Stacheln.

Und um auf die Filme zurückzukommen – wichtig waren auch polnische Filme, da sie mir eine unbekannte Wirklichkeit eröffneten: Menschen, die anders redeten, sich anders verhielten und kleideten. Diese Filme zeigten nicht die Wahrheit über das Leben von damals. Denn kaum jemand sprach oder wohnte so. Aber die Salons der Zwischenkriegszeit, geschnitzte Möbel, prachtvolle Kleider entzückten mich. Dies brachte mir gute Manieren bei. Ich kann mich noch an die Schauspieler dieser alten Zeit erinnern: Mieczysława Ćwiklińska, Jadwiga Smosarska, Adolf Dymsza, Kazimierz Wajda und Szczepcio und Tońcio aus Lemberg.

Die Westernfilme hingegen zeigten eine Welt in Schwarz-Weiß, in der man Gut und Böse rasch unterscheiden konnte. Der Bandit war schwarz gekleidet und stahl entweder Pferde oder überfiel Eisenbahnen und wurde am Ende dafür bestraft. Der Cowboy erschien in Weiß, war gerecht und trug immer den Sieg davon. Das verankerte in mir die Überzeugung, dass positives Verhalten stets belohnt wird und das Böse irgendwann endet und bestraft wird.

Hast du von einer Welt wie in den Filmen geträumt?

Ich habe diese Welt eher bewundert. Sie erschien mir so fern und anders, dass ich mich kaum mit ihr identifizieren konnte. Sie unterschied sich eben vom armen, auf einige wenige Straßen beschränkten Leben im jüdischen Lodz der Zwischenkriegszeit. Aber ich bin überzeugt davon, dass die angesehenen Filme und gelesenen Bücher mir das Leben gerettet haben. Denn sie beeinflussten meine Fähigkeit, Zusammenhänge herzustellen, weckten Assoziationen und halfen mir, Schlussfolgerungen zu ziehen.

Rasch lernte ich, die Beschriftung der Schilder unserer Straße in Silben auszusprechen. Mit fünf Jahren konnte ich lesen. Ich lieh mir Bücher aus der Bibliothek aus.

Zu Mädchen hatte ich keinen Kontakt. Dabei kommt mir folgende Szene in den Sinn: Ich sehe meine Nachbarin, die wohl etwas jünger war als ich. Ich will sie küssen, aber sehe schwarze Mitesser auf ihrer Nase. Das hat mich so sehr angeekelt, dass ich von meinem Vorhaben Abstand nahm. Mein erster Kontakt zum anderen Geschlecht endete also erfolglos.

Auf dem Hinterhof war ich der Rädelsführer und gab beim Spielen den Ton an, wenn wir Polizei gegen Diebe oder Cowboy und Indianer spielten. Wir hatten eine Gruppe und kämpften gegen die Bande von der benachbarten Południowa-Straße. Die Spiele fanden überwiegend auf den Dächern statt. Der Überbau war höchstens dreistöckig, wobei es nur geringe Höhenunterschiede gab, so dass wir das gesamte Viereck – die Kamienna-, Wschodnia-, Południowa- und Kiliński-Straße – auf den Dächern beherrschen konnten.

Hast du das dir bekannte Straßenviertel auch mal verlassen?

Ich fühlte eine unerklärliche, lähmende Angst davor, mein Viertel zu verlassen, aber in der Piotrkowska-Straße war ich wiederholt unterwegs. Ich bewunderte dort die hohen, herrlichen Häuser. An der Hausnummer 25 befand sich ein Laden mit koscherer Schnittwurst, der von Herrn Dyszkin geführt wurde. Mama sandte mich immer dort hin, um für 15 Groschen mehrere hundert Gramm Wurstzipfel zu kaufen. Sie legten diese immer für sie zurück. Mit der Piotrkowska-Straße verbindet mich noch eine weitere Erinnerung. An dieser Straße fuhr eine Trambahn entlang. Meine jüngste Schwester Róża musste einmal mit dieser Tram irgendwo hinfahren. Ich bat sie, mich mitzunehmen, da ich als Kind für eine Fahrkarte ja nichts bezahlen musste. Ich höre immer noch in Gedanken ihre Antwort: »Ich kann nicht, Lolek« – so nannte man mich zuhause – »du hast solche Augen, dass jeder denkt, dass du älter bist. Du hast kluge Augen.«

Bist du als einziger Junge einer jüdischen Familie anders behandelt worden?

Ich wurde immer verhätschelt. Und als einziges Kind hatte ich ein eigenes Bett. Mama hat mir niemals den Hintern versohlt. Wenn ich etwas ausgefressen hatte, schickte sie mich zum Hausmeister, Herrn Sitowski – das war der einzige Pole in unserem Haus. Ein Trinker, der seine Frau furchtbar schlecht behandelte. Zu mir stand er in einem guten, freundschaftlichen Verhältnis. Jede Woche tauschten wir uns über eine in den Zeitungen in einzelnen Episoden abgedruckte Geschichte aus. Wenn ich etwas angestellt hatte, bat Mama Sitowski darum, mich zu züchtigen. Er tat dabei immer so, als ob er mich versohlte, hat mich aber in Wirklichkeit stets verschont.

Sie war wirklich nachsichtig. Ich war wohl sechs oder sieben Jahre alt, als mir Mama eine Knickerbocker-Hose kaufte – wir nannten sie *Golfy*. An der Legionów-Straße – eine der Querstraßen, die vom Wolności-Platz wegführen – befand sich auf dem Hinterhof eine kleine Radrennbahn. Für ein paar Groschen konnte man ein Fahrrad ausleihen und 20 Runden drehen. Ich bezahlte eine Fahrt. Und dann kam es zur Katastrophe: Die Hose verfing sich in der Kette, wurde zerrissen und bekam schwarze Flecken. Stundenlang überlegte ich, wie ich dies Mama sagen sollte und drehte in der Stadt meine Kreise. Ich erhielt eine Ermahnung, dass ich unvorsichtig gewesen sei – eine größere Strafe gab es nicht.

Ich hatte nicht viele Pflichten, aber an eine kann ich mich erinnern. Manchmal bereitete Mama zum Sabbat einen gefüllten Hecht zu, also *Gefilten Fisch*. Ich hatte kleine geschickte Hände. Daher schnitt immer ich den Fisch direkt am Kopf an und zog dann die Haut ab, so wie man Damenstrumpfhosen auszieht. Mama hackte das Fischfleisch klein, würzte und kochte es und füllte damit die Fischhaut, die sie mit dicker Nadel und Faden zunähte. Den gekochten Fisch zerteilte sie in einzelne Schnitten und übergoss diese mit flüssigem Gelee. Das hat geschmeckt!

Ich kann mich nicht daran erinnern, dass ich jemals in der Wäscherei mithalf. Die rechte Hand von Mama war Franka, die nach Absolvierung der 7. Klasse bei ihr zu arbeiten begann. Ferner halfen noch zwei Polinnen mit. Bei einer von ihnen war ich einmal an Weihnachten. Zum ersten Mal sah ich dabei einen geschmückten Christbaum und trank Glühwein. Mala wohnte vor dem Krieg bei Tante Ewa Widawska, Mamas Schwester. Tante Ewa hatte keine Kinder und wollte auf diese Weise Mama entlasten. Gemeinsam mit ihrem Mann Michał führte sie in Konin einen Laden mit Haushaltsgeräten. Aber nachdem ihnen von polnischen Faschisten – *Endecja*-Anhängern[20] – zum wiederholten Mal die Fenster eingeschlagen worden waren, verkauften sie alles und eröffneten ein ähnliches Geschäft an der Narutowicz-Straße in Lodz nahe bei uns. Und Lola arbeitete wie gesagt in einer Strumpffabrik und erhielt regelmäßig Lohn, was in unserer Situation wichtig war.

Ich hatte immer irgendeinen Köter, den ich von der Straße aufgelesen hatte. Es gab davon viele. Manchmal nahm ein Hundefänger die Hunde wieder mit. Ich kann mich noch deutlich daran erinnern, dass dann immer ein vergitterter Wagen heranfuhr und ein Mensch mit einer kleinen Schlingstange meinen Hund schnappte. Ich heulte immer fürchterlich, bis ich den nächsten kleinen Köter fand. Mama tolerierte die Hunde, da ich mich um sie kümmerte. Sie durften lediglich nicht mit uns zuhause wohnen, da es zu eng war. Im Frühjahr und Sommer gab es damit kein Problem. Im Winter schmuggelte ich den Hund heimlich ins Haus, während Mama schlief. Mein Hund wurde nützlich, wenn der Besitzer unseres Hauses, ein kleinwüchsiger, beleibter Jude, zu uns kam, um das *dire-gelt*, also die Miete, zu kassieren. Ich wusste, dass Mama kein Geld hatte. Wir zahlten wohl 120 Zloty pro Monat, für uns war das ein Haufen Geld. Um Mama zu helfen, hetzte ich meinen Hund auf den Hausbesitzer: »Fass ihn!«

Wo gingst du zur Schule?

Am 1. September 1933 ging ich im Alter von sieben Jahren und acht Monaten in die erste Klasse der jüdischen, sieben Klassen umfassenden Jungenschule. Ein Jahr zuvor wollte man mich nicht aufnehmen, obwohl ich bereits lesen konnte. Ich war »alt« und erinnere mich daher ganz deutlich an den ersten Schultag: ein großes Zimmer. Die Frau Lehrerin gibt für die Eltern Informationen. Ich nahm das Blatt und studierte es aufmerksam. Dabei hörte ich eine leicht sarkastische Stimme: »Du da, in der dritten Reihe – tust du so, als ob du liest?« Ich daraufhin: »Ich tue nicht so.« »Dann komm und sag uns, was dort geschrieben steht!« Ich ging mit erröteten Ohren nach vorne, las aber fließend vor. Seitdem hielt man mich für einen guten Schüler.

Wir hatten drei Primusse in der Klasse. Seltsam war, dass wir uns nicht mit dem Vor-, sondern mit dem Nachnamen ansprachen. Flum wohnte an der Kamienna-Straße 7, auch er stammte aus einer armen Familie. Die Familie Wajsfeld war hingegen besser situiert als wir. Sie hatten eine normale, ordentliche Wohnung, aber ich habe ihn niemals besucht. Ich habe die Schule nie geschwänzt. Sie war etwas Positives für mich. Ich fühlte mich dort wohl und war wissbegierig. Ich begegnete dort einem anderen Umfeld, traf auf andere Leute. Und zuhause hatte ich nicht einmal einen Ort, wo ich mich hinsetzen und meine Hausaufgaben machen konnte, was manchmal bedauerliche Folgen hatte.

Eines Tages rief mich Frau Linde, meine Klassenlehrerin, auf, in die Mitte der Klasse vorzutreten und den Hausaufsatz vorzulesen. Aber ich hatte weder einen Ort noch die Zeit gehabt, diesen überhaupt aufzuschreiben. Also improvisierte ich und »las« von einem leeren Blatt ab. Aber was für ein Grauen, denn Frau Linde sagte daraufhin: »Nicht schlecht. Lege den Aufsatz auf das Pult. Wir nehmen ihn in die Klassenchronik auf.« Ich reichte ihr das leere Blatt. Sie sagte daraufhin nichts, aber zur Strafe musste ich zu ihr kommen und ihrer Tochter bei den Hausaufgaben helfen. Das war eines der wenigen Male, bei dem ich in irgendeinem fremden Haus war.

Der Schulleiter war ein untersetzter, stämmiger Jude mit strengem Blick – wir hatten furchtbar Angst vor ihm. Nach ihrem Umzug befand sich die Schule an der Kiliński-Straße 63, am Bahnhof der Lodzer Fabrikbahn. Im Hinterhaus rechts befand sich im ersten Stock unsere Klasse. Unten auf dem Hof spielten wir Fußball. Ich lernte gut und hatte nur Einser.

Du erinnerst dich an alles mit fotografischer Exaktheit.

Lodz erschien mir als eine schöne Stadt, ihre Hunderten von Fabrikschloten waren schon beeindruckend. Aber in Wirklichkeit bekam ich dort nicht viel zu sehen. Ich kann mich an die ansehnliche Manufakturwerkstatt von Israel Poznański[21] nicht erinnern, ich bin wohl nie dort gewesen. Ich war auch nie an der Wolborska-Straße, wo die in ganz Polen berühmte Synagoge lag, die die Deutschen, ähnlich wie andere Synagogen in der Stadt, in den ersten Kriegsmonaten in die Luft jagten. Als ich nach dem Krieg nach Lodz zurückkehrte, erschienen mir die Häuser an der Piotrkowska-Straße kleiner zu sein und die meisten Fabriken waren pleite gegangen … Als junger, an den Kommunismus glaubender Mensch war ich überzeugt, dass Lodz von jüdischen und deutschen Blutsaugern erbaut worden war, die dabei die Arbeiterklasse ausgebeutet hatten. Dieses

Denken hatte sich jahrelang in mir festgesetzt. Erst viel später verstand ich, dass nichts derart offensichtlich und eindeutig ist. Ich erfuhr, dass viele Fabrikanten abgesehen von Fabriken und Palästen auch Krankenhäuser für Arbeiter sowie Schulen und Altenheime errichtet hatten.

Als ich ein Kind war, kam mir das alles nicht zu Bewusstsein. Wichtig war, dass unsere Familie zumindest ein knappes Auskommen hatte. Heute sehe ich, dass Mama trotz der begrenzten Mittel zurechtkam. Sie war eine tüchtige Frau. Als Vater starb, war sie 33 Jahre alt. Ab dieser Zeit war von Männern keine Rede. Manchmal kam ein Herr mit einem kleinen schwarzen Schnurrbart im Frackanzug zu uns. Das war der Kellner Dawid, der Mama den Hof machte. Ich sehe noch heute, wie er angelehnt an die Tischplatte zur Entgegennahme der schmutzigen Wäsche steht und mit Mama spricht. Zu mehr ist es aber nicht gekommen.

Mama war eine warmherzige Person von kleinem Wuchs und rundlich, aber nicht dickleibig. Sie hatte eine goldene Seele und sprach nie ein schlechtes Wort. Ich hörte niemals eine Klage aus ihrem Mund. Sie ertrug ihr Schicksal und meinte oftmals: »Schau nicht nach oben, wer es besser hat, sondern blicke um dich, wie viele Menschen schlechtere Bedingungen haben als wir.« Die Mutter meines Kumpels Nachme verkaufte Brezeln. Ich sehe noch heute, wie sie an der Kamienna-Straße und der benachbarten Wschodnia-Straße entlanggeht und mit einem Tablett voller Brezeln ruft: »*Warme bajgełech, warme bajgełech*« (dt. warme Brezeln). Der geringe Erlös aus diesem Verkauf war das einzige Geld, von dem sie leben mussten. Das zeigt, wie arm das jüdische Lodz der Zwischenkriegszeit gewesen ist. Im Vergleich zu ihnen ging es uns damals nicht schlecht.

Im Sommer fuhren wir immer in das Dorf Wiśniowa Góra unweit von Lodz. Mama mietete dort eine kleine Hütte. Ich sehe mich dabei: Im Halbdunkel unterhalte ich mich mit meiner jüngsten Schwester Róża – eigentlich unterhalten wir uns nicht, sondern geraten uns buchstäblich in die Haare. Róża war politisch links eingestellt. Damals herrschte in Spanien gerade der Bürgerkrieg (1937-1938). Sie war zu dieser Zeit etwa 14 Jahre alt. Ich war jünger, aber dafür belesener und weltgewandter. Meine Schwester behauptete allen Ernstes, dass diejenigen, die sich gegen die Staatsgewalt auflehnten, auf der richtigen Seite stünden, da Revolutionäre immer Recht hätten. Ich erklärte ihr, dass es genau umgekehrt sei. Die Regierung sei rechtmäßig und republikanisch. General Franco war es ja gewesen, der unterstützt durch Hitler und Mussolini eine Armee in Nordafrika gebildet und sein eigenes Land in einem Staatsstreich überfallen hatte. Róża ließ sich davon jedoch nicht überzeugen. In ihrer Beschränktheit konnte sie nicht begreifen, dass Aufständische durchaus im Unrecht sein konnten.

In der Schule war man der Ansicht, dass ich überdurchschnittlich begabt war. Daher entschied man im Juni 1939, mich näher zu untersuchen. Ich durchlief mehrere psychologische und psychotechnische Eignungstests. Auf deren Grundlage erhielt ich einen gebührenfreien Platz im Józef-Piłsudski-Gymnasium an der Sienkiewicz-Straße, das u.a. auch Julian Tuwim besucht hatte.

Den Sommer vor Kriegsausbruch verbrachte ich wie gewöhnlich in Warta an der Warta – voller Erwartungen und Vorfreude auf den Unterricht in meiner neuen Mittelschule, die einen guten Ruf hatte.

Spürte man damals, dass der Krieg kommen wird?

Der Krieg hing in der Luft. Ich kann mich noch an Gespräche erinnern, dass Hitler gegenüber den Juden feindlich eingestellt sei. Es erreichten mich winzige Meldungen, dass irgendetwas bevorstehe. Es war die Rede von einem Korridor.[22] Aber ich war nie am Meer gewesen, daher hat mich das nicht interessiert. Ich beschäftigte mich mit Lesen, Kinobesuchen und dem Rennen auf Dächern. Ich weiß noch, dass der Sommer damals heiß war.

Zum Kriegsausbruch kommt mir eine Anekdote in den Sinn. Gemeinsam mit Nachme beschlossen wir am zweiten oder dritten Tag des Überfalls, unser Vaterland zu verteidigen. Wir mussten uns dazu allerdings Waffen besorgen. Unser Hinterhof war mit einem Haus an der Wschodnia-Straße verbunden. Dort befand sich ein Geflügelladen. Dessen Besitzer hatte im Keller mehrere Vogelkäfige. Wir brachen dort frühmorgens ein, stahlen zwei lebende Gänse, um damit auf den Bałucki-Markt zu gehen, sie dort zu verkaufen und für das Geld Gewehre zu kaufen. Unsere Naivität und romantische Haltung nahmen uns den Blick für die Wirklichkeit. Denn als wir am Markt ankamen, griff uns ein Polizist auf und kriegte spitz, dass irgendetwas wohl nicht in Ordnung war. Er nahm die Gänse an sich, haute uns eine runter und verjagte uns.

Und noch eine Geschichte. Ich erinnere mich noch daran, dass wir in den ersten Septembertagen 1939 mit Kumpeln auf dem Dach unseres Hauses Drachen steigen ließen. Hausmeister Sitowski erwischte uns und verhaute uns damals ein einziges Mal tatsächlich: »Es ist besser, wenn ihr von mir einige Ohrfeigen bekommt, als dass die Luftabwehr kommt und euch dafür an die Wand stellt, dass ihr dem Feind Signale sendet« – sagte er. Denn über uns flogen Kampfbomber in Richtung Warschau.

Stadt der Schattenmenschen

Es war eine langsam voranschreitende, quälende Tortur. Ich weiß noch genau, was ich dabei spürte: Es ist Krieg, und wir hinter Stacheldraht im Getto gefangene Juden führen die Befehle des Hitler-Regimes aus. Die Hilflosigkeit erdrückte uns – und der Zwang, sich völlig unterordnen zu müssen. Man beraubte uns jeglicher Möglichkeiten, unser weiteres Schicksal zu beeinflussen. Das, was geschah, wurde uns aufgezwungen. Protest kam überhaupt nicht in Frage. Ich wusste, dass ich mich ganz klein und unsichtbar machen musste, wenn ich überleben wollte.

In Lodz ging der Plan des Blitzkriegs perfekt auf. Am 1. September 1939 fielen erste Bomben auf den Bahnhof Kaliska und den Flughafen Lublinek. Einen Tag später wurde der Bahnhof Widzew zerstört. Bereits am 6. September 1939 verließen die polnischen Machthaber die Stadt. Ämter und Behörden wurden evakuiert, wobei sich ein Teil der flüchtenden Einwohner – vor allem Männer – auf den Weg nach Warschau machte, um dort zu helfen. Zwei Tage später kamen erste deutsche Patrouillen in Lodz an. Am nächsten Morgen marschierten bereits Wehrmachtssoldaten im Triumphzug durch die Straßen der Stadt und wurden von den Lodzer Deutschen enthusiastisch begrüßt. Am 13. September 1939 fuhr der Führer selbst mit einer Autokolonne durch die Piotrkowska-Straße, die kurze Zeit später in »Adolf-Hitler-Straße« umbenannt wurde. Leon kann sich an letzteres Ereignis zwar nicht erinnern, aber die offensichtliche Stärke der Wehrmacht ist ihm noch sehr gut im Gedächtnis geblieben. Er hatte das Gefühl, dass diese Armee nichts aufhalten würde. Das löste Angst bei ihm aus. Aber vielleicht hatte er instinktiv Furcht vor dem, was bald darauf auf ihn zukam?

Einige Monate später – am 10. Dezember 1939 – erging per Bekanntmachung des neuen Regierungspräsidenten von Kalisz, Friedrich Übelhör, der Befehl an die Juden von Lodz, unverzüglich einen Koffer mit persönlichen Habseligkeiten zu packen und sich in ein bestimmtes Viertel der Stadt zu begeben. Dabei handelte es sich um ein Gebiet, in dem die Ärmsten der Armen lebten: das Stadtviertel Bałuty und die Umgebung des Alten Markts. Noch fiel das Wort »Getto« nicht. Bereits am 30. April 1940 umgab dieses Gebiet ein Netz von Stacheldrahtzäunen. Auf knapp über vier Quadratkilometern drängte man über 160.000 Menschen zusammen. Diesen stellte man ca. 30.000 Wohnungen zur Verfügung, von denen lediglich knapp 400 über einen Anschluss an die Kanalisation verfügten.[1] Unter diesen Bedingungen wohnten das »Lumpenproletariat«, Kleinkriminelle und jüdische Bettler – und direkt neben ihnen Professoren, Wissenschaftler und Künstler. Die dem Getto zugrundeliegende Idee war bald nicht mehr nur die Inhaftierung der Menschen, sondern dass Juden nur so lange gebraucht wurden, wie sie für das »Dritte Reich« Geld verdienten und arbeiteten. Als Leiter des Gettos wurde von den Nazis Hans Biebow eingesetzt. Zur praktischen Umsetzung dieser Ausbeutung zwang man die Juden selbst, indem man einen »Judenrat« einrichten ließ, zu dessen Vorsitzendem Chaim Rumkowski bestimmt wurde.

Hans Biebow war ein geschäftstüchtiger Kaffeehändler aus Bremen, der durch den Krieg ein Vermögen machte und zugleich für die massenhafte Ermordung der Juden in den Kleinstädten bei Lodz verantwortlich war. 1947 wurde er in einem Gerichtsprozess zum Tod durch den Strang verurteilt. Das Urteil vollstreckte man in dem heute nicht mehr existierenden Gefängnis an der Sterling-Straße in Lodz. Biebows Leichnam wurde der Medizinischen Akademie Lodz übergeben. Noch lange Jahre nach dem Krieg bildete der in einem Formalin-Behälter schwimmende »SS-Mann«[2] eine Legende dieser Lehranstalt und verkörperte eine Schreckgestalt für deren Studenten.

Chaim Rumkowski war ein gesellschaftlicher Aktivist und Direktor eines jüdischen Waisenhauses im Lodzer Vorort

Marysin. Eher zufällig wählte man ihn zum Vorsitzenden des Jüdischen Ältestenrates (»Judenrats«), dem im Getto die lokale Verwaltung und die jüdische Ordnungspolizei unterstanden. Als das Getto im Sommer 1944 aufgelöst wurde, gelangte Rumkowski zusammen mit seiner Familie zur Bahnstation Lodz-Radegast. Dort pferchte man ihn in einen Waggon und deportierte ihn nach Auschwitz. Auf der dortigen Rampe wurde er vermutlich von früheren Häftlingen des Gettos erkannt und zu Tode geprügelt.

Rumkowski glaubte daran, dass er das Überleben der Juden sichern konnte, indem er sie durch harte und unbarmherzige Arbeit für die Nazis unentbehrlich machte. Denn das Getto Litzmannstadt, wie man Lodz im April 1940 zu Ehren des gleichnamigen preußischen Politikers und Generals der Reichswehr umbenannte, war ein seltsames Gebilde. Anfangs gab es dort Schulen, Krankenhäuser, eine Poststelle und ein Kulturhaus, in dem regelmäßig Konzerte stattfanden und Zeitungen vertrieben wurden. Ferner beherbergte das Getto eine Feuerwehr, Altenheime, Waisenhäuser und »Ferienkolonien« für Kinder. Andererseits starben dort zahlreiche Juden an Hunger und Erschöpfung durch schwere körperliche Arbeit in den von Biebow und Rumkowski geschaffenen Gettowerkstätten. Deportationen ins Vernichtungslager Chełmno/Kulmhof gehörten zum Alltag. Eine von Rumkowski einberufene »Aussiedlungskommission« wurde gezwungen, regelmäßig eine bestimmte Anzahl von Juden für »Todestransporte« zu benennen. Täglich wurden dabei ca. 1.000 Menschen ausgewählt.

Dennoch wurde im Getto Litzmannstadt bis August 1944 gearbeitet und Geld verdient. Szewach Weiss nennt in seinem Vorwort zum Buch von Elżbieta Cherezińska, *Byłam sekretarką Rumkowskiego. Dzienniki Etki Daum* [*Ich war die Sekretärin von Chaim Rumkowski. Die Tagebücher der Ester Daum*] eine geradezu atemberaubende Summe: 67.870.297 Mark – so hoch war das Gesamteinkommen der jüdischen Produktion. Hinzu kommt das geraubte Geld aus den beschlagnahmten Vermögen: 14.092.353 Mark.[3] So viel trugen die Juden aus Lodz und Umgebung sowie die 1941 aus Westeuropa umgesiedelten Juden zum Gesamthaushalt des »Dritten Reiches« bei. Ein reiner Gewinn.

Arnold Mostowicz, der im Getto Litzmannstadt als Notarzt gearbeitet hatte und nach dem Krieg als Schriftsteller und Chefredakteur des Warschauer Satiremagazins *Szpilki* [Stecknadeln] tätig war, schreibt in seinem autobiographischen Werk *Żółta gwiazda, czerwony krzyż* [*Gelber Stern, rotes Kreuz*], dass sich die Geschichte des Gettos in zwei Etappen aufgliedere, nämlich in die Zeit vor der »Allgemeinen Gehsperre« und in die Zeit danach. Dabei handelt es sich um die sogenannte »Aussiedlung« von Kindern unter zehn Jahren, Kranken und alten Menschen über 65 Jahren sowie deren unverzüglichen Tod durch Vergasen in Chełmno/Kulmhof. Nach offiziellen statistischen Schätzungen verringerte sich die Zahl der Getto-Bewohner zwischen dem 5. und 12. September 1942 um mehr als 15.000 Menschen. Infolge der vor der »Allgemeinen Gehsperre« erfolgten stufenweisen Vernichtung von Kranken, Straftätern, westeuropäischen Juden sowie Sinti und Roma lebten bei der Auflösung des Gettos im Sommer 1944 noch ca. 70.000 Menschen. Diese glaubten zunächst, dass sie zusammen mit den Fabriken ins Landesinnere des Deutschen Reiches umgesiedelt würden, um – wie man offiziell verkündete – vor der heranrückenden Roten Armee gerettet zu werden.[4] In Wirklichkeit wurden sie jedoch nach Chełmno/Kulmhof deportiert, und als dieses Lager zu geringe »Erträge« ablieferte, kamen sie nach Auschwitz-Birkenau. Diejenigen, die dort nicht sofort vergast wurden, sandte man zur Zwangsarbeit in deutsche Fabriken. Ein Teil von ihnen musste in den strengen Winterwochen Anfang 1945 an einem makabren Todesmarsch teilnehmen. Wie viele Juden haben das Getto Litzmannstadt letztlich überlebt? Das lässt sich nicht mit Sicherheit sagen. Laut vagen Schätzungen schwankt die Zahl zwischen ein paar wenigen und über 10.000. Leon Weintraub ist einer von ihnen.

*

Als die Alliierten Hitler den Krieg erklärten, versammelten sich an der Piotrkowska-Straße große Menschenmassen, die diesen Schritt öffentlich unterstützten. Bist du damals dabei gewesen?

Daran kann ich mich nicht erinnern. Ich habe zwei – drastische – Erinnerungen an den Kriegsbeginn.

Die erste Erinnerung ist die, dass die Deutschen Lodz ohne einen einzigen Schuss eingenommen haben. Die Stadt wurde einfach unterworfen, man hisste überall weiße Flaggen. Der Marsch der Wehrmachtssoldaten durch die Piotrkowska-Straße machte enormen Eindruck auf mich. Die im Gleichschritt auf die blanken Kopfsteinpflaster knallenden, nagelbeschlagenen Stiefel der Soldaten klangen entsetzlich. Ich war damals 13 Jahre alt und nicht sehr groß. Die vor Kraft und Gesundheit nur so strotzenden jungen Soldaten erweckten den Eindruck, als ob sich ihnen nichts und niemand widersetzen könne. Es ging eine derart große Macht von ihnen aus, dass ich überzeugt war, dass sie alles vernichten würden, was sich ihnen in den Weg stellte. Dies rief nicht Wertschätzung oder Bewunderung in mir wach, sondern nur die Angst, dass diese brachiale Stärke durch nichts aufzuhalten sein würde.

Nach der Besetzung von Lodz tauchten rasch Plakate auf, die die der jüdischen Bevölkerung auferlegten Einschränkungen bekanntmachten: Ausgehverbot nach 18.00 Uhr, Beschlagnahmung von Radiogeräten, Schreibmaschinen und persönlichen Wertsachen. Auch das Einkaufen in jüdischen Geschäften wurde fortan untersagt. Aber nicht das war das Schlimmste. Eines Tages ging ich aus unserer Wäscherei auf die Kamienna-Straße hinaus, an der Ecke befand sich eine Apotheke. Dort sah ich junge Soldaten, die eine Gruppe von Juden umringt hatten. Als ich etwas näher heranging, entdeckte ich zu meinem Entsetzen, dass einer der Soldaten dem ältesten Juden mit seinem Bajonett den Bart abschnitt. Ganz brutal – zusammen mit der Haut, was fürchterlich blutete. Die übrigen Juden klagten wehmütig und baten den Soldaten, damit aufzuhören. Aber dieser machte völlig ungerührt weiter. Das war der zweite große Schock für mich:

Sah so der Krieg aus? Siegreiche Soldaten demütigen arme Zivilisten und noch dazu ältere Menschen? Meine Vorstellung vom Krieg war nämlich noch recht romantisch gewesen. Ich kannte das Buch von Erich Maria Remarque *Im Westen nichts Neues*[5] und den 1937 gedrehten Spielfilm von Jean Renoir *Die große Illusion* mit Erich von Stroheim, in dem deutsche Offiziere im Ersten Weltkrieg ihre französischen Kriegsgefangenen elegant – nach Gentleman-Art – empfingen. Genau so hatte ich mir bis dahin den Krieg vorgestellt. Jenes Ereignis auf der Straße löste einen Schock in mir aus. Ich war enttäuscht und überrascht, dass Menschen andere Menschen derart übel behandeln können. Das waren die ersten Wochen nach Kriegsausbruch, kurz nach der Besetzung von Lodz.

Bald darauf entstand das Getto.

Bereits im Dezember 1939 erschienen die ersten Plakate mit der Ankündigung, dass die jüdische Bevölkerung in ein besonderes Gebiet umgesiedelt werden würde. Bald darauf hörte ich zum ersten Mal das Wort »Getto«. Der Begriff stammt aus dem Italienischen. Das erste Getto war eine Insel am Ufer Venedigs, die zum Aufenthaltsort für aussätzige Menschen bestimmt wurde. In seiner Bekanntmachung stellte der Regierungspräsident von Kalisz, Friedrich Übelhör, fest, dass dies lediglich eine vorübergehende Maßnahme sei. Er behielt sich dabei das Recht vor, zu entscheiden, wann und mit welchen Mitteln die Stadt Lodz – noch nicht Litzmannstadt – von ihrer Plage, den Juden, befreit werden sollte. Er sprach von einer Pest. Ich bin also ein Teil dieser Pest?[6]

Kannst du dich noch an den Moment des Umzugs erinnern?

Das ist mir kaum im Gedächtnis geblieben. Wir mussten unsere Siebensachen zusammenpacken: Kleidung und etwas Bettwäsche. Den Rest ließen wir an der Kamienna-Straße 2 zurück. Wir bekamen eine Wohnung zugeteilt, zuerst im früheren Laden an der Brzezińska-Straße 39 (heute Wojska-Polskiego-Straße). Dieses Gebäude habe ich noch schleierhaft in Erinnerung. Wir waren dort zu acht, zusammen mit Tante Ewa und ihrem Mann Michał Widawski. 1943 starb Onkel Michał eines natürlichen Todes, er war damals bereits ein kränklicher Mensch. Beigesetzt wurde er auf dem Jüdischen Friedhof an der Bracka-Straße.

Ab 1942 wohnte auch mein Cousin Leon Łęczycki bei uns. Er hatte zuvor in der Polnischen Armee gedient. Während des Septemberfeldzugs 1939 war er in den Kämpfen bei Skierniewice verwundet worden. Dabei verlor er den linken Unterarm, der im Rot-Kreuz-Krankenhaus in Warschau amputiert wurde. Daraufhin kehrte er nach Warta zurück. Er erzählte uns, wie SS-Männer im Jahre 1942 alle Juden auf dem Marktplatz versammelten und in zwei Gruppen aufteilten. In einer Gruppe befanden sich Leon Łęczycki und seine zwei Schwestern Ruchcia und Fajgele. Die andere Gruppe setzte sich aus älteren und kranken Juden zusammen, wohin auch Leons Tante und Onkel sowie deren Töchter Chana und Hinda gelangten. Letztere waren hochgewachsen, sehr schlank und geistig etwas unterentwickelt. Minia flüchtete gemeinsam mit ihren ältesten Brüdern Gabriel und Michał bei Kriegsbeginn nach Białystok, und von dort aus weiter in die Sowjetunion. Bei der Selektion der Juden trennte sich Fajgele von ihrer Gruppe und sagte, dass sie ihre Eltern nicht alleine zurücklassen werde. Alle wurden nach Chełmno/Kulmhof deportiert, um vernichtet zu werden. Denn das Hitler-Regime wandte dort die Vergasung als industrielle Methode der Tötung von Menschen an.

An der Brzezińska-Straße wohnten wir nur für kurze Zeit. Danach lebten wir bis zum Ende des Getto-Aufenthalts an der heutigen Jakub-Straße 7, die damals in »Rembrandt-Straße« umbenannt wurde. Dieses Haus gibt es heute nicht mehr, dort steht jetzt ein Wohnblock mit mehreren Treppenhäusern. Aber gegenüber bei Nummer 10 existiert noch ein ähnliches Gebäude. Dort wurden damals die Juden aus dem Westen aufgenommen: aus Berlin, Wien, Luxemburg oder Ungarn.[7] Sie starben recht schnell, da sie nicht imstande waren, sich an unser

Leben anzupassen. Sie sprachen Deutsch – eine andere Sprache kannten sie nicht.

Daher habe ich heute noch ein gewisses Bild vor Augen, so dass mir fast ein Schauer über den Rücken läuft, wenn ich daran denke. Ich sehe zwei Kinder: ein etwa zehn- oder zwölfjähriges Mädchen und einen kleinen Jungen, der etwa vier bis fünf Jahre alt ist. Beide singen: »Mutti, kauf mir ein Pferdchen …«. Sie bettelten um ein paar Groschen. Ich kann mich noch an ihre Gesichter, ihre Gestalten und ihr Elend erinnern. Sie waren ganz alleine – ohne Eltern, die man nach Chełmno/Kulmhof deportiert hatte, ähnlich wie die meisten Juden aus dem Westen. Sie haben mir so leidgetan!

Wie habt ihr gewohnt?

Die Wohnung an der Jakub-Straße befand sich auf dem ersten Stock rechts im Hinterhaus. Das Zimmer war vielleicht fünf oder sechs Quadratmeter groß. Der als Küche dienende Teil wurde durch einen Küchenschrank abgegrenzt. Links befand sich der eigentliche Wohnraum, in dessen Mitte ein Tisch stand – mit zwei Fenstern zum Hinterhof. Auf der rechten Seite – gegenüber dem Eingang – war ein Kleiderschrank. Ich weiß nicht mehr, wie wir damals am Tisch gesessen und gegessen oder wie wir geschlafen haben. Ein Bett gab es nicht. Wir mussten uns Schlaflager auf dem Fußboden zurechtmachen.

In diesem Zimmer wurden wir gefangen gehalten, von Privatsphäre konnte keine Rede sein. Es war eine langsam voranschreitende, quälende Tortur. Ich weiß noch genau, was ich dabei spürte: Es ist Krieg, und wir hinter Stacheldraht im Getto gefangene Juden führen die Befehle des Hitler-Regimes aus. Die Hilflosigkeit erdrückte uns – der Zwang, sich völlig unterordnen zu müssen. Man beraubte uns jeglicher Möglichkeiten, unser weiteres Schicksal zu beeinflussen. Das, was geschah, wurde uns aufgezwungen. Protest kam überhaupt nicht in Frage. Ich wusste, dass ich mich ganz klein und unsichtbar machen musste, wenn ich überleben wollte.

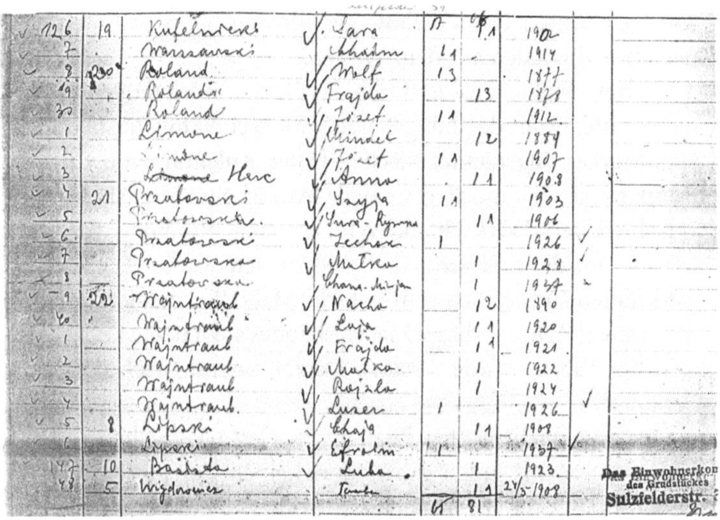

Auszug aus dem Register des Einwohnermeldeamts: Die Familie Weintraub in der Sulzfelder Straße 39 (Brzezińska-Straße)

Kannst du dich noch daran erinnern, wie dir der »Judenstern« aufgenäht wurde?

Nein. Seltsam, ich habe jahrelang immer das Gefühl gehabt, dass die Fotos von damals ein seitenverkehrtes Bild zeigen. Denn ich erinnere mich noch daran, dass der Stern auf der linken Seite angebracht wurde – und alle sagen jetzt, er habe sich auf der rechten Seite befunden. Aber damals hat man darauf im Laufe der Zeit gar nicht mehr geachtet. Das war eben eine der Anordnungen der Deutschen gegen uns Juden.

Eine kurze Zeit lang gab es im Getto auch eine Schule. Hast du sie besucht?

Ich weiß nicht, wo sie lag. Ich kann mich nicht daran erinnern, dass ich dort jemals am Unterricht teilgenommen habe. Im Herbst 1941 wurden alle Schulen auf Anordnung des Getto-

Kommandanten Hans Biebow geschlossen. Dort wohnten danach u. a. die Juden aus dem Westen.

Biebow wusste, dass er durch das Getto ein Vermögen machten konnte. Denn dorthin gelangten Menschen mit Ausbildung: Handwerker, Ingenieure, Meister. Unter Anleitung von Chaim Rumkowski verwandelten sie das Getto in ein Arbeitslager mit verschiedenen Werkstätten. Wir fertigten Produkte für die Mächte an, die uns vernichten sollten. Ich wurde den Metallwerkstätten südwestlich vom Bałucki-Markt/Ecke Zgierska-Straße zugeteilt. Ein Teil dieses Ziegelgebäudes steht heute noch. Der Rest der Fabrik wurde zerstört. Derzeit befindet sich dort ein Parkplatz.

Am Bałucki-Markt lag die deutsche Getto-Verwaltung – eingezäunt. Für uns Juden gab es dort keinen Zutritt. Das Getto bestand aus zwei Gebietsteilen, die durch die Zgierska-Straße getrennt waren, wo eine Straßenbahn entlangfuhr. Alles war von Stacheldrahtzäunen umgeben. Wir hatten Angst vor den Wachmännern, wenn sich jemand den Zäunen zu sehr näherte. Denn sie schossen und töteten die Menschen aus Spaß.

Franka und Lola arbeiteten in der Schneiderwerkstatt, Róża in der Werkstatt für Strohschuhe. Dort flocht sie Zöpfe aus Stroh und fertigte daraus riesige Überschuhe an, die den Wehrmachtssoldaten beim Winterfeldzug nach Russland als Schutz dienen sollten. Mala erhielt eine Stelle in der Bibliothek. Und soweit wir überhaupt noch Kraft hatten, uns nach zwölf Stunden Arbeit und Hungern ein bisschen zu entspannen, bildete das Lesen von Büchern die einzige Form des Vergessens. Meine Schwester brachte immer neue mit nach Hause. Mama hat wohl nicht gearbeitet. Ich weiß nicht warum. Vielleicht deshalb, weil sie sich alleine um fünf Kinder kümmern musste? Ich kann mich nicht daran erinnern, dass sie jemals zur Arbeit gegangen ist.

Was hast du in der Metallwerkstatt gemacht?

Meine erste Aufgabe bestand darin, Eisenringe zu lackieren, die dann an Planen für Seile befestigt wurden. Diese Planen soll-

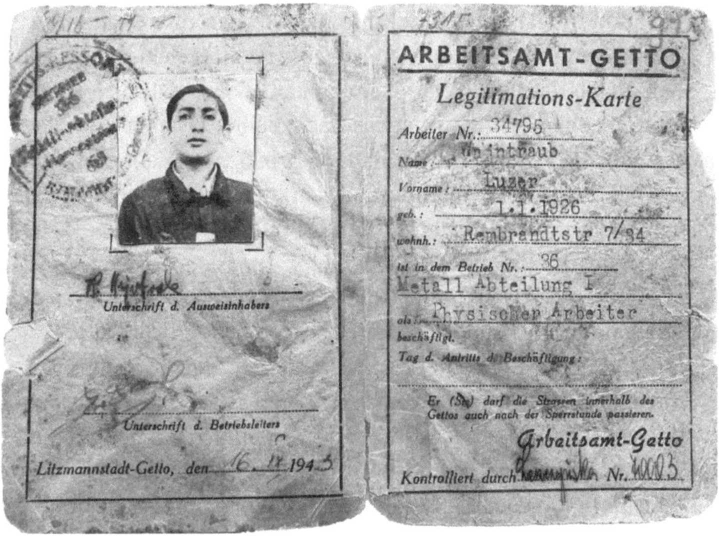

ARBEITSAMT-GETTO

Legitimations-Karte

Arbeiter Nr.: 34795

Name: Weintraub

Vorname: Luzer

geb.: 1.1.1926

wohnh.: Rembrandtstr 7/34

ist in dem Betrieb Nr.: 36

Metall Abteilung I

als Physischer Arbeiter

beschäftigt.

Tag d. Antritts d. Beschäftigung:

Er (Sie) darf die Strassen innerhalb des Gettos auch nach der Sperrstunde passieren.

Arbeitsamt-Getto

Kontrolliert durch ... Nr. ...

Unterschrift d. Ausweisinhabers

Unterschrift d. Betriebsleiters

Litzmannstadt-Getto, den 16. IX. 1943

Leon Weintraubs Arbeitsausweis aus dem Getto Litzmannstadt, datiert auf den 16. 9. 1943

ten Waffentransporte auf offenen Plattformen vor Regen und Schnee schützen. Ich hatte einen Behälter, der etwa eineinhalb Meter lang und einen Meter breit war. An einem an der Decke befestigten Haken hing ein Rahmen mit 100 kleineren Haken. An diesen hängte ich die einzelnen Eisenringe auf, Ringe mit ca. zwei Zentimeter Durchmesser. Ich ließ diese von der Decke herab und tauchte sie in den flüssigen Lack ein. Dann zog ich die Ringe wieder heraus und wartete, bis alles trocknete. Danach nahm ich die Eisenringe von den Haken ab und verpackte sie in Schachteln zu jeweils 100 Stück. Daraufhin hängte ich die nächste Portion Ringe auf. Und so ging das den ganzen Tag, zwölf Stunden lang. Mit der Zeit wurden die Haken von der eingetrockneten Lackschicht ganz bedeckt, so dass man die Eisenringe nur schwer abnehmen konnte. Dann musste ich den schweren Eisenrahmen zur Schmiede tragen, die lackbedeckten kleinen Haken über offenem Feuer abbrennen und sie mit einer Drahtbürste reinigen. Irgendwann hatte ich keine Lust mehr, die Rahmen ständig zur Schmiede zu tragen. Ich dachte mir: »Warum muss ich jedes Mal zur Feuerstelle gehen, wenn ich doch gleich das Feuer zu mir holen kann?« Ich nahm also eine kleine Blechschachtel mit etwas Lack, zündete sie an und hielt sie unter die Häkchen. Dummerweise habe ich nicht damit gerechnet, dass die flammenden Lacktropfen in den Behälter mit leicht brennbarer Substanz fielen. Wenige Augenblicke später stand alles in Flammen. Zum Glück war der Behälter nicht allzu groß, so dass ich das Feuer rasch löschen konnte – aber den kleinen Brand konnte ich dennoch nicht verbergen.

Man führte mich zum Werkstattleiter, Herrn Chimowicz, der mir einige Ohrfeigen versetzte. Dann tauchte Hans Biebow höchstpersönlich auf. Das ist einer der wenigen Namen meiner Verfolger, der mir in Erinnerung geblieben ist. Niemand hat sich mir jemals vorgestellt – kein SS-Mann oder Kapo im Lager. Ich bewundere diejenigen, die die Namen der Täter zitieren können – sie haben diese wohl eher nachgelesen als im Gedächtnis behalten. Ich lernte damals einen Menschen persönlich kennen, der an der Ermordung von Menschen in den kleinen Vororten von Lodz teilgenommen hatte. Ein gutaussehender, schlanker, blonder Mann. Ich war sicher, dass nun meine letzte Stunde geschlagen hatte. Ich kannte das Wort »Sabotage« und wusste daher, was mich erwartete. Ich war eher klein gewachsen und hatte die Gestalt eines Zwölfjährigen. Vielleicht hat mich das gerettet? Chimowicz und Biebow erkannten jedenfalls die Dummheit eines kleinen Burschen. Sie verstanden, dass ich mir nur die Arbeit hatte erleichtern wollen, was aber nicht geklappt hatte. Zur Strafe verlegte man mich in die Blechwerkstatt. Und das war wirklich eine empfindliche Strafe, da wir dort ohne Schutzhandschuhe und passende Werkzeuge Eisenbleche zu Munitionsbehältern falzen und diese dann miteinander verbinden mussten. Die scharfen Blechkanten brachten uns oftmals tiefe, eiternde Wunden bei, die nur schwer heilten.

Der gesamte Aufenthalt im Getto Litzmannstadt ging für mich recht glücklich aus – viereinhalb Jahre lang musste ich nicht ein einziges Mal zum Arzt und blieb vor Krankheiten weitestgehend verschont. Meine Schwestern und Mama genauso. Niemand von uns musste damals auf eine Krankenstation. Ich hatte vielleicht einmal einen Schnupfen, den Mama mir dann mit Hausmitteln auskurierte. Ich sage immer, dass ich meine gute körperliche Verfassung den guten Genen meiner Eltern verdanke. Diese Gene dienen mir bis heute. Denn ich habe mir bislang einen elastischen Körper bewahrt und gehe mit geradem Rücken, was den Eindruck erweckt, dass ich gar nicht so alt bin. Denn ich habe ja nie Sport getrieben, da ich keine Zeit dafür hatte. Die einzige Beweglichkeit, die mich stets begleitet hat, war die Beweglichkeit des Verstands, also das Denken.

1942 stand das gesamte Getto unter dem Schock einer »Säuberungsaktion«, die man später »Allgemeine Gehsperre« nannte. Wie hast du dieses Ereignis in Erinnerung?

Man verbot uns, unsere Häuser zu verlassen, wir gingen also nicht mehr zur Arbeit. Die jüdischen Polizisten und die Deutschen umstellten das Straßenviereck. Sie gingen von Haus zu Haus und nahmen alle Menschen über 65 Jahre sowie Kranke und Kinder bis zehn Jahre gewaltsam mit. Ich musste mit anhören, wie dabei Säuglinge aus den Armen ihrer verzweifelten Mütter gerissen wurden. Ohne Skrupel oder Mitleid. Tante Ewa war zehn Jahre älter als Mama. Während der »Allgemeinen Gehsperre« war sie vielleicht etwas über 60 Jahre alt. Aber das war eine elegante Dame! Ich habe noch ein Foto von ihr – hübsch gekleidet, vornehm. Sie wurde verschont. Im Laufe weniger Tage verschleppte man über 15.000 Menschen. Das Getto verlor damit einen bedeutenden Teil seiner Bewohner.

Vor der »Allgemeinen Gehsperre« hielt Chaim Rumkowski auf dem sogenannten »Strażacki-Platz« eine Rede, in der er forderte: »Gebt mir eure Kinder!«[8] Warst du Zeuge dieses Ereignisses?

Ich kann mich nicht daran erinnern, ihn gehört zu haben. Es ist schon etwas bedauernswert, dass ein Mensch verpflichtet ist, so etwas zu tun, um die Mehrheit zu retten. Entsetzlich. Aber nicht jeder wird zum Märtyrer geboren. Nicht jeder ist wie Adam Czerniaków, der Vorsitzende des Judenrats in Warschau. Dieser beging Selbstmord, als ihm aufgetragen wurde, die Listen mit den zur Deportation bestimmten Juden zu unterschreiben. Rumkowski führte die Befehle der Deutschen aus, wobei er sich wohl dachte, dass diese zwar furchtbar und tragisch waren – aber es noch schlimmer sei, wenn die Nazis ihre Befehle selber ausführen würden. Damit erkläre ich es mir, dass Rumkowski den Menschen die Entscheidung über die »Allgemeine Gehsperre« in Einklang mit seinem Gewissen verkünden konnte.

Aus heutiger Sicht meine ich, dass seine Annahme begründet war. Er sah voraus, dass wir so lange am Leben blieben, wie wir vom Hitler-Regime gebraucht würden. Und wenn wir nicht mehr nötig wären, würde man uns loswerden. Wir wussten weder, dass Chełmno/Kulmhof existierte, wo menschliche Knochen in einer speziellen Mühle zu feinem Mehl für Dünger gemahlen wurden. Noch wussten wir etwas von Auschwitz und den Gaskammern. Schlecht war, dass Rumkowski dem Größenwahn verfiel und sich für einen Herrscher – Kaiser – hielt und dass er sich mit einem eigenen Hofstaat umgab. Er fuhr mit einer Kutsche, an die weiße Pferde geschirrt waren. Ich habe ihn oft gesehen, und es hat mich stark getroffen, dass er sich so brüstete und über andere stellte. Schon früh verspürte ich Solidarität und Loyalität gegenüber denjenigen, denen es schlecht ging. Für mich bedeutete eine Kutsche mit weißen Pferden etwas Negatives.

Ich verfügte nur begrenzt über Nachrichten darüber, was im Getto geschah. Jetzt tut es mir leid, dass ich damals nicht wusste, was der sogenannte »Beirat« (bei Rumkowski) – der »Judenrat« – war. Ich bekam zwar mit, dass es Gettowerkstätten gab, da wir dort arbeiteten. Aber ich dachte nicht, dass dort auch ein Theater existierte, Zeitungen vertrieben und »Ferienkolonien« für Kinder in Lodz-Marysin eingerichtet wurden. Das Getto war ein Staat im Staate mit eigenem Geld und eigenen Briefmarken. Auf diesen durfte nicht das Abbild von Adolf Hitler zu sehen sein, damit niemand beim Aufkleben der Briefmarken auf ihn spucken konnte. Das Getto hatte ein eigenes Gefängnis, eine Polizei, ein Gericht, eine Bank. Für mein damaliges Alter habe ich die Zeit im Getto nur sehr begrenzt genutzt. Nichts interessierte mich – abgesehen davon, meinen unbändigen Hunger zu stillen.

Nach Verhängung der »Allgemeinen Gehsperre« wies man mich in einer neuen Fabrik der Elektrowerkstatt zu. Ich lernte, wie man Motoren umspulte. Das war interessant. Ein Teil der Arbeit erwies sich als schwer – die Verlegung elektrischer Leitungen von Raum zu Raum. Dazu musste man Löcher in Ziegelmauern bohren, die manchmal bis zu einem halben Meter dick waren. Von elektrischen Bohrmaschinen war damals keine Rede, sogar einfache Handbohrmaschinen hatten wir nicht. Wir bekamen stattdessen ein spezielles Gerät – ein »Schlagrohr« genanntes meterlanges Rohr von drei bis vier Zentimeter Durchmesser, das an einem Ende abgeflacht war. Man musste mit einem schweren Hammer auf das Rohr einschlagen, um die Wände – Millimeter für Millimeter – zu durchstoßen.

Der Werkstattmeister – an seinen Namen kann ich mich nicht erinnern – war von gedrungener Gestalt. Bisweilen übermittelte er uns seine Nachrichten »von der anderen Seite des Stacheldrahtzauns«. Ich vermute, dass er sich ein Radiogerät gebastelt hat. In der Werkstatt war sein Stellvertreter Grzybowski, der eine Frau und einen kleinen rothaarigen Sohn hatte. Sie haben wie durch ein Wunder überlebt. Dann gab es noch einen Gesellen, Probst. Als ich zuletzt Ordnung in meinen Dokumenten gemacht habe, fand ich ein Foto, das mir Grzybowski nach dem Krieg gegeben hatte. Darauf ist zu sehen, wie wir alle in der Werkstatt sitzen, ich als Zweiter von rechts. Erinnerungen kehrten zurück …

Das war ein recht ruhiges Leben. Ich hatte Menschen, mit denen ich mich unterhalten konnte. Ich war immer der Kleine: »Bring das her!« – »Gib es mir!« – »Kehre den Boden!«. Mein Chef sagte öfter zu mir: »Bevor du den Elektrikerberuf erlernst, hast du drei Jahre lang die Leiter hinter dem Meister herzutragen. Erst dann darfst du anfangen, selbstständig etwas zu unternehmen.« Diese Zeit erwies sich als wichtig. Denn die im Getto erworbenen Fähigkeiten kamen mir danach in den Lagern zugute und haben mir vielleicht das Leben gerettet. Es ist schon lustig, in den Wohnungen, in denen ich nach dem Krieg gewohnt habe, reparierte ich die Stromnetze selbst – ich verband Stromleitungen und fertigte Isolierungen an. Diese Fähigkeit ist mir in den Fingern geblieben.

Du sagst, dass das ein recht ruhiges Leben war. Deine Arbeit überstieg also nicht die Kräfte eines jungen Burschen?

Ich habe das anders in Erinnerung, aber im Gehirn wird diese Zeit sicherlich »idealisiert«. Wir mussten täglich zwölf Stunden lang arbeiten – von 7 bis 19 Uhr. Mittags gab es eine Suppe. Manchmal war das mehr als bloßes Wasser, mit etwas Kartoffeln und Kraut. Zur Arbeit ging ich ein ganzes Stück weit zu Fuß. Zu Hause versuchte Mama etwas Warmes zu kochen, damit wir nach unserer Rückkehr noch etwas aßen. Wir ernährten uns hauptsächlich von Kohlrüben. Wenn ich an deren Geruch und süßlichen Geschmack denke, wird mir noch heute leicht übel. Alles war künstlich – ein Ersatz. Anstelle von gewöhnlichem Kaffee tranken wir Brühe aus Zichorien. Die Marmelade bestand aus Roten Beten und wurde mit Sacharin etwas gesüßt. Auch der Honig war künstlich – aus Zucker. Wir hatten Lebensmittelkarten, auf denen die jeweiligen Rationen in Druckschrift vermerkt wurden. Aber nur selten konnte man an den Essensausgabestellen das bekommen, was auf den Karten draufstand. Mama musste oft lange Schlange stehen, um irgendetwas zu ergattern.

Habt ihr euch auch selbst Geld verdient?

Ich besitze einen Fünfmarkschein und eine Zehnmarkmünze – geprägt in hebräischer Sprache mit einer Menora. Das waren sogenannte »rumki«, die Getto-Währung, die außerhalb des Gettos wertlos war. Mit dem Abbild Rumkowskis – ein weiteres Zeichen seines Größenwahns. Diese Markstücke beweisen, dass man uns entlohnt hat. Wir erhielten nämlich fünf Mark pro Arbeitstag.

Eine Aufnahme der Belegschaft in der Elektrowerkstatt des Gettos Lodz. Leon Weintraub sitzend vorne rechts

Wie sah der gewöhnliche Alltag aus?

Immer wenn wir morgens aufstanden, nahm meine älteste Schwester Lola mit eiserner Disziplin einen Laib Brot (uns wurde für eine Person ein Laib pro Woche zugeteilt) und zerschnitt ihn in acht gleiche Teile. Dieses eine Stück Brot – ca. 250 Gramm – musste für den ganzen Tag reichen. Auch wenn jemand sehr hungrig war, kam es niemals vor, dass er zum Küchenschrank ging und sich eine weitere Scheibe abschnitt. Es war nicht viel, aber wir hatten täglich etwas zu essen. Diejenigen, die es vor Hunger nicht so lange aushielten und ihren Laib Brot bereits innerhalb von fünf Tagen aufaßen, hungerten daraufhin weitere zwei Tage. Dadurch stieg aber ihr Hunger weiter an, so dass sie ihre Wochenration bald bereits nach vier Tagen verzehrt hatten und dann drei Tage ohne Brot auskommen mussten. Solche Menschen haben es im Getto nicht lange ausgehalten. Sie starben recht früh.

In meinem engsten Familienkreis – unter den Geschwistern meiner Eltern – übte niemand auch nur irgendeine Funktion im Getto aus. Weder in Rumkowskis unmittelbarer Umgebung, noch in den Werkstätten oder den Essensausgabestellen. Diese Personen erhielten zusätzliche Rationen und Zugang zu weiteren Nahrungsmitteln – sie hatten es leichter. Wir hingegen lebten von knappen Rationen, die immer weiter verringert wurden. Man kann sich kaum vorstellen, dass ich von September 1939 bis zur Befreiung am 23. April 1945, also fünf Jahre, sieben Monate und drei Wochen – mit einer einzigen Ausnahme (von der ich später erzählen werde) – dauernd unter Hunger gelitten habe. Ein ständiger schmerzender Druck in der Magengegend ließ mich abends kaum einschlafen.

Morgens wachte ich stets mit einem schmerzhaften Ziehen im Magen auf. Abgesehen von der Arbeit hatte ich tagsüber nur einen Gedanken: Wie konnte ich etwas in den Bauch bekommen? Der Hunger übertünchte alles. Ich bewundere bis heute meine damaligen Altersgenossen und die etwas älteren Mithäftlinge, die nichtsdestotrotz imstande waren, am kulturellen Leben teilzunehmen. Ich wusste, dass es ein Theater gab. Einmal bin ich wohl dorthin gegangen. Ich kann mich noch an das schöne literarische Jiddisch erinnern – und an den Klang der Stimme des Schauspielers, der Texte aus Büchern bekannter jüdischer Autoren vortrug: Icchak Lejb Perec, Schalom Asch und Scholem Alejchem. Im Alltag fand ich weder die Kraft noch die Muße, über abstrakte Dinge nachzudenken. Denn ich kehrte nach jedem schweren Arbeitstag erschöpft nach Hause zurück. Von irgendeiner Art geselligen Lebens konnte also keine Rede sein. Ich wusste, dass auch weitere Verwandte von mir im Getto hausten. Aber ich besuchte sie lediglich ein oder zwei Mal. Im Getto wohnte auch einer meiner Klassenkameraden aus der Schule an der Franciszkańska-Straße, ein paar Häuser weiter von uns. Auch ihn habe ich nie besucht.

Einige von uns waren körperlich und mental derart robust, dass sie sich zusätzlich engagierten. Im Getto existierte eine geheime Untergrundbewegung, der auch meine Schwester Róża angehörte. Eine Szene ist mir dabei in schmerzvoller Erinnerung geblieben: Róża nimmt das Stück Brot aus den Händen Lolas, trennt einen Zentimeter davon ab und sagt, dass dieses Stückchen für die Anführer des Untergrunds – für die Avantgarde – bestimmt sei, damit zumindest diese Elite überlebte. Seit dieser Zeit habe ich ein negatives Verhältnis zu Anführern. Wie konnten sie ein solches Geschenk überhaupt annehmen und unter diesen Bedingungen ihre Mithäftlinge eines Stückes Brot berauben? Später klärten Kameraden, die wie ich den Krieg im Getto Litzmannstadt überlebt hatten – Artur Solarz und Marian Turski –, mich darüber auf, dass diese Brotstücke für kranke Mithäftlinge bestimmt gewesen seien, die nicht arbeiten konnten und daher auch keine Lebensmittelrationen besaßen. Dennoch klingen mir die Worte meiner Schwester bis heute in den Ohren, dass das Brot für die Anführer bestimmt sei, damit zumindest die Avantgarde überleben konnte. Für uns war dieser eine Zentimeter Brot ein Teil unseres Lebens. Das sitzt mir immer noch tief im Bewusstsein.

Róża hegte linke politische Auffassungen. Ich hingegen war apolitisch, obwohl Lola mich vor dem Krieg bei den roten Pfadfindern anmelden wollte, was letzten Endes nicht gelang. Im Getto wurde Róża zunehmend radikaler, sie war von kommunistischen Idealen geradezu durchdrungen. Ich hingegen tat das Meinige und blieb dabei vorsichtig, aufmerksam und fleißig. Aber ich muss damals psychisch und physisch derart geschwächt gewesen sein, dass ich alle üblen Dinge von vornherein nicht an mich heranließ. Vielleicht habe ich deshalb überlebt. Viele Grausamkeiten haben mich gar nicht erst getroffen. Denn ich hüllte mich in einen schützenden Kokon und lebte wie in einer Luftblase. Viele negative Tatsachen sind so gar nicht an mich herangekommen, so dass sie mir auch nicht zugesetzt haben – eine Art Überlebensinstinkt.

Noch eine Sache fällt mir dabei ein. Wir hatten keine Heizung, im Winter war es also fürchterlich kalt. Daher dachte ich mir etwas aus. Am Arbeitsplatz entwendete ich heimlich fünf Meter Draht von ein bis zwei Millimeter Dicke und fertigte daraus eine einen Meter lange Spirale an, an deren Enden ich leichte kleine Haken befestigte. Dann bohrte ich kleine Löcher durch die Fensterrahmen nach draußen. Direkt neben unserem Fenster verliefen Stromleitungen, die unter Spannung standen. Abends, als es dunkel war und niemand zusah, schob ich die Spiralenenden mit den Häkchen hinaus und hängte sie an die Stromleitungen. Dann befestigte ich die Drahtspirale mit einem Draht unter der Zimmerdecke. Ich ließ die Spirale erhitzen, bis sie rot anlief. Auf diese Weise hatten wir es wärmer. Morgens nahm ich die Spirale wieder herunter, damit niemand sie entdecken konnte.

So vergingen Tage, Wochen und Monate. Ich höre immer noch die Worte von Mama, die uns nicht so sehr trösten, zur Ordnung rufen oder tadeln wollte, sondern einfach unsere Lage erklärte: »Kinder, beklagt euch nicht, wir sind mit unserer gesamten Familie vereint! Wir haben es schwer, da man uns der Freiheit beraubt hat. Wir haben keine Möglichkeit, das Getto zu verlassen. Wir haben keinen Zugang zu dem, was hinter den Stacheldrahtzäunen geschieht. Wir wissen jedoch, dass ein großer Krieg herrscht – auch gegen die Juden. Der Nationalsozialismus sieht in uns den Feind Nummer eins. Und wenn Krieg ist, gibt es Kriegsfronten. Ganze Armeen stehen sich gegenüber, tagtäglich sterben Menschen. Uns droht das nicht. Wir hungern zwar und arbeiten schwer, aber wir sind zusammen. Und das ist das Wichtigste.«

Hast du im Getto auch Tote gesehen?

Ich sah Leichen auf der Straße. Ich habe noch vor Augen, wie Menschen auf notdürftig zusammengeleimten Wägen Leichen wegbringen: zwei Räder, zwei kleine Stangen und darauf ein paar Leichen. Ich sehe auch mich selbst, wie ich angeschirrt an ein Fass mit Fäkalien auf Ackerfelder hinausfahre. Das stank fürchterlich. Wie lange und warum, weiß ich nicht mehr – aber ich zog einen Wagen mit Fäkalien hinter mir her. Wie Menschen getötet wurden oder im Sterben lagen, habe ich nicht gesehen. Leichen schon. Aber an Bilder wie aus dem Warschauer Getto kann ich mich nicht erinnern.

Das Jahr 1944 war für das Getto Litzmannstadt ein dramatisches Jahr.

Im Frühsommer tauchten erste, verschiedene Gerüchte auf. Es erschienen öffentliche Bekanntmachungen, dass die sowjetische Front immer näher rücke und uns Gefahr drohe. Aus Sorge um unser Wohl habe man daher beschlossen, die Getto-Bevölkerung ins Innere des »Dritten Reiches« umzusiedeln. Die Einrichtung der Werkstätten werde uns nachfolgen, so dass wir weiter für das Wohl Deutschlands arbeiten könnten. Man forderte uns auf, uns freiwillig zu melden, um eine zusätzliche Nahrungsmittelration für den Weg zu bekommen. Kaum einer reagierte darauf. Daraufhin wurde mit der systematischen Aussiedlung weniger wichtiger Werkstätten begonnen. Diejenigen, die unmittelbar für den Bedarf der Armee produzierten, sollten erst später an die Reihe kommen.

Dieses Mal umstellte die deutsche und jüdische Polizei das Häuserviereck, gingen von Wohnung zu Wohnung und nahmen alle dort angetroffenen Bewohner mit. Zahlreiche Menschen suchten Schutz in wichtigen Werkstätten und versuchten sich dort zu registrieren – ein Teil versteckte sich. Wir auch. Die Leute reagieren so – zumindest wir haben so reagiert, indem wir uns darauf vorbereiteten, unter schweren Bedingungen zu überleben. Alles Neue und Unbekannte weckte Angst. Wir bemühten uns, die drohende Deportation abzuwehren.

Wie?

Ich kam auf eine Idee. Ich schob den Kleiderschrank, der vom Eingang aus gesehen gegenüber links an der Wand stand, zur Seite und machte eine Spalte, in die man sich hineindrücken konnte – etwa 30 bis 40 Zentimeter breit, nicht mehr. Als ich hörte, dass etwas auf dem Hinterhof geschah, packte ich dort sieben Menschen hinein. Ich stellte dort zwei Stühle hin und legte etwas Kleidung darüber, so dass diese Spalte auf den ersten Blick nicht zu sehen war. Dann kletterte ich auf den Schrank, sprang in die Spalte und schloss mich meiner Familie an. Die Wohnungstür ließen wir absichtlich offen. Koffer oder Rucksäcke räumten wir weg, sogar das Essen blieb auf dem Tisch. Diese Razzien wurden systematisch wiederholt, aber uns gelang es, irgendwie durchzuhalten. Aber dieses Mal hörten wir hinter dem Schrank folgenden Satz auf Deutsch: »Finden wir jemanden, werden wir ihn sofort erschießen.« Mama verstand Deutsch, da Lodz während des Ersten Weltkrieges unter deutscher Besatzung gestanden hatte. Sie hielt es nicht länger aus und rief: »Nur nicht schießen!« Daraufhin schob ich die Stühle weg, und wir kamen heraus: ich, Mama und hinter mir drei meiner vier Schwestern sowie Tante Ewa. Mein Cousin Leon und Róża blieben heimlich in der Spalte zurück. Als die Deutschen sahen, dass sechs Menschen hintereinander herauskamen, schauten sie nicht mehr nach, ob vielleicht noch jemand hinter dem Schrank steckte.

Wir mussten uns auf dem Hinterhof versammeln. Dann führte man uns zum ehemaligen Gefängnis an der Czarniecki-Straße. Das Gebäude sah aus wie ein Wohnhaus und hatte mehrere Zimmer. Ich kann mich nicht daran erinnern, dass wir schliefen. Wir waren wie betäubt. Gegen Abend kam Róża, um sich von uns zu verabschieden. Sie sagte, dass sie zusammen mit einer Gruppe junger Leute – Kommunisten – auf die Befreiung von Lodz durch die Rote Armee warten wolle. Ich habe keine Ahnung, wie sie überhaupt ins Gefängnis hineingekommen war, denn es herrschte allgemeines Chaos. Unter Tränen nahmen wir voneinander Abschied.

Hat deine Schwester überlebt?

Ihre Gruppe wurde entdeckt, so dass sie die Befreiung nicht mehr erlebte. Das muss im Herbst 1944 gewesen sein. Sie wurde nach Auschwitz-Birkenau und dann nach Stutthof deportiert. Von dort aus gelangte sie in die Gegend von Königsberg, wo sie beschädigte Zuggleise reparieren musste. Dort kam sie ums Leben. Unter welchen Umständen, wann und wo sie begraben wurde, weiß ich nicht. Ihre Spur fand ich erst im Archiv des Museums Stutthof. Dort wurde sie registriert als Róża Weintraub, geboren am 15. Mai 1924 in Lodz. Über ihre Tätigkeit im Untergrund ist mir kaum etwas bekannt.

Mein Cousin Leon Łęczycki hingegen tauchte nicht an der Czarniecki-Straße auf. Aber er überlebte den Krieg, wanderte nach Israel aus und verstarb dort im Alter von 86 Jahren. Er betrieb einen Kiosk mit Zeitungen und Zigaretten – ein wirklich armer Kerl! Dennoch erwarben alle seine Kinder eine akademische Ausbildung. Ein Sohn wurde sogar stellvertretender Direktor des Hafens von Haifa. Von Leon weiß ich, dass die Kapos ihn als einen Soldaten achteten; nachdem er im Getto geschnappt und nach Auschwitz deportiert worden war. Denn dort ließen ihn die Kapos bei den Lagerappellen stets in hinterster Reihe anstellen und verhüllten seinen Armstumpf mit einem Stofffetzen, damit die SS-Männer ihn nicht entdeckten. Sie hätten ihn sofort in die Gaskammer geschickt.

Was ist dann mit euch passiert?

Am Morgen marschierten wir zum Bahnhof Lodz-Radegast und erlebten dort den nächsten Schock. So wie damals mit der Gruppe von Soldaten, die den Juden die Bärte abgeschnitten hatten. Ein überdachter Güterzug fuhr heran – eher für den Transport von Vieh. Man stellte kleine Treppen für den Einstieg auf und drängte derart viele Menschen in die Waggons, dass man nur ganz dicht nebeneinander stehen konnte. Es gab keine Möglichkeit, sich hinzulegen oder zu sitzen. In der hinteren linken Ecke befand sich hinter einer Decke ein Eimer zum Verrichten der Notdurft. Der Eimer füllte sich rasch und schwappte über, was einen ungeheuren Gestank verbreitete. Man stand knöcheltief in den Fäkalien. Die Waggontüren wurden verschlossen, und der Zug machte sich auf den Weg. Es wurde Nacht und wieder Tag. Und wieder Nacht … Wir fuhren mit mehrstündigen Pausen und warteten an den jeweiligen Anschlussgleisen. Und diese innere Erschütterung, die mir erst unlängst voll bewusst geworden ist: Ich hörte während der gesamten Reise keine einzige Stimme. Hat hier vielleicht meine Erinnerung versagt oder ist es wirklich so gewesen? Mir scheint, als ob die Leute vor Entsetzen wie gelähmt waren – sie waren gar nicht mehr imstande, zu protestieren, zu weinen oder zu schreien. Und die Kinder, die sich lautstark hätten bemerkbar machen können, lebten nicht mehr. Sie waren infolge der »Allgemeinen Gehsperre« ums Leben gekommen. Wir alle waren zutiefst empört und überrascht, dass man uns derart betrogen hatte. Denn so befördert man doch keine Menschen zur Arbeit! So behandelt man keine Menschen, die zu ihrer Sicherheit vor der heranrückenden Front umgesiedelt werden sollen! Daher herrschte fast Totenstille, wobei die Menschen vor Verzweiflung regelrecht erstarrten. Sie waren nicht mehr fähig, ihrer Enttäuschung und ihrem Entsetzen Ausdruck zu verleihen.

Ihr habt also nichts von der »Auflösung« des Warschauer Gettos[9] gewusst?

Wir haben nichts gewusst, da wir hermetisch von der Außenwelt abgeriegelt waren. Wir hatten keine Ahnung … Vielleicht haben einige es doch gewusst, wir jedenfalls nicht. Denn wir standen in der Getto-Hierarchie ganz unten. Genauso wie später in den Konzentrationslagern.

Der Zug hielt schließlich irgendwann an, die Türen öffneten sich und man hörte die Schreie: »Raus, raus!« Diesmal hatte man uns – ähnlich wie während der darauffolgenden Transporte – nicht gesagt, wohin wir gefahren waren. Ich wusste also nicht, dass ich in Auschwitz-Birkenau angelangt war. Diesen Ort hat die französische Schriftstellerin Charlotte Delbo aus eigener Erfahrung treffend beschrieben: Die nach Auschwitz kommenden Menschen »erwarteten das Schlimmste, aber nicht das Undenkbare«.

Unsichtbar werden

Bevor man uns weiter nach vorne drängte, winkte ich Mama zu: »Mama, wir sehen uns dann drinnen!« Denn ich glaubte, dass mitten im Lager etwas sein musste. Ich habe ihre Gestalt noch deutlich vor Augen: eine weiße Bluse, ein dunkelblaues Kostüm. Immer noch mit leicht rosafarbenen Wangen. Für ihre 54 Jahre sah sie jung aus. Auf der Rampe bekam ich sie zum letzten Mal zu Gesicht.

Wir trafen uns im Museum Auschwitz-Birkenau im August 2019 – an einem runden Jahrestag. Denn es waren inzwischen 75 Jahre vergangen, seit das Getto Litzmannstadt »aufgelöst« wurde und der letzte Transport vom Bahnhof Lodz-Radegast in Richtung Auschwitz abfuhr. Leon flog für drei Tage von Stockholm nach Polen. Speziell für eine Pfadfindergruppe, die im Rahmen eines Schulausflugs eigens aus Lodz angereist war. Er hatte ferner ein Interview mit dem Bayerischen Fernsehen vereinbart und noch eine weitere Begegnung vor sich … Leon war also schwer beschäftigt und hatte es eilig. Er fand jedoch die Zeit, mit mir nach Auschwitz-Birkenau zu reisen, an den Ort des ehemaligen Vernichtungslagers. Von der einstigen Todesfabrik ist nicht viel übriggeblieben – lediglich die Gebäude der Kommandantur, einige Baracken und die Krematorien. Aber es gibt immer noch die Gleise und die Entladerampe, auf der die Selektionen stattgefunden hatten. Wir hielten neben dem Viehwaggon an. Leon sagte, dass er mit einem solchen Waggon aus Litzmannstadt hier angekommen sei.

Während des Besuches begleitete uns eine Mitarbeiterin des Museums, Frau Dr. Maria Martyniak. Weintraub erzählte, dass er im ehemaligen »Zigeunerlager« in Block Nr. 10 untergebracht worden sei. Von dieser Baracke gibt es heute keine Spur mehr. Blickt man in Richtung des heutigen Lagerdenkmals, so sah Leon auf dessen linker Seite die Schornsteine der Krematorien. Auf dieser Seite hatte sich auch das Frauenlager befunden. Wir gelangten zu einer der wenigen noch erhaltenen Baracken, und Leon trat erstmals seit September 1944 hinein. Voll innerer Anspannung betrachtete er die dort stehenden Pritschen, wobei sein Aussehen sich plötzlich veränderte: Das Gesicht wirkte zunehmend versteinert und spiegelte blankes Entsetzen wider. Leon krümmte sich zusammen, als wolle er trotz seines ohnehin geringen Wuchses noch kleiner werden. Erinnerte sich jetzt etwa auch sein ganzer Körper an die Zeit im Lager? Denn seine spezifische Art, das eigene Leben zu retten, hatte darin bestanden, unsichtbar zu werden, also sich zusammenzukrümmen und möglichst keine Aufmerksamkeit zu erregen.

Dr. Martyniak führte uns durch die für sanitäre Zwecke bestimmte Baracke. Leon erinnerte sich nicht mehr daran, dass diese nur vor den täglichen Morgen- und Abendappellen geöffnet wurde. Darin befand sich ein Wassertrog, in dem man sich die Hände nass machen und das Gesicht befeuchten konnte. Handtücher oder Seifen standen nicht zur Verfügung. Ferner gab es abscheuliche Latrinen für die Häftlinge. Außerhalb der vorgesehenen Benutzungszeit war der Abtritt nicht zugänglich. In den Unterkunftsbaracken standen am hinteren Eingangsbereich spezielle Fäkalieneimer, die man nachts benutzen durfte. Es überraschte mich, dass Leon von den mehreren Wochen, die er in Auschwitz-Birkenau verbracht hatte, kaum noch etwas in Erinnerung hatte.

Wir wohnten damals beide im Maximilian Kolbe-Zentrum für Dialog und Gebet in Oświęcim/Auschwitz. Einen Tag später saßen wir an einem kleinen Tisch in der Lobby. Ich schaltete das Diktiergerät ein. Aber ständig wurden wir unterbrochen. Immer wieder kam jemand heran und fragte, ob Leon ein Häftling gewesen sei. Auf dessen bejahende Antwort drückte man ihm die Hand und schoss ein Foto von ihm. Weintraub blieb zwar herzlich, aber ich sah, dass ihn der Austausch der Höflichkeiten erhebliche Überwindung kostete. Als es uns schließlich gelang, einen ruhigen Ort zu finden, sagte er entschuldigend zu mir, dass aus dem geplanten Interview wohl nichts werden würde. Der Besuch in der Baracke hatte ihn zutiefst erschüttert. Erinnerungen waren plötzlich wach geworden, die sein rationales Denken bereits vor langer Zeit bewältigt zu haben schien.

*

Was war dein erster Eindruck von der Todesfabrik im August 1944?

Die lauten Schreie auf der Entladerampe: »Frauen nach rechts, Männer nach links – vorwärts, vorwärts – Laufschritt!« Rings herum seltsame Gestalten in blau-weiß bzw. blau-grau gestreiften Schlafanzügen. Ich trug einen Rucksack auf den Schultern. Jemand riss ihn mir vom Leib. Ich schrie: »Aber ich habe Briefmarken darin!« Das Sammeln von Briefmarken war nämlich meine Leidenschaft, ähnlich wie Kinofilme und Bücher. Daher hatte ich die Briefmarkenheftchen mitgenommen. Ich sah, wie sich ein längliches Gesicht mit blassen Augen über mich beugte und hörte eine Stimme: »Hierher kommt man nicht, um zu leben!«

Noch war mir die Täuschung nicht bewusst geworden, daher reagierte ich zunächst ganz ahnungslos: »Was redet er da? Wir sollen doch eine neue Arbeit anfangen, an einem neuen Ort! Was meint er damit, dass man hier nicht leben könne?« Aber als wir losliefen, sah ich plötzlich aus dem Augenwinkel Pfähle und Stacheldrahtzäune sowie weiße Porzellanisolatoren. Da ich im Getto als Elektriker gearbeitet hatte, war mir sofort klar, dass diese Drähte unter Strom standen. Stacheldrahtzäune unter Strom? Wo bin ich hier nur gelandet? Ich war erneut derart erschüttert, dass ich mich wie eine Muschel verschloss. In der Medizin gibt es den Begriff der Katatonie: Der Mensch hört, sieht und fühlt zwar noch, aber alle seine höheren Hirnfunktionen sind bereits ausgeschaltet – er ist fast nicht mehr in der Lage zu denken. In einen solchen Zustand verfiel ich kurz nach meiner Ankunft im Lager. Das war eine Art Selbstschutz.

Denn wenn man voll begriffen hätte, was man mit uns gemacht hatte, hätte man es psychisch nicht ausgehalten.

Auf der Entladerampe bemerkte ich den erhobenen Daumen eines SS-Mannes, der die jeweilige Richtung anzeigte: rechts zum Leben, da arbeitstauglich – links zum Tod. Ich war zwar eher kleingewachsen, aber schlank und hatte einen geraden Rücken. Ich sah, wie der Daumen des SS-Mannes bei mir nach rechts zeigte.

Was geschah mit deiner Mutter und deinen Schwestern?

Bevor man uns weiterdrängte, winkte ich Mama zu: »Mama, wir sehen uns dann drinnen!« Denn ich glaubte, dass mitten im Lager etwas sein musste. Ich habe ihre Gestalt noch deutlich vor Augen: eine weiße Bluse, ein dunkelblaues Kostüm. Immer noch mit leicht rosafarbenen Wangen. Für ihre 54 Jahre sah sie jung aus. Auf der Rampe bekam ich sie zum letzten Mal zu Gesicht. Meine Schwestern erzählten mir nach dem Krieg, dass sich unter den SS-Offizieren in den schwarzen Uniformen, die die Selektionen durchgeführt hatten, auch der furchtbare »Arzt« Mengele befunden hatte. Dieser beugte sich über Mama, die so groß war wie ich, ein bisschen rundlich, sehr sympathisch, warmherzig mit einem netten Lächeln. Niemals habe ich aus ihrem Munde auch nur ein scharfes Wort gehört. Mama antwortete ihm etwas, wohl auf Deutsch – daraufhin wies er mit dem Daumen nach rechts. Ich denke, es hätte eine Möglichkeit gegeben, eine gewisse Chance, dass meine Mutter zusammen mit ihren drei Töchtern Auschwitz-Birkenau überlebt hätte. Dazu kam es jedoch nicht. Tante Ewa, mit der wir im Getto gewohnt hatten, wurde nach links gewiesen und hielt die Hand ihrer Schwester krampfhaft fest. Mama ging also mit ihr. Beide wurden noch am gleichen Tag in die Gaskammer geschickt. Man hat sie ermordet.

Meine drei Schwestern wurden nach kurzem Aufenthalt in Auschwitz-Birkenau zur Arbeit ausgesondert. Sie landeten in Mühlhausen,[1] einer Waffenfabrik. Dort überwachten Vorarbeiter – zwei Volksdeutsche – die Produktion. Sie sprachen

Polnisch. Lola war trotz ihrer fehlenden Haare und ihres bescheidenen Kleides ein schönes Mädchen. Ich habe Fotos von ihr von September 1945 in Bergen-Belsen. Die Volksdeutschen zeigten menschliche Regungen und schoben ihnen heimlich Essen zu. Meine Schwestern mussten zwar hart arbeiten, aber sie hatten Betten und lebten unter unvergleichlich besseren Bedingungen als ich.

Und du bist mitten in der Hölle alleine zurückgeblieben.

Nach der Selektion – das war für mich ein völlig neues Wort – führte man uns zu einem der Gebäude. Es sah seltsam aus, hatte eine längliche Gestalt und einen Schornstein auf beiden Enden. Die Wände wiesen Holzbalken auf, mit Eisenringen im Abstand von zwei Metern. Später erfuhr ich, dass die Gebäude früher Pferdeställe gewesen waren und die Ringe zum Anbinden der Pferde gedient hatten. In der Mitte zwischen den Feuerstellen und den Schornsteinen befand sich ein niedriger Ziegelbau, mit dem die Baracke beheizt wurde. Auf einmal tauchte ein gut gekleideter, gutaussehender Mann mittleren Alters vor uns auf. Er ging auf dem Ziegelbau hin und her. Zunächst redete er in mildem Ton auf uns ein, wurde dabei immer deutlicher, bis er uns schließlich offen drohte: Wenn jemand von uns in seinen Körperöffnungen in Präservative eingewickelte Dollar-Goldstücke, Geldmünzen, Wertsachen oder Dollarscheine verstecke, werde das mit Hilfe von Röntgengeräten aufgedeckt und hart bestraft werden. Ich kann mich noch genau an meine erste Reaktion erinnern: Bestraft werden? Ist denn das, was uns bereits jetzt widerfährt, nicht schon Strafe genug? Dies war die erste Etappe dessen, was ich »Entmenschlichung« nenne – die Prozedur der Aufnahme der Häftlinge ins Konzentrationslager Auschwitz-Birkenau.

Danach geleitete man uns zur Waschbaracke. Dort mussten wir alle persönlichen Dinge abgeben. Die genaue Reihenfolge mag dabei unterschiedlich gewesen sein. Möglich, dass die Abnahme der Wertsachen erst ganz zum Schluss erfolgte. Wir mussten uns rasch duschen. Hinterher wartete bereits eine

Gruppe von Häftlingen mit Haarschneidemaschinen auf uns. Vor jedem Häftling stellte sich eine lange Schlange auf. Dennoch ging es recht schnell. Man entfernte die Haare von Kopf, Kinn, Achselhöhlen und Unterleib. Mitunter wurde dabei auch ein Stück Haut abgerissen. Etwas weiter saßen andere Häftlinge an einem Trog mit einer öligen Schmiere, die stark nach Phenol oder Karbol roch. Darin tauchten sie eine Art Mopp ein, mit dem man heute den Fußboden wischt, und schmierten damit die rasierten Körperstellen ein. Das hat furchtbar gebrannt, wir schrien vor Schmerz.

Am Barackenausgang warfen uns weitere Häftlinge einige Kleidungsstücke zu: Jacken, Hemden, Hosen. Dann zeigten sie mit dem Finger auf einen Haufen Holzschuhe. Ich erhielt eine Hose, in die zwei Burschen von meiner Größe gepasst hätten. Wir tauschten die Kleidung also untereinander aus. Erst nach diesem Prozess der »Entmenschlichung« – nachdem man uns sämtlicher menschlicher Attribute und Merkmale entledigt hatte – wurden wir in einzelne Baracken aufgeteilt.

Mich Jugendlichen teilte man in Birkenau Block Nr. 10 zu, der sich im ehemaligen Zigeunerlager auf dem sogenannten »Zigeunerfeld« befand. Um Platz für die Juden aus dem Getto Litzmannstadt zu schaffen, ermordeten die Deutschen Anfang August 1944 in einer einzigen Nacht fast 3.000 Sinti und Roma. Der Block war für 400 Häftlinge bestimmt, aber wie viele darin tatsächlich untergebracht wurden, ist mir unbekannt. Dort standen 24 dreistöckige Pritschen. Auf jeder Pritsche schliefen zehn Menschen. Ich weiß noch, wie links am Ausgang mehrere Gebäude mit hohen Kaminen standen. Aus diesen stieg Tag und Nacht ein dunkler, schwerer und dicker, nach verbranntem Fleisch stinkender Rauch auf. Rechts hinter den Stacheldrähten sah ich Frauen.

Hat man dir eine Häftlingsnummer eintätowiert?

Nein, da sich bald herausstellte, dass nicht alle Häftlinge dieser Prozedur unterworfen wurden. Es war bereits das Jahr 1944 – die

NS-Maschinerie funktionierte ja nicht mehr richtig. Tätowiert und registriert wurden nur noch diejenigen, die zur Zwangsarbeit in großen deutschen Betrieben wie Siemens, Bosch oder Krupp ausgesondert wurden.[2]

Direkt am Barackeneingang befand sich ein separater Bereich für den »Blockältesten«. Dieser Bereich war etwa zwei Quadratmeter groß, dort standen ein Bett und ein Schrank. Auch die Kapos verfügten über eigene Betten. Das waren außerordentlich brutale Leute. Die Niederträchtigkeit der Nazis hatte darin bestanden, dass man entweder Polen oder Russen als Blockälteste über die Juden stellte. Polen beaufsichtigten als Kapos die Russen, und Russen als Kapos die Polen. Die Deutschen nutzten die ethnischen Feindseligkeiten aus. Sie wussten, dass ein Pole oder Russe die Juden stets an die Kandare nehmen würde. Die SS-Männer haben sich dabei selbst nicht die Hände schmutzig gemacht. Die Kapos wollten sich also hervortun, um ihre Stellung zu bewahren. Daher behandelten sie uns grausam. Ich sehe noch in Gedanken einen Kapo namens »Rysiek«.[3] Die Baracken in Birkenau befanden sich auf beiden Seiten der Lagerstraße, dazwischen führte ein Weg. Rysiek hatte stets einen Knüppel bei sich, den er beim Hindurchgehen in Richtung Häftlinge schwang. Wenn jemand unachtsam war und sich in Reichweite des Knüppels befand, bekam er einen Schlag auf den Kopf. Wir alle hatten vor Rysiek Angst. Er schlenderte pfeifend an uns vorüber, und wenn jemand durch seinen Schlag zu Boden fiel, sah er nicht einmal hin. Ausnahmen waren die politischen Kapos, die Kommunisten, die ein Herz hatten und sich um uns kümmerten – bis zu einem gewissen Grad, da sie selbst auch nicht unter die Räder kommen wollten.

Gegen Morgengrauen – das muss etwa um 4 Uhr gewesen sein, da es noch dunkel war – trieb man uns zum Appell nach draußen. Mitunter standen wir viele Stunden lang, bis ein SS-Mann kam und uns zählte. Danach brachte man Säcke mit Brot. Zuerst nahmen sich die Blockältesten und Kapos soviel sie wollten. Nicht nur, um selbst zu essen, sondern auch zum Tausch mit anderen Blockältesten und Häftlingen. Das übrige Brot wurde unter die Häftlinge verteilt. Nicht immer reichte es für alle. Zur Mittagszeit schickte man einige von uns zur Lagerküche, um den Kessel mit der Suppe herbeizubringen. Wir standen in einer Schlange an. Wir hatten Löffel und eine Schüssel für vier Personen. Wir traten heran, und ein Kapo füllte die Schüssel mit etwas Suppe. Danach gab es einen sogenannten »Nachschlag«, man konnte also eine zusätzliche Portion erhalten. Ich bemerkte, wie sich die Menschen erneut anstellten. Der die Suppe austeilende Häftling haute einigen Leuten die Schöpfkelle um die Ohren. Ich selbst habe mich nie zu einem »Nachschlag« angestellt.

Tagsüber blieb uns der Zugang zu den Unterkunftsblöcken verwehrt. Man saß entweder draußen auf der Erde oder ging zwischen den Baracken herum. Viele Leute habe ich dort nicht gesehen, ein Teil musste also zur Arbeit gegangen sein. Dabei trafen sich die Häftlinge in kleinen Gruppen, die sich kannten. Ich befand mich in der Lagerhierarchie an unterster Stelle – ganz ohne Kontakte. Ich war einer von den anonymen Häftlingen, die zum Tod auf Zeit bestimmt worden waren. Ich hatte keine Ahnung, wo ich war und welche Strukturen im Lager herrschten. Aufgrund des Gestanks erkannte ich zwar, dass man dort Menschen verbrannte.

Aber dass es eine Gaskammer und ein Krematorium gab, dass man den Häftlingen ihre Goldzähne ausriss, habe ich erst nach dem Krieg erfahren. Auch dass die Nazis die industrielle Verarbeitung von Körperteilen der Ermordeten durchgeführt haben: das Körperfett der Leichen zur Herstellung von Seife, Knochen gemahlen zu Knochenmehl für Dünger … es soll vorgekommen sein, dass sich eine KZ-Wächterin ein Bild ausgesucht hatte, das auf dem Rücken eines ausgewählten Häftlings tätowiert wurde. Der Häftling wurde getötet, um aus der abgezogenen Haut einen Lampenschirm herzustellen …[4] So etwas ist in der Geschichte der Menschheit bislang einmalig.

Mein Pech bestand darin, dass ich in meiner Häftlingsgruppe, also in meinem Transport, bis auf eine Ausnahme kein bekanntes Gesicht angetroffen hatte. Und diese eine Ausnahme löste Panik in mir aus.

Eines Tages rief mir jemand zu: »Du bist hier, gut!« Diese Worte richtete ein früherer Schulkamerad an mich, der verdächtig wohlgenährt aussah und einen maßgeschneiderten gestreiften Anzug trug. Er sagte, dass er mit seinem Blockältesten sprechen werde, damit dieser sich auch um mich kümmerte. Ich war wie gesagt recht belesen. Trotz meines an Katatonie grenzenden Zustands hatte ich mir Reste eines normalen Bewusstseins bewahrt. Daher verstand ich sofort, dass es um einen Homosexuellen oder Pädophilen ging, der sich junge Burschen schnappte. Im Bett eines perversen Lüstlings zu landen? Allein schon der Gedanke erfüllte mich mit Ekel. Ich antwortete ausweichend, im Moment nicht interessiert zu sein, vielleicht ein anderes Mal … In den darauffolgenden Tagen hatte ich panische Angst, ihm erneut zu begegnen.

Meine schlechte Stimmung sank auf den Tiefpunkt. Ich war erschrocken und deprimiert zugleich, wobei ich auch an der Trennung von Mama, Tante und meinen Schwestern litt. Hinzu kam die innere Anspannung, dass ich jenen Klassenkameraden womöglich wiedertreffen würde – und der penetrante Gestank verbrannten Fleisches.

Eines Tages erblickte ich zwischen den Blöcken 16 und 18 hunderte von nackten Männern. Obwohl ich schüchtern war, wagte ich schließlich die Frage: »Was macht ihr hier, warum steht ihr nackt da?« Darauf hörte ich die Antwort: »Uns hat man schon registriert. Wir warten auf die Kleidung, damit wir zur Arbeit wegfahren können.« Das Wort »wegfahren« klang wie ein Signal. Ohne lange nachzudenken blickte ich spontan nach links und rechts – kein einziger SS-Mann oder Kapo war zu sehen. Mit ein paar Schritten stellte ich mich rasch in den Schatten des Blocks, zog mich aus und mischte mich unter die Gruppe von Männern. Diese standen apathisch da und zeigten keine Reaktion. Ich weiß nicht, wie lange sie schon in der heißen Sonne gewartet hatten. Nach einiger Zeit geleitete man die gesamte Gruppe in die Kleiderkammer, wo sie Kleidung erhielt und aus dem Lager herausgeführt wurde. Zum Glück überprüfte niemand, ob alle tätowierte Häftlingsnummern trugen. Mein letztes Bild vom Lager war der Anblick einer schräg ausgestreckten Frau, die an den unter Strom stehenden Stacheldrähten förmlich festklebte. Auf diese Weise hatte sie sich das Leben genommen.

Ich bin sicher, wenn meine Belesenheit und meine Neigung zu spontanen Aktionen und Abenteuern nicht gewesen wären, hätte ich diese paar Schritte wohl nie gemacht. Das war der letzte Augenblick gewesen, das Leben beim Schopf zu packen. Ich weiß nicht, ob meine Flucht entdeckt oder jemand dafür zur Rechenschaft gezogen wurde. Das ist übrigens belanglos, da ich nach dem Krieg erfuhr, dass die SS-Männer, kurz nachdem ich entwischt war, zur Ansicht gelangten, die jungen Menschen in meinem Block nicht mehr zu brauchen. Alle endeten in der Gaskammer. Auch ich wäre unter ihnen gewesen, wenn ich jene paar Schritte nicht gemacht hätte …

Hast du unmittelbar nach dem Krieg das Bedürfnis verspürt, von Deinen Erlebnissen zu erzählen?

Ich passte die von mir gegebenen Auskünfte dem Wahrnehmungsniveau des jeweiligen Zuhörers an. In Polen war das einfach, da die Begriffe Auschwitz und Holocaust allgemein bekannt waren. Meinen Kindern habe ich davon in Fragmenten erzählt, nicht die ganze Geschichte – nur auf bestimmte Nachfragen hin. Alle drei Söhne und meine Tochter wussten, dass ich im Konzentrationslager gewesen war, ich habe das nicht verborgen. Unter meinen Arbeitskollegen griff ich dieses Thema jedoch nicht auf. Denn es lag mir sehr daran, als »normaler« Mensch angesehen und nicht als früherer Lagerhäftling abgestempelt zu werden. Ich wollte vor meinen Erinnerungen nicht fliehen oder sie aus dem Gedächtnis streichen. Aber ich wollte sein wie die anderen. Ich habe nie betont, ein ehemaliger Auschwitz-Häftling zu sein, um kein Mitleid zu erwecken und keine Vorteile zu erhaschen. Ich wusste, dass es besser war, diese Erlebnisse eher an den Rand des Lebens zu drängen, als sie zum hauptsächlichen Lebensinhalt werden zu lassen.

Auschwitz-Birkenau ist mir später im Traum nie erschienen. In Göttingen habe ich den Dozenten für Klinische Psychologie gefragt, warum das so war. Dieser erklärte mir, dass Albträume eher Menschen befallen, die im Wohlstand leben. Denn bei solchen Menschen taucht die unterschwellige Befürchtung auf, alles zu verlieren, was man hat. Diejenigen, die im Elend leben wie ich vor dem Krieg, träumen eher davon, was sie gerne haben würden – nicht von der eigenen Armut oder schwierigen persönlichen Erlebnissen. Dieser Erklärungsversuch überzeugt mich jedoch nicht so recht. Ich bin so, wie ich bin. Ich habe eben so reagiert. Und ich suche keine hundertprozentigen Erklärungen für all das, was sich in meinem Verstand abspielt. Ich weiß, dass es Dinge gibt, die ich letztlich nicht ergründen kann. Dennoch kehren die Bilder aus den Lagern wohl nachts zu mir zurück, ich bin mir dessen nur nicht bewusst. Meine Frau, mit der ich regelmäßig zu den Jahrestagen der Befreiung des KZs Flossenbürg fahre, sagt, dass ich dort stets sehr unruhig schlafe. Ich wälze mich im Schlaf im Bett herum und schreie. Vielleicht quälen mich dort Albträume. Im Wachzustand habe ich diese jedenfalls unter Kontrolle.

Wann bist du als freier Mensch zum ersten Mal nach Auschwitz-Birkenau gefahren?

In den frühen 1950er Jahren, als ich in Warschau lebte und als Gynäkologe und Geburtshelfer arbeitete, erhielt ich einen Anruf aus dem Gesundheitsministerium. Man fragte mich, ob ich bereit sei, die DDR-Gesundheitsministerin bei ihrem Besuch in Auschwitz zu begleiten. Sie wussten, dass ich Deutsch sprach. Seltsamerweise ging ich an diesen Besuch eher sachlich und neutral heran – nicht gefühlsbetont oder rein emotional.

Ich las einmal einen Artikel über die Psychologie der Holocaust-Überlebenden. Darin hieß es, dass bei diesen Menschen eine gewisse emotionale Kühle zu beobachten ist. Das, was nach dem Holocaust geschah, ist der Intensität der Gefühle in dieser Zeit niemals gleichgekommen. Es ist unvergleichbar mit dem, was wir während des Krieges erfuhren. Wir reagieren also wohl anders, zumeist mit Distanz. Bei mir stimmt das. Obwohl ich Menschen kenne, bei denen dies nicht der Fall ist – sie litten bis an ihr Lebensende und schafften es nicht, ihre Gedanken an das ihnen damals Widerfahrene loszuwerden.

In diesem Artikel wird noch eine weitere Behauptung aufgestellt: Die Holocaust-Überlebenden hegen Schuldgefühle gegenüber denjenigen, die umkamen. Den einen ist es gelungen zu überleben, den anderen nicht. Diese Behauptung verstehe ich nicht, und ich identifiziere mich damit auch nicht. Warum sollte ich mir Vorwürfe machen, dass ich lebe?!

Bist du wirklich nicht emotional? Mitunter habe ich Tränen in deinen Augen bemerkt.

Ich bin Rationalist. Emotionalität ist für mich eine intime Angelegenheit und taucht eher im Verhältnis zu nahestehenden Menschen auf. Aber die dramatischen Erlebnisse der Vergangenheit konnte ich in meinem »Archiv« der Erinnerung unterbringen. Sie sind nicht ausgelöscht, aber sie bilden auch keine dunkle Wolke über meinem Kopf, die mir die Sonne verdeckt.

Nach 1989 war ich sehr oft in Auschwitz-Birkenau, aber in die Baracken habe ich nicht hineingesehen. Während meines ersten Besuchs lief meine Frau dort herum wie eine Irre, sie musste alles besichtigen. Unsere Tochter war damals 14 Jahre alt. Anfangs begann sie zu weinen und konnte die Besichtigung nicht fortsetzen. Der Anblick der Brillen, Koffer und Schuhe der ehemaligen Häftlinge schockierte sie.

Heute habe ich es mit dir zum ersten Mal gewagt oder vielmehr mich dazu durchgerungen, eine Baracke zu betreten. Früher hatte ich dieses Bedürfnis nicht. Jene Neugier, den Ort wiederzusehen, an dem man uns untergebracht hatte – ich vermeide bewusst das Wort »Wohnung«. Das ist eine große Erschütterung für mich gewesen. So als ob etwas, was in mir verriegelt, blockiert und tief im Bewusstsein verborgen gewesen ist, plötzlich wieder auflebt. Die Konfrontation mit der Baracke bedeutet für mich eine leidvolle Erfahrung. Denn ich lebe in guten, sicheren Verhältnissen. Durch die Erinnerung daran, wie wir behandelt wurden, kehrt das Entsetzen zurück. Ich fühle eine gewisse Kühle in mir.

Gebrauchsgegenstände zur einmaligen Verwendung

Ich habe das noch vor Augen, als ob es gestern gewesen wäre. Der Lagerarzt horchte mit dem Stethoskop die Brustkörbe der erhängten Häftlinge ab. Daraufhin rief er den Lagerführer zu sich und flüsterte ihm etwas ins Ohr. Folgende Szene steht mir auch noch deutlich vor Augen: Der SS-Mann öffnet das Halfter, zieht die Pistole heraus und gibt den beiden einen »Gnadenschuss« in die Schläfe. Denn sie hatten noch Lebenszeichen von sich gegeben. Das wird mir unauslöschlich in Erinnerung bleiben. So haben Menschen andere Menschen behandelt – unbarmherzig und rücksichtslos. Wir standen ringsherum auf dem Appellplatz. Aber was hätten wir tun können? Uns auf die SS-Männer stürzen? Sie hätten uns sofort getötet.

Aus dem Konzentrations- und Vernichtungslager Auschwitz-Birkenau wieder herauszukommen, ist allein schon eine große Leistung. Dies gelang nur wenigen. Aber drei weitere Arbeitslager und einen dreitägigen Todesmarsch in Schneesturm und eisigem Frost zu überleben, übersteigt mein Vorstellungsvermögen. Leon meint, dass er dies dem glücklichen Stern verdankt habe, unter dem er geboren sei. Er habe ihm geholfen. Hinzu kamen sicherlich seine guten Reflexe: Er hat stets gewusst, in welchen Augenblicken er die Hand heben musste. Dadurch wurde er für das geheime Bauprojekt im niederschlesischen Eulengebirge als Elektriker ausgewählt. Die im Getto Litzmannstadt erworbenen Fähigkeiten erwiesen sich als Passierschein auf dem Weg zum Leben.

Das Projekt »Riese« birgt bis heute so manches Geheimnis. In einem Areal von mehreren Dutzend Quadratkilometern wurde unter extrem schwierigen Bedingungen unter Tage gearbeitet. Auf dem Schloss Książ/Fürstenstein passte man die bestehenden Gemächer baulich an und hob in den darunter liegenden Felsen riesige Räume aus. Ähnliche Hohlräume entstanden an den Hängen des Eulengebirges, u.a. bei Włodarz/Wolfsberg, Walim/Wüstewaltersdorf, Moszna/Moschen und Osówka/Säuferhöhen. Die Tunnelräume verband ein spezielles Netz von Fußwegen und Schmalspurzügen. Das Bauprojekt begann 1943 und dauerte bis Kriegsende an. Es bildete das teuerste strategische Projekt des »Dritten Reiches«. Nach Schätzungen kostete das Projekt »Riese« über 150 Mio. Reichsmark. Zur Arbeit setzte man dabei vor allem Juden ein, darunter die nach der »Auflösung« des Gettos Litzmannstadt aus Auschwitz-Birkenau überführten Häftlinge. Deren rascher Erschöpfungstod sollte das Geheimnis des Projekts auf Dauer bewahren.

Die Historiker sind sich bis heute über den genauen Zweck des Projektes im Unklaren. Man geht davon aus, dass dorthin die gesamte NS-Rüstungsindustrie verlagert und eine neue geheime Raketenproduktionsstätte errichtet werden sollte.[1] Die Raketenfabriken auf der Insel Usedom waren ja bei den alliierten Bombenangriffen im August 1943 bereits zerstört worden. Aber vielleicht plante man im Eulengebirge ganz andere militärische Vorhaben? Das Schloss Książ/Fürstenstein wurde jedenfalls auch zu einem der Hauptquartiere Hitlers umfunktioniert. Es ist jedoch weiterhin unklar, welche genaue Bedeutung die tief in den Bergen ausgehobenen, weit verzweigten Korridore hatten. Wie es die Pläne des NS-Regimes vorsahen, blieben viele von ihnen – zum Teil bis heute – unentdeckt. Dies beflügelt noch immer die Phantasie von Abenteurern und Schatzsuchern.

*

Wir haben zuletzt darüber gesprochen, wie du aus dem Tor von Auschwitz-Birkenau hinausgetreten bist. Was geschah dann?

Sie trieben uns zum Bahnhof und drängten uns in die Waggons. Der Zug fuhr langsam. Unterwegs sahen wir verschiedene Bahnstationen, zum Beispiel Kaltwasser. Wir kamen schließlich in Głuszyca Górna/Oberwüstegiersdorf an. Von dort marschierten wir ins Lager.[2] Das war ein seltsamer Ort. Denn anstelle von Häusern oder Baracken standen dort rundliche Holzschuppen, die vielleicht einen oder eineinhalb Meter hoch waren. Dort wurden wir wie Ölsardinen zusammengepfercht – 20 Menschen in einem Schuppen. Im Innern war es so niedrig, dass man nicht aufrecht stehen konnte. Ich befand mich dort nur kurze Zeit und weiß nicht mehr, was wir dort eigentlich gemacht haben. Ich kann mich nur noch an den Appell erinnern, bei dem nach Elektrikern gefragt wurde. Einige Personen hoben daraufhin die Hand – auch ich, obwohl ich nicht wusste, um was es ging.

Wir wurden daraufhin nach Dörnhau (heutige Ortschaft Kolce) gebracht, wo ich bis zum Todesmarsch im Februar 1945 untergebracht war. Erst nach dem Krieg erfuhr ich, dass Dörnhau ein Außenlager des KZ Groß-Rosen (heutige Ortschaft Rogoźnica) gewesen war. Aber davon hatte ich damals keine Ahnung, da man uns ja nie mitteilte, wohin man uns jeweils verschleppte.

Was hat du in Dörnhau gemacht?

Es ging darum, Stromleitungen in die Bunker, also die gesprengten Hohlräume im Eulengebirge, zu verlegen, da dort wohl eine Waffenfabrik entstehen sollte.

Diese Zeit habe ich als gar nicht so schlecht empfunden. Im Lager befanden sich Baracken mit aus Holzbrettern gezimmerten Pritschen. Jeder von uns hatte eine Wolldecke und eine Art Kopfkissen, wobei wir zu viert oder fünft auf einer Pritschenebene schliefen. Das Problem bestand darin, dass ich dort – so wie in Auschwitz-Birkenau – keine bekannten Gesichter antraf. Wir arbeiteten mit Juden aus Griechenland oder Ungarn zusammen. Ich kann mich sogar noch an einige Wörter aus diesen Sprachen erinnern.

Die Arbeit war gefährlich und erforderte Geschicklichkeit. Ich zog dabei Steigeisen an, die über Sohlenplatten verfügten, damit man weniger rutschte. Ich erhielt auch einen Gürtel, den ich um den Pfeiler spannte, um mich darauf abzustützen. Ich habe noch heute vor Augen, wie ich an einem eisbedeckten Mast emporklettere. Mit den Steigeisen konnte ich mich nur schwer festhalten, denn sie ließen sich nicht einhaken. Ich erklomm einen Mast nach dem anderen, rutschte dabei immer wieder etwas ab und kletterte dann erneut mühsam in die Höhe. Als ich endlich oben ankam, schnallte ich den Gürtel um den Mast, um mich an diesem abzustützen und freie Hände für die Arbeit zu haben. Ich war nun sicher und wusste, dass ich nicht herunterrutschen würde. Daraufhin ließ ich eine Schnur herab, an der andere Häftlinge die Isolatoren befestigten, die ich dann nach oben zog. Ich schraubte diese an und ließ dann wieder die Schnur herunter, an die nun ein Stromkabel gebunden wurde, das ich an den Isolatoren befestigte. Daraufhin kletterte ich herunter und erklomm den nächsten Mast. Und so ging es Tag für Tag, zwölf Stunden lang.

Und warum hast du gute Erinnerungen an diese Zeit?

Die Arbeit hatte zwei Vorteile. Erstens knüpfte ich Kontakt zum Arbeitsleiter, der für die Ausführung der Arbeit verantwortlich war. Er hat meine Geschicklichkeit wohl zu schätzen gewusst. Wie ein Eichhörnchen kletterte ich auf die Pfeiler und tat das, was ich zu tun hatte. Wie vereinbart holte mich der Meister immer morgens mit dem Motorrad und einem Anhänger ab. Man rief mich, als er ankam. Ich setzte mich hinter ihn auf den Sitz, während auf dem Anhänger ein SS-Mann mitfuhr, der mich bewachte. Wir verließen das Lager ohne Kontrollen. Also konnte ich es wagen, dabei eine als Dreieck gefaltete, auf dem Rücken festgebundene Decke mitzunehmen. Auf diese Weise trug ich unter dem dünnen gestreiften Häftlingsanzug stets zwei Kleidungsschichten, die ein bisschen vor der Kälte schützten. Wenn man mich dabei ertappt hätte, hätte ich sofort 25 Peitschenhiebe auf den nackten Hintern bekommen.

Wir fuhren stets zu dritt an den Arbeitsort und nahmen dort Abmessungen vor, wo die Masten aufzustellen waren. Dann legten wir die Isolatoren hin und zogen die Stromkabel auf dem Erdboden auseinander. Daraufhin kam ein »Arbeitskommando« – eine Gruppe von ca. 20 Leuten, die Löcher aushoben und die Masten aufstellten. Eine Gruppe von SS-Männern bewachte uns dabei. Für gewöhnlich waren sie zu dritt oder zu viert. Darunter befand sich höchstens ein älterer SS-Mann, alle übrigen waren noch junge Spunde, kaum älter als 20 Jahre. Die Bauaufsicht übten Leute aus der paramilitärischen »Organisation Todt« aus.[3]

Der zweite Vorteil bestand darin, dass mir die SS-Männer manchmal nach dem Heruntersteigen von einem Pfeiler zuwinkten, ich möge doch ans Lagerfeuer treten und mich wärmen. Sie wussten meine fachmännische Arbeit zu schätzen. Die jüngeren SS-Männer langweilten sich fürchterlich, sie hatten nichts zu tun. Wenn einer Lust hatte, dann packte er sein Karabinergewehr am Lauf und schwang es gehend hin und her. Sobald der Kopf eines Häftlings in Reichweite des Gewehrkolbens geriet, fiel der Betreffende sofort zu Boden. Mitunter mussten wir einen oder zwei leblose Körper ins Lager zurücktragen. Ich blieb auf den Pfeilern stets außer Reichweite der schwingenden Gewehrkolben. Auf dem Rückweg genoss ich nicht mehr das Privileg, auf dem Motorradsitz zu sitzen und kehrte mit meinen Leidensgenossen zu Fuß zurück. Da wir am Lagereingang nicht kontrolliert wurden, wusste auch niemand, dass ich eine Decke um den Leib trug.

Habt ihr während der Arbeitszeit Essen bekommen?

Gute Frage. Ich denke nicht, dass man uns irgendetwas zum Essen brachte. Unsere Ration Brot wurde immer abends ausgeteilt, damit wir morgens rasch zur Arbeit gehen konnten. Die Brotschnitte legte ich zunächst unter ein mit Stroh ausgestopftes Kopfkissen, aber irgendwann verschwand sie von dort. Seit dieser Zeit bewahrte ich mein Brot unter der Achselhöhle auf.

Dabei handelte es sich um ein fünf Zentimeter breites Stück, das höchstens 250 Gramm schwer war. Als ich einmal morgens kurz vor Arbeitsbeginn ankam, winkte mich ein SS-Mann ans Lagerfeuer heran. Ich sehe noch heute sein Erstaunen, als ich mein Stück Brot aus der Achselhöhle hervorholte. Ich verschlang es förmlich, während er belegte Brote aß – dünne Brotscheiben mit Wurst. Wir erhielten ferner eine scheußliche Kaffeebrühe, die nur so aussah wie Kaffee.

Ich erinnere mich noch an einen gewissen Deutschen, er muss etwa 60 Jahre alt gewesen sein. Er hatte etwas Herz und wusste zu schätzen, dass wir arbeiteten. Und er sah, dass wir keine Monster, sondern nur normale Menschen waren. Er winkte einmal zwei von uns mit dem Finger zu sich und sagte: »Kommt in die Lagerküche!« Dort erhielten wir einen Sack Kartoffelschalen, die wir auf das glühend heiße Ofenrohr legten. Was für ein Festschmaus!

Und noch eine Situation, in der ich mich in all diesen Monaten und Jahren ein einziges Mal satt essen konnte. Der bereits erwähnte Arbeitsleiter wollte sich mit seiner Geliebten treffen. Doch welcher Vorwand war dafür geeignet? Er dachte sich aus, Arbeitsmaterial kaufen zu müssen, und nahm zur Bestätigung seines Vorhabens einen Elektriker mit. Oder – das ist meine Einbildung – er fand mich vielleicht sympathisch. Vielleicht sah er in mir einen 17-jährigen Burschen, der geschickt und gut arbeitete. Ich kann mich nicht erinnern, dass wir jemals auch nur ein paar Worte miteinander gewechselt hätten. Er erteilte mir lediglich Anweisungen, was ich zu tun hatte. Der Arbeitsleiter unterschrieb ein Papier, dass er die Verantwortung für mich übernahm. Dann fuhren wir zu zweit nach Wałbrzych/Waldenburg. In der Wohnung seiner Geliebten angekommen, wusste er nicht, was er mit mir anfangen sollte, während sie sich im Schlafzimmer vergnügten. Nun, sie setzten mich einfach in die Küche und stellten mir eine große Schüssel mit dampfender, dicker Suppe sowie einen Haufen Brot auf den Tisch. Ich betete, dass ihr Liebesspiel niemals aufhören möge, damit ich so lange wie möglich eine andere Luft atmen konnte als im Lager …

Meine Erinnerung an Dörnhau ist aber auch furchtbar. Eines Tages kehrten wir vom »Arbeitskommando« zurück. Am Lagereingang sah ich zwei SS-Männer stehen, die zwei Häftlinge bewachten: Einer von ihnen war jung und etwa so groß wie ich, der andere sah erwachsener aus und war gut gebaut. Wir schafften es gerade noch, in die Baracke zu gehen, uns die Beine zu vertreten und zu verschnaufen – schon ertönte der Gong zum Lagerappell. Auf dem Appellplatz stand ein Galgen. Dorthin führte man die beiden. Der »Lagerführer« gab bekannt, dass man sie bei einem Fluchtversuch geschnappt habe und sie nun gehängt würden. Das Besondere an diesem Ereignis bestand darin, dass der erwachsene Mann, unmittelbar nachdem man ihm den Hocker unter den Füßen weggezogen hatte, sofort zu Boden fiel. Das Seil war schon alt gewesen und riss daher. Der Mann begann zu weinen, faltete seine Hände zum Himmel und flehte: »Gottes Zeichen … Ich bin unschuldig … Lasst mich am Leben!« Es half alles nichts. Ein SS-Mann holte ein neues, stärkeres Seil, und man erhängte den Mann vor unseren Augen. Aber was für ein Schrecken, dem jüngeren Häftling erging es ähnlich! Auch er fiel sofort zur Erde, so dass man ein neues Seil holte, mit dem er dann gehängt wurde. Ich habe das noch vor Augen, als ob es gestern gewesen wäre. Der Lagerarzt horchte mit dem Stethoskop die Brustkörbe der erhängten Häftlinge ab. Daraufhin rief er den Lagerführer zu sich und flüsterte ihm etwas ins Ohr. Folgende Szene steht mir auch noch deutlich vor Augen: Der SS-Mann öffnet das Halfter, zieht die Pistole heraus und gibt den beiden einen »Gnadenschuss« in die Schläfe. Denn sie hatten noch Lebenszeichen von sich gegeben. Das wird mir unauslöschlich in Erinnerung bleiben. So haben Menschen andere Menschen behandelt – unbarmherzig und rücksichtslos. Wir standen ringsherum auf dem Appellplatz. Aber was hätten wir tun können? Uns auf die SS-Männer stürzen? Sie hätten uns sofort getötet.

Hast du darüber nachgedacht, ob du überleben wirst? Hast Du überlegt, was mit deiner Familie passiert?

Ich stelle mit Erstaunen fest, dass ich über das Schicksal von Mama und meinen Schwestern kaum jemals nachgedacht habe. In Auschwitz-Birkenau war ich psychisch und physisch derart geschwächt, dass mir das Hirn buchstäblich den Dienst versagte. Ich kann mich nicht daran erinnern, dass ich – der liebende Sohn und Bruder – mir während der Zeit im Konzentrationslager Sorgen darüber gemacht hätte, was mit ihnen geschehen ist.

So vergingen Tage und Wochen. Es herrschte ein strenger Winter. Eines Tages trieb man uns auf den Appellplatz hinaus. Noch wussten wir nicht, dass uns ein – wie man es später nannte – »Todesmarsch« bevorstand. Drei Tage lang gingen wir, bis wir an einem Bahnhof ankamen. Folgendes Ereignis ist tief in meinem Gedächtnis eingegraben. Ich sehe mich in einer Gruppe gehen: vor mir Schneeflocken und Menschen am Horizont – hinter mir Schneeflocken und Menschen am Horizont. Daneben SS-Männer mit Schäferhunden. Plötzlich hörte ich einen Schuss: Ein Häftling konnte nicht mehr weitergehen und fiel hin, also wurde er getötet. Nachts wurden wir in einer Scheune untergebracht. Wir bekamen nichts zu essen und nichts Warmes zu trinken. Ab und zu nahm ich eine Handvoll Schnee, um die Lippen anzufeuchten. Wir hatten kein Gepäck dabei, allenfalls einen Suppenlöffel. Schließlich kamen wir in Wałbrzych/Waldenburg, Gliwice/Gleiwitz oder Zgorzelec/Görlitz an. Höchstwahrscheinlich in Wałbrzych/Waldenburg, denn dorthin war es von Dörnhau am nächsten. Man steckte uns in Züge und deportierte uns nach Flossenbürg. Im Zug umarmte mich jemand und sagte etwas auf Russisch zu mir. Es war ein älterer Häftling …

Ich besitze eine Bescheinigung aus dem Archiv in Bad Arolsen,[4] in dem die NS-Opfer dokumentiert sind. Dorthin gelangten nach Kriegsende die in den Konzentrationslagern vorgefundenen Dokumente, die die SS-Männer nicht mehr vernichten konnten. Darin steht es: Leon Weintraub, geboren am 1. Januar 1926, wurde am 25. Februar 1945 aus dem KZ Groß-Rosen in das KZ Flossenbürg eingeliefert – so wie die Post Pakete einliefert. Und danach am 22. März 1945 in das KZ Natzweiler-Struthof, Außenlager Offenburg, weitertransportiert.

Zunächst muss ich über Flossenbürg erzählen. Der Zug hielt an, und wir sahen den Namen der Bahnstation. Wir gingen mitten durch die Stadt zum Lager, wobei uns die Menschen hinter den Fenstervorhängen beobachteten. Das Lager befand sich am Rande der kleinen Stadt. Nach der eingangs vorgenommenen Registrierung unter der Häftlingsnummer 82707 kam ich sofort in Quarantäne. Ich muss krank gewesen sein und hohes Fieber gehabt haben, denn ich kann mich weder an den Augenblick der Registrierung erinnern, noch daran, wie mir eine Nummer gegeben wurde. Wir schliefen zu viert auf Pritschen von einem oder eineinhalb Meter Breite und zwei Metern Länge, Fuß zu Kopf. Manchmal wachte ich mit einem kalten Fuß an meiner Wange auf – der Mann war in der Nacht gestorben. Morgens hatten wir die Pflicht, alle Leichen vor den Blockeingang zu legen, damit alles seine Richtigkeit hatte, wenn ein SS-Mann erschien, um uns zu zählen.

Unsere Kleidung entsprach nicht der winterlichen Witterung. Wir trugen leichte Jacken, Hemden, Hosen ohne lange Unterhosen oder Socken. Unsere nackten Füße steckten in Holzschuhen. Flossenbürg liegt in Bayern, an der heutigen Grenze zu Tschechien. Vom Sudetengebirge wehte ein starker, eiskalter Wind in unsere Richtung. Um zumindest die Kälte etwas zu mildern, schmiegten wir uns auf dem Appellplatz eng aneinander … Schicht um Schicht, immer mehr kamen dazu. Und so taten es einige Hundert Menschen, die unter Quarantäne standen, also nicht zur Arbeit gingen. Einen Augenblick später begann die versammelte Gruppe hin und her zu schwanken. Diejenigen, die sich in der Mitte befanden und den Druck der sie umgebenden Körper spürten, bekamen kaum noch Luft, so dass sie nach draußen gelangen wollten. Die äußeren Schichten hingegen standen mit dem Rücken zur Kälte. Daher wollten sie in die Mitte kommen. Diese Masse von Männern bewegte sich auf dem Appellplatz wie ein Termitenhaufen … Es erinnert mich an die in den Gemälden Bruegels dargestellten Katastrophen der Menschheit. Hunger, Kälte und Tod – das sind die drei dominierenden Eindrücke aus dieser Zeit in Flossenbürg.

Seit 2009 reise ich nach Flossenbürg, um die Jahrestage der Befreiung des Lagers zu begehen, und nehme an den Treffen der Holocaust-Überlebenden teil. Immer, wenn ich dabei den Appellplatz betrete, spüre ich immer noch jene Vibrationen – als ob sich der Platz bewegen, erzittern würde. Dieses Gefühl wird mich wohl bis ans Lebensende begleiten.

Die Menschen mussten in Steinbrüchen arbeiten. Halb Nürnberg wurde aus Steinen erbaut, die Lagerhäftlinge in Steinbrüchen ausgehauen hatten. Ohne entsprechende Geräte und Kräne zogen sie Felsbrocken hinter sich her und brachen Steinblöcke aus den Felsen. Zahlreiche Menschen verloren dabei infolge von Arbeitsunfällen ihr Leben. Denn wenn ein solcher Steinblock auf einen Menschen fiel, wurde dieser auf der Stelle zermalmt. Wie ich später erfuhr, befand sich neben dem Lager eine Flugzeugfabrik von Messerschmidt. Auch dort wurden Häftlinge beschäftigt.

Denkst du manchmal, dass die Juden durch ihre Arbeit für große Konzerne wie Bosch, Siemens oder Krupp zur heutigen wirtschaftlichen Stärke Deutschlands beigetragen haben? Wie stehst du dazu?

Das war natürlich eine Verfolgung und Ausnutzung der Häftlinge für eigene Errungenschaften und um sich zu bereichern. Genauso wie es derzeit in China geschieht, wo der Staat die Leute zwingt, für sehr niedrige Löhne zu arbeiten. Daher ist dieses Land eine globale Wirtschaftsmacht. Uns betrachteten die Deutschen damals wie Gebrauchsgegenstände zur einmaligen Verwendung. Wir waren so lange von Nutzen, wie wir für das »Dritte Reich« arbeiteten. Als wir nicht mehr arbeiten konnten, wurden wir nutzlos und mussten daher sterben. Ich finde es schlimm, dass sich deutsche Unternehmer auf unsere Kosten bereichert haben. Aber nicht nur wir Juden haben die deutsche Wirtschaftsmacht nach dem Krieg aufgebaut.

In Flossenbürg verbrachte ich einen knappen Monat und

befand mich in sehr schlechtem Zustand. Von dort aus verlegte man mich nach Offenburg in Baden-Württemberg.

Die Kriegsniederlage Nazideutschlands zeichnete sich immer deutlicher ab. Daher schickte man euch aus Furcht vor der heranrückenden Front ins Innere des deutschen Reichsgebiets.

Wir landeten mitten in der Stadt Offenburg – in Wohnhäusern. Man brachte uns in Mehrpersonenzimmern unter, in denen wir auf dem Fußboden schliefen. In anderen Wohnhäusern gab es Pritschen. Unsere gesamte Gruppe sollte Minen aus Eisenbahngleisen entfernen. Mir teilte man eine andere Aufgabe zu: die Reinigung der Unterwäsche der SS-Männer. Ich habe keine Ahnung warum. Vielleicht haben sie herausgefunden, dass Mama in Lodz eine Wäscherei betrieben hatte, aber vielleicht habe ich es ihnen auch selbst gesagt. Ich kann mich jedenfalls nicht mehr erinnern, denn die ganze Zeit über hatte ich Fieber und war mehr tot als lebendig.

Aber deine Pflichten hast du stets erfüllt?

Natürlich. Ich wusch die Unterwäsche halb benommen auf einem Wellblech, einer Art Waschbrett. Und dann geschah das Unglück. Ich hatte wohl irgendetwas ungewollt zerschlissen, da die Deutschen mir eine Strafe auferlegten. Sie legten mich auf einen niedrigen Tisch, schnürten mir Hände und Füße zusammen, zogen die Hose herunter und begannen, mich auf den nackten Hintern zu schlagen. Nicht mit einem Gürtel, sondern mit einem sandgefüllten Gummirohr. Sie befahlen mir, dabei mitzuzählen. Eins, zwei, drei – beim achten Hieb verlor ich das Bewusstsein. Ich wachte auf einer Lagerstätte wieder auf. Mehrere Tage lang konnte ich nur auf dem Bauch liegen. Die Wunden verkrusteten allmählich. Nach vier Wochen Aufenthalt im KZ Natzweiler-Struthof wurden wir irgendwann zwischen dem 19. und dem 21. April 1945 auf den Hof getrieben und zum Bahnhof geführt.

Dieses Mal drängte man uns überraschenderweise in Personenwaggons hinein. Der Zug setzte sich in Bewegung, fuhr aber nicht sehr lange. Wir waren wie abgestumpft, apathisch. Plötzlich hörten wir über unseren Köpfen das Rauschen von Motoren – Detonationen, Explosionen. Der Zug hielt an. Man trieb uns aus den Waggons. Ich habe noch heute vor Augen, wie ich damals mit anderen kleinen Gruppen über bewaldete Hügel marschierte – auf und ab. Flankiert von SS-Männern. Das war im Schwarzwald im Südwesten Deutschlands. Auf einmal nahm ich wahr, dass unser Abstand zur vorderen Gruppe sehr groß geworden war und sich auch hinter uns keine andere Gruppe mehr in Sichtweite befand. Plötzlich herrschte Erstaunen: Unsere Wächter waren verschwunden. In den Büschen lagen ihre Uniformen und Mützen mit dem Totenkopf. Die SS-Männer hatten einfach ihre Kleidung abgelegt und waren geflohen.

Auch wir kauerten uns in den Büschen am Wegesrand im Wald zusammen. Kurz darauf hörten wir Gewehrschüsse. Trotz meines schlechten Gesundheitszustands hatte ich mir meine Beweglichkeit bewahrt. Meine Mithäftlinge stemmten mich hoch, so dass ich auf einen Baum klettern konnte. Unten im Tal erblickte ich unseren Zug. Von Osten fuhr eine Lokomotive heran. Man hängte sie an den Zug und trieb viele Häftlinge wieder zurück in die Waggons. Dann setzte sich der Zug in östliche Richtung in Bewegung.

Nach dem Kriege erfuhr ich, dass die SS-Männer beabsichtigt hatten, den ganzen Zug mit Hunderten von Häftlingen im Bodensee zu versenken. Das Hitler-Regime wollte sich aller Beweise entledigen. Zum Glück gelang dies nicht. Obwohl der Krieg bereits verloren war, wüteten in dieser Gegend Gruppen von jungen Deutschen aus der NS-Organisation »Werwolf«. Diese ermordeten zahlreiche Häftlinge, die überlebt hatten. Wir fürchteten uns vor ihnen.

Ihr wart nun frei. Ist euch das bewusst geworden?

Zunächst nicht. Wir gingen in Gegenrichtung zum abfahrenden Zug und wateten dabei durch seichte Gewässer. Später stellte sich heraus, dass dies die Flusswindungen der Donau in der Nähe ihrer Quelle in Donaueschingen waren. Ich befand mich in einer Gruppe von sechs oder sieben Überlebenden. Ich war der Jüngste mitten unter Erwachsenen. Es waren polnische Juden. Ich kann mich noch an Poldek und Dolek, zwei Friseure aus Krakau, erinnern. Gegen Morgen betraten wir ein Haus, in dem sich deutsche Zivilisten aufhielten, denen der Schrecken des Krieges am Gesicht abzulesen war. Sie gaben uns etwas Wasser. Dann schleppten wir uns weiter.

Nach kurzer Zeit tauchte hinter einer Kurve ein Lastwagen auf. Auf dessen Plattform sah ich ein Maschinengewehr und ein schwarzes Gesicht mit einem weißen Turban. Wir bekamen Angst und liefen blitzschnell in den Wald. Daraufhin hörten wir einen Schuss, worauf wir mit erhobenen Händen heraustraten. Ein gut gebauter Soldat in kurzer Hose und hellbraunem Hemd kam auf uns zu und richtete eine Pistole auf uns. Wir deuteten auf die mit Kalkfarbe auf unsere Kleidung gemalten Buchstaben »KL« – Konzentrationslager. Auf dem Kopf hatte man uns einen Haarstreifen wegrasiert und dabei die Stelle in der Mitte völlig kahl gelassen. So waren wir für den Fall der Flucht gekennzeichnet worden. Bei uns hieß diese rasierte Stelle »Läusepromenade«. Ich habe noch vor Augen, wie dieser Soldat seine Pistole hochwarf, sie mit der linken Hand wieder auffing und dann die rechte Hand ausstreckte. Dabei fragte er auf Französisch: »Comment ça va?« Ich hatte keine Ahnung, was das bedeutete. Mit dem Daumen wies er noch in die Richtung, die wir einschlagen sollten.

Unterwegs sahen wir etliche Häftlingsgruppen mit kleinen Wagen, die mit verschiedenen Gegenständen beladen waren. Das waren Zwangsarbeiter, die nach ihrer Flucht aus der Gefangenschaft begonnen hatten, unterwegs angetroffenes herrenloses Gut zu plündern. Wir lasen den Namen der Ortschaft – Donaueschingen –, hatten aber keine Ahnung, wo das lag. Die Ortschaft war wie leergefegt. Ich betrat irgendein Haus und nahm dort eine Unterhose, eine Hose, ein Hemd, eine Jacke, Socken, Schuhe. Ich dachte gar nicht daran, noch mehr mitzunehmen. Als es Nacht wurde, hielten wir im »Gasthaus zur Sonne« an. Ich warnte meine Kameraden: »Wir müssen aufpassen, nicht zu viel zu essen. Denn das kann uns schaden.« Ich fand etwas Mehl, etwas Salz und machte daraus einen dickflüssigen Brei. An diesem Abend versuchte ich zum ersten Mal seit Jahren, in einem Bett einzuschlafen. Ich hatte das Gefühl, zu fallen – es war zu weich. Erst als ich mich auf den Boden legte, konnte ich einschlafen.

Wie ich von Neuem gehen lernte

Nach der Befreiung und dem Krankenhausaufenthalt zählte in Konstanz nur eines – das euphorische Gefühl, weiterzuleben. Es zählte nur, dass die Sonne schien und ich umsonst Essen und Kleidung erhielt, und dass ich mir um nichts mehr Sorgen machen musste. Ich lebte ohne Kummer und musste mich nicht um die alltäglichen Dinge kümmern. Aber dieses Leben war auch von dem Gedanken begleitet, was ich mit mir jetzt anfangen sollte – wie meine weitere Zukunft aussah. Vielleicht machte sich in mir der Selbsterhaltungstrieb bemerkbar, das eigene Ich zu schützen und sich daran zu gewöhnen, kein Häftling mehr zu sein und sich nun frei bewegen zu können. Ich gebe zu, dass mein inneres Leben damals stark eingeschränkt war. Man müsste einen Psychologen fragen, warum ich so reagiert hatte.

Wie konnte man die eigene Welt neu ordnen? Und wohin sollte man den ersten bewussten Schritt in ein normales Leben wagen, wenn man kein Zuhause und keine Verwandten mehr hatte, und gleichsam ein seiner Jugend beraubter Schiffbrüchiger war? Das Problem war nicht nur die physische Auszehrung. Die Rückkehr zu Normalgewicht und Leistungsfähigkeit fiel Leon verhältnismäßig leicht. Viel schwieriger war es, sich wieder an ein Leben in Freiheit zu gewöhnen, obwohl er so sehr darauf gewartet hatte. Und sich dann darin zurechtzufinden … Leon Weintraub sagt, dass er lange Zeit nicht aus der Schutzhülle heraustreten konnte, mit der er sich im Getto Litzmannstadt und den darauffolgenden Konzentrationslagern umgeben hatte. Dass diese endlich zerplatzte, darüber entschieden ein purer Zufall und der Umstand, dass Leon seine Schwestern im Lager Bergen-Belsen unverhofft wiederfand.

Ein unheimlicher Ort in der Nähe zweier großer deutscher Truppenübungsplätze und der kleinen Ortschaften Bergen und Belsen: Seit 1940 fungierte das Lager Bergen-Belsen als Kriegsgefangenenlager für französische und belgische Soldaten. Als das »Dritte Reich« der UdSSR den Krieg erklärte, kamen bald auch Eisenbahntransporte mit sowjetischen Kriegsgefangenen im Lager an. Zehntausende starben dort an Bauchtyphus und Fleckfieber. 1943 wurde Bergen-Belsen in ein »Aufenthaltslager« für Juden aus neutralen bzw. mit dem »Dritten Reich« befreundeten Staaten umfunktioniert. Deren Regierungen durften ihre Bürger von dort zurückfordern. Nach Bergen-Belsen gelangten auch Juden aus von Kriegshandlungen betroffenen Ländern. Diese Häftlinge waren für den »Austausch« mit deutschen Kriegsgefangenen gedacht.

Die Lage verschlechterte sich, als der bisherige Kommandant von Auschwitz, Josef Kramer, im Dezember 1944 die Leitung von Bergen-Belsen übernahm und dieses Lager in ein Konzentrationslager umwandelte. Es gab dort zwar weder Gaskammern noch Krematorien, aber ca. 1.000 Häftlinge starben täglich an Hunger, Durst oder Krankheiten. Kurz vor Kriegsende wurden immer mehr Juden aus den aufgelösten Konzentrationslagern auf Todesmärschen nach Bergen-Belsen getrieben. Wenige Tage vor der Befreiung des Lagers wurden den Häftlingen sogar die kleinsten Essensrationen vorenthalten. Als die britischen Soldaten am 15. April 1945 das Lager betraten, bot sich ihren Augen ein geradezu apokalyptisches Bild: Die Baracken quollen über vor leblosen Körpern mit verdrehten Gliedmaßen, völlig verkrampft wegen der vor dem Tod erlittenen Hungerqualen. Diejenigen, die noch lebten, sahen aus wie wandelnde Leichen. Viele Verstorbene hatte man aus Furcht vor einer Typhusepidemie verbrannt. Nach Schätzungen kamen zwischen Mai 1944 und April 1945 insgesamt 36.400 bis 37.600 Häftlinge ums Leben. Nach der Befreiung starben weitere 10.000 Häftlinge an den Folgen ihrer Gefangenschaft.

Nach der Befreiung wurde Bergen-Belsen zu einem Zufluchtsort für sogenannte *Displaced Persons*, also für durch den

Krieg heimatlos gewordene Menschen, die sich nach 1945 auf deutschem Boden befanden. Der Ort des ehemaligen Konzentrationslagers wurde zu einem Sammelzentrum für Juden, die den Krieg überlebt hatten und sich nun im Westen befanden. Sie begaben sich nach Bergen-Belsen in der Hoffnung, dort überlebende Familienangehörige zu finden. Aber bis auch Leon dorthin gelangte, sollten noch vier – sehr kritische – Monate seines Lebens in der neu gewonnenen Freiheit vergehen.

*

Habt ihr euch lange im »Gasthaus zur Sonne« aufgehalten?

Nein. Denn es tauchten Gerüchte auf, dass sich in den umliegenden Ortschaften Gruppen von Wehrmachtssoldaten der Organisation »Werwolf« herumtrieben. Die meisten meiner Kumpel verließen Donaueschingen. Ich selbst war dazu nicht mehr imstande – so schlecht fühlte ich mich. Zum Glück kam ich zu einem Arzt der französischen Armee. Er maß bei mir Fieber, es war sehr hoch. Zudem hatte ich Flecken auf der Haut. Er stellte Fleckfieber[1] fest und überwies mich in das Krankenhaus, das sich inmitten der kleinen Stadt befand. Das nächste konkrete Bild meiner Erinnerung stammt von Mitte Juni 1945, als ich das Bewusstsein wiedererlangte. Vier Wochen lang hatte ich zwischen Leben und Tod geschwebt. Ich weiß nicht, wie sie mich in dieser Zeit ernährten. Schließlich erhielt ich Kleidung und eine Bescheinigung, dass ich in der Station für Fleckfieberkranke gewesen war, und wurde als gesund entlassen.

Wieviel Kilo hast du nach diesen Jahren der aufzehrenden Arbeit und des Hungers damals gewogen?

Als 19-jähriger Bursche wog ich 35 Kilo, und geistig befand ich mich auf dem Niveau eines 13-Jährigen. Vor dem Krankenhaus stehend überlegte ich, wohin ich nun gehen sollte. Ich hatte zu niemandem Kontakt, weder physisch noch psychisch.

Ich war also mutterseelenallein und wusste nicht, was ich mit mir anfangen sollte. Auf einmal ging ein älterer Herr vorüber, blickte mich an und spürte offensichtlich meine Verzweiflung. Er fragte: »Bist Du ein früherer KZ-Insasse? Im Nachbarort, zehn Kilometer von hier, befindet sich eine Gruppe mit Leuten wie dir.« Ich sprach zwar kein Deutsch, verstand aber ziemlich viel, da Jiddisch ähnlich ist.

So schleppte ich mich zu diesem Dorf. Und abermals half mir mein guter Stern. Denn ich begegnete dort etwa 20 Holocaust-Überlebenden – allesamt junge Burschen. Sie hatten sich irgendwo Fahrräder beschafft und machten sich einen Tag später auf den Weg nach Konstanz am Bodensee. Das waren Juden aus Polen. Sie hatten erfahren, dass sich in Konstanz eine größere Gruppe von Holocaust-Überlebenden aufhielt und dort eine Organisation tätig war, die diesen half, wieder ins normale Leben zurückzukehren. Wenn ich einen Tag später im Dorf angekommen wäre, hätte ich sie nicht mehr angetroffen. Wer weiß, welches Schicksal mich dann erwartet hätte.

Wir gelangten mit den Rädern zum Bahnhof. Ich saß dabei auf dem Gepäckträger, da ich nicht imstande war, selber in die Pedale zu treten. Eine Sache ist mir besonders in Erinnerung geblieben: Es genügte zu sagen: »Überlebender aus dem KZ-Lager« – und der Weg war frei. Wir hatten weder Geld noch Dokumente. Als die Schaffner uns sahen, winkten sie nur gelangweilt ab. Es war Ende Juni 1945, zwei Monate nach der Befreiung. Meine Freunde hatten bereits Zeit gehabt, ihre frühere Form wiederzugewinnen, an Gewicht zuzunehmen und wieder auf die Beine zu kommen. Ich hingegen befand mich immer noch ganz am Anfang dieses Weges.

Wir landeten schließlich im Hotel Metropol in Konstanz. Etwa 50 Meter entfernt von uns links um die Ecke befand sich ein Schlagbaum, der Grenzübergang zur Schweiz.

Hattest du eine Idee, wie es mit dir weitergehen sollte?

Ich ging zum Arzt, um mich untersuchen zu lassen. Er meinte, dass ich zwar geschwächt, aber gesund sei. Ich erhielt eine Überweisung in das Sanatorium auf der Halbinsel Reichenau.

Dort waren zu dritt im Zimmer: Stasio,[2] Stefan und ich. Als wir morgens aufwachten, warteten am Bett eine Karaffe Rotwein und ein Päckchen Gauloises auf uns – das Sanatorium stand unter französischer Leitung. Danach frühstückten wir im Speisesaal. Im Sanatorium gab es eine Bibliothek, in der ich jeden freien Augenblick verbrachte. Ich las hauptsächlich deutsche Bücher, da diese Sprache dem Jiddischen sehr ähnlich ist. So erwarb ich passive Deutschkenntnisse. Deutsch sprechen konnte ich immer noch nicht.

Eine Begebenheit aus dieser Zeit möchte ich erwähnen. Es war der 14. Juli 1945, der Jahrestag des Sturms auf die Bastille, der Nationalfeiertag Frankreichs. Im Speisesaal fand ein festliches Mittagessen statt. Wir saßen an einem langen Tisch, ich zwischen zwei französischen Krankenschwestern. Ich erhielt einen Teller und ein Weinglas. Nach jedem Gericht säuberten wir die Teller mit Weißbrot, woraufhin ein neues Gericht auf die Teller kam. Das Weinglas blieb nicht einen Augenblick leer. Immer wenn ich ein paar Schlucke daraus trank, wurde es erneut aufgefüllt. Ich war derartige Mengen Alkohol nicht gewöhnt, so dass ich schließlich betrunken wurde. Hinterher sagte man mir, dass ich alle schlagen wollte und man mir eine Zwangsjacke anlegen musste. Und dass mir am Ende ein Schlafmittel verabreicht wurde. Ich wies Anzeichen einer starken Alkoholvergiftung auf. Ich erwachte im Bett in meinem Zimmer und bemerkte neben mir einen Hintern, dem ich einen ordentlichen Klaps versetzte. Es stellte sich heraus, dass ich einen Arzt getroffen hatte. Ich schämte mich so sehr, dass ich um die Verlegung in ein anderes Sanatorium bat. Denn ich war bislang ein wahrer Musterpatient gewesen, der fleißig las und niemandem zur Last fiel – ruhig, brav und höflich. Und plötzlich legte ich ein überaus aggressives Verhalten an den Tag. Es war das einzige Mal in meinem Leben, dass ich dermaßen viel Alkohol trank und die Kontrolle über mich verlor.

Zwischen dem Sanatorium und Konstanz pendelte ein Omnibus. Daher konnte ich mehrmals meine Freunde besuchen, die im Hotel Metropol wohnten. Ende August oder Anfang September 1945 begegneten mir dort zwei junge Frauen. Sie befanden sich auf der Durchreise und suchten nach überlebenden Familienangehörigen. Sie kamen aus Bergen-Belsen. Als ich mich vorstellte, fragten sie mich, aus welcher Stadt ich käme. Sie riefen: »Lodz? Wir haben in Bergen-Belsen drei Lodzer Frauen getroffen: Lola, Franka und Mala – und die hießen auch Weintraub.« Meine Schwestern!

War das für dich ein Signal, dass es Zeit wurde, wieder ins frühere normale Leben zurückzukehren?

Ja. Ich fuhr rasch ins Sanatorium zurück und packte meine Sachen. Viele Habseligkeiten hatte ich nicht, nur ein paar Kleidungsstücke. Die Fahrt nach Bergen-Belsen dauerte insgesamt fünf Tage. Ich reiste mit Zofia Kahane, einer hübschen jungen Frau, die erfahren hatte, dass ihr Bruder Olek[3] in Bergen-Belsen überlebt hatte. Später änderte er seinen Namen und hieß fortan Drożdżyński. Wir blieben bis zu seinem Tod befreundet. Zofia und ich fuhren ein paar Mal per Anhalter in Militärfahrzeugen, kürzere Wegstrecken legten wir mit dem Zug zurück. Ich weiß nicht mehr, wo wir dabei unterwegs übernachteten.

Ich kann mich noch an die Stadt Ulm mit ihrem hohen Kirchturm erinnern, angeblich der höchste Kirchturm Europas. Schließlich gelangten wir in die Stadt Celle in Niedersachsen nahe Bergen-Belsen. Die Lastwagen, die ins ehemalige Lager fuhren, hielten alle in Celle auf einem kleinen Platz an. Ich wollte gerade einsteigen. Da reichte mir plötzlich ein Mann die Hand, um mir hochzuhelfen. Er blickte mir ins Gesicht und rief erstaunt: »Du lebst?« Ein entfernter Verwandter von mir, Moniek Milberger, hatte mich erkannt und sprach: »Deine Schwestern sind in Trauer.« Im Judentum nennt man diesen Trauerzustand »Schiwa« – abgeleitet von der Zahl 7 im Hebräischen. Nach dem Tod eines nahen Angehörigen verbringt man sieben Tage in intensiver Trauer. Andere Familienmitglieder,

Bekannte oder Freunde kommen dabei jeden Tag zur trauernden Person und besorgen deren Einkäufe, wobei sie auch kochen oder aufräumen. Moniek sagte zu mir: »Deine Schwestern trauern seit drei Tagen. Denn Felek Kuperman, der Bruder deines Freundes von der Franciszkańska-Straße, hat dich in Block 10 in Auschwitz-Birkenau gesehen. Er wusste, dass alle, die sich dort befanden, in die Gaskammer geschickt wurden. Dies teilte er deinen Schwestern mit, die nun meinen, dass ihr einziger Bruder ums Leben gekommen ist. Ich muss zu ihnen gehen und sie vorbereiten, damit sie nicht geschockt sind, wenn du plötzlich lebend bei ihnen auftauchst.«

Jetzt erst sehe ich, dass meine Gehirntätigkeit seit der Befreiung im April 1945 bis zur Ankunft in Bergen-Belsen im September 1945 teilweise ausgeschaltet gewesen sein muss. Es zählte nur eines – das euphorische Gefühl, weiterzuleben. Es zählte nur, dass die Sonne schien und ich umsonst Essen und Kleidung erhielt, und dass ich mir um nichts mehr Sorgen machen musste. Ich lebte ohne Kummer und musste mich nicht um die alltäglichen Dinge kümmern. Aber dieses Leben war auch von dem Gedanken begleitet, was ich mit mir jetzt anfangen sollte, wie meine weitere Zukunft aussah. Vielleicht machte sich in mir der Selbsterhaltungstrieb bemerkbar, um das eigene Ich zu schützen und sich daran zu gewöhnen, kein Häftling mehr zu sein und sich nun frei bewegen zu können. Ich gebe zu, dass mein inneres Leben damals eingeschränkt war. Man müsste einen Psychologen fragen, warum ich so reagiert hatte.

Kannst du das Wiedersehen mit deinen Schwestern beschreiben?

Die Freude war groß, aber sonst sind mir keine Emotionen in Erinnerung geblieben. Ich weiß auch nicht mehr, wie wir uns über unser weiteres Schicksal nach der Deportation aus dem Getto unterhielten – wir haben es nicht miteinander verglichen. Uns trennte eine psychische Mauer. Erst als ich später den Stammbaum meiner Familie rekonstruierte, erfuhr ich, was mit Mama und Tante Ewa geschehen war. Das ist wohl ganz natürlich, dass man nach dem Überleben nicht mehr in die schmerzvolle Vergangenheit zurückkehren möchte. Dass die letzten Wochen in Bergen-Belsen sehr tragisch gewesen sein mussten, habe ich sofort erfahren. Unmittelbar nach der Befreiung konnten über 10.000 Häftlinge nicht mehr gerettet werden. Sie waren an purer Erschöpfung gestorben. Darüber informiert eine Tafel am Lagereingang.

Ich blieb in Bergen-Belsen. Wir wohnten mit einer Gruppe gleichaltriger bzw. etwas jüngerer Jugendlicher in ehemaligen Wärtergebäuden. Lehrer nahmen uns in ihre Obhut. Ich habe ein Foto, wie wir alle zusammen auf einer Holzbank sitzen: zwei Lehrerinnen und einige junge Leute. Zumeist Mädchen, darunter die reizende Rachelka Eisenberg aus Starachowice – meine enge Freundin – sowie Lola, ihre Kameradin Lilka, zwei weitere Jungen und ich. Wir standen damals unter der Obhut von englischen Soldaten, insbesondere auch von Juden aus Palästina, die in der britischen Armee eine Jüdische Brigade gebildet haben.

Die ersten Fotos aus der Nachkriegszeit, vom September 1945, stammen eben aus Bergen-Belsen. Darauf sind meine drei Schwestern und ich, hinter uns die Cousins väterlicherseits: die Kinder von Onkel Mejlech Weintraub – Lutek, Jakub und Rutka und von Onkel Joel Franka und Rosa – zu sehen. Wir alle hatten uns in Bergen-Belsen getroffen. Dieses Foto haben wir nach vielen Jahren mit den gleichen Personen wiederholt, als ich 1987 anlässlich der Hochzeit meiner Nichte nach Detroit reiste.

Von was habt ihr gelebt?

Wir bekamen Päckchen von der UNRRA,[4] darunter befanden sich u.a. Zigaretten. Tauschhandel und Schmuggel blühten, aber mir lag daran nichts. Ich nahm lieber am Unterricht teil und schnupperte ein bisschen in Geschichte und Geographie hinein. Die politische Linke war damals recht aktiv. Ihre Vertreter befassten sich auch mit uns. Bald darauf bildete sich eine Gruppe von Überlebenden des Gettos Litzmannstadt: Artur

Leon Weintraub, seine Schwestern und Cousinen in Bergen-Belsen im September 1945 und in Detroit 1987

Solarz und seine Frau Ewa, Seweryn Wilner und Barbara Tenenbaum, Ada Wajskol und Leon Brawman, Zofia und Józef Śmietański. Über ein Dutzend Jugendliche kamen regelmäßig zusammen und diskutierten über Themen des Marxismus-Leninismus. Mich behandelten sie dabei wie einen Grünschnabel, der lediglich für seine Hilfsleistungen toleriert wurde: »Bring das her!« – »Gib mir das!« – »Kehre das zusammen!« An den

Gesprächen selbst nahm ich nicht teil. Ich gehörte nicht zu den Eingeweihten. Die Gruppe entstammte der früheren Untergrundbewegung im Getto Litzmannstadt, der auch meine Schwester Róża angehört hatte.

Ich habe noch deutlich in Erinnerung, wie wir uns eines Tages von Bergen-Belsen nach Wiesbaden aufmachten. Wir gingen dort in eine Schule oder Behörde und besorgten uns zwei Schreibmaschinen, um Aufrufe an ehemalige polnische Zwangsarbeiter zu verfassen. Die Aufrufe sollten der Agitation für die Rückkehr ins sozialistische Vaterland dienen. Ich erinnere mich noch an einen älteren Herrn, der als Emissär der Kommunistischen Partei eigens aus Warschau anreiste. Ich habe noch vor Augen, wie wir Jungen neben den Mädchen auf unseren Stockbetten saßen und diskutierten. Von Flirt konnte dabei keine Rede sein. Wir dachten ernsthaft über die weitere Zukunft nach. Wir wussten, dass die Sowjetunion unser Land befreit hatte. Wir wollten es nun wiederaufbauen. Wir bildeten eine Gruppe treu ergebener, dogmatischer Idealisten, die sich für eine gemeinsame Sache einsetzen wollten. Im Dezember 1945 kehrten die meisten dieser Jugendlichen wieder nach Polen zurück. Ich hingegen blieb und engagierte mich weiterhin. Ich habe ein Foto, wie ich am 1. Mai 1946 mit einer Standarte an der Spitze eines Umzugs marschierte. Hinter mir junge Frauen in dunkelblauen Röcken und weißen Blusen. Wir waren damals alle mit ganzem Herzen dabei.

Wie erklärst du dir, dass viele Juden sich die marxistisch-leninistische Ideologie so willig und kritiklos angeeignet haben?

Diese Ideologie verhieß ihnen staatsbürgerliche Gleichheit und die Befreiung aus ihrem bisherigen sozialen Getto. Im Namen des Internationalismus sollte ihre Gleichheit im Verhältnis zu anderen – »normalen« – Menschen anerkannt werden. Einen Vorgeschmack auf diese Gleichheit hatte uns die Geschichte bereits geliefert. Denn Anfang des 19. Jahrhunderts gewährte Napoleon Bonaparte den Juden eigene Bürgerrechte.[5] Dadurch

Leon als Fahnenträger, Bergen-Belsen am 1. Mai 1946

wurden in den Gymnasien gleichsam alle Fenster weit geöffnet – es wehte ein ganz anderer Geist durch alle Räume. Infolgedessen bildete sich auf allen Gebieten der Wissenschaft, Literatur und Kunst eine ansehnliche Gruppe kluger und gelehrter Menschen jüdischer Herkunft heraus. Nach dem Zweiten Weltkrieg träumten auch wir von einer solchen Entwicklung.

Nach der Abfahrt der Gruppe von Sozialisten aus Bergen-Belsen blieben nur noch wenige von uns zurück, u.a. Olek Drożdżyński und Hilek Markowicz. Anfang Februar 1946 machten wir uns zu dritt auf den Rückweg nach Polen.

Ganz einfach so?

Ja, die Grenzen waren offen. Die befreiten Lagerhäftlinge und früheren Zwangsarbeiter versuchten, nach Hause zurückzukehren. Durch die Sowjetische Besatzungszone gelangten wir nach Polen und landeten in unserer Heimatstadt Lodz. Olek hatte familiäre Bande nach Krakau und fuhr dorthin. Er wurde später ein bekannter Journalist, Publizist und Satiriker – und verfasste das Buch *Mądrości żydowskie* [Jüdische Weisheiten].

Nach der Ankunft in Lodz konnte ich zunächst keinen Ort für mich finden. Schließlich wohnte ich im Studentenhaus an der Kościuszko-Allee. Die Unterkunftsbedingungen waren fatal. Wir schliefen in einer Reihe nebeneinander auf dem Fußboden. Die jüdische Jugend wurde von der Gemeinde betreut. Es fanden wohl ein Jahr dauernde Kurse zur Vorbereitung auf das Abitur statt, um die Abiturprüfung zu bestehen und ein Studium beginnen zu können. Ich war damals nicht lebenstüchtig und unreif. Daher hängte ich mich an Hilek. Er war nur nach Lodz gekommen, um die dortige Lage zu sondieren und nach überlebenden Verwandten zu suchen. Nach einem kurzen Aufenthalt beschloss er, nach Bergen-Belsen zurückzukehren.

In Lodz verbrachten wir nur wenige Tage. Dabei kam ich nicht auf die Idee, zur Kamienna- oder Solna-Straße zu gehen, um zu erfahren, ob jemand überlebt hatte. Ich war immer noch alleine und bedauerte, dass ich nicht zur jüdischen Jugend an der Kościuszko-Allee passte, dass ich mich dort nicht zurechtfinden konnte. Wenn ich in Lodz geblieben wäre, hätte ich sicherlich auch das Abitur gemacht und ein Studium absolviert. Aber ich fand damals einen anderen Lebensweg. Ich beschloss, zu meinen Schwestern in Deutschland zurückzukehren.

Wie?

Hilek fand seinen jüngeren Cousin wieder, der sich in Polen angesiedelt hatte. Er hatte auch Kontakte in Breslau. Wir beschlossen, uns zu dritt über die Grenze zu schmuggeln. Der findige Cousin ermöglichte uns die Überfahrt nach Zgorzelec/Görlitz. Dort beschaffte er sich die Adresse eines Schmugglers, der uns nachts mit dem Boot über die Oder beförderte und auf der deutschen Seite – in der Sowjetischen Besatzungszone – zurückließ.

Eine weitere Szene steht mir in Dresden vor Augen. Ich weiß nicht mehr, wie wir dorthin gelangten. Wir saßen im Zug, er stand noch im Bahnhof. Plötzlich zog dieser Dummkopf – Hileks Cousin – aus unbekannten Gründen seine Hose aus. Darunter trug er eine Offiziershose und hatte dazu Offiziersstiefel an. Und so stolzierte er auf dem Bahnsteig herum. Die Russen zeigten mit dem Finger auf ihn, und er sagte, dass er nicht allein sei. Sie holten uns aus dem Zug heraus und steckten uns ins Gefängnis.

Was macht ein junger Revolutionär unter diesen Umständen? Sofort gab ich bekannt, dass ich in einen Hungerstreik treten würde. Ich sagte, dass ich nach dem Aufenthalt im Getto Litzmannstadt, nach Auschwitz-Birkenau und Flossenbürg nicht mit SS-Männern in einer Zelle zu sitzen gedachte. Ich hatte einen Rucksack dabei, in dem sich ein paar Kleidungsstücke und auf grauem Papier gedruckte Broschüren mit Werken von Engels, Marx und Lenin befanden, also der marxistisch-leninistischen Ideologie. Ich habe noch heute vor Augen, wie der junge Offizier beim Verhör mein Gepäck auspackte und sich wohl dachte: »Entweder ist das ein verdeckter Spion oder ein Vollidiot, dass er mit kommunistischer Literatur in den Westen flüchtet. Ohne Wertsachen, Geld und Kleidung.« Schließlich winkte er nur ab und man ließ uns heraus.

Es war Purim, Mitte Februar 1946, als wir in Bergen-Belsen ankamen. Meine Schwestern waren inzwischen nicht mehr dort. Denn Lola hatte bereits im November 1945 die Leitung eines Waisenhauses für jüdische Kinder in Ochtmissen bei Lüneburg übernommen, und meine zwei jüngeren Schwestern hatten sich ihr angeschlossen.

Und hast du etwas Passendes für dich gefunden?

Die Atmosphäre in Bergen-Belsen hatte sich mittlerweile verändert. Und mir setzte das ständige Schweben in Ungewissheit, der provisorische Charakter meines Lebens immer mehr zu. Was sollte ich nur mit mir anfangen? Mich auf dem Schwarzmarkt breitzumachen, lag mir nicht, obwohl sich dort viele bereichert hatten. Die für kulturelle Belange zuständige britische Offizierin im Lager war eine gewisse Lady Fletcher. Ich sagte ihr, dass ich studieren wollte. Daraufhin bat sie mich um ein Abiturzeugnis. Ich antwortete: »Auch wenn ich ein solches hätte, wäre es in Auschwitz geblieben.« – »Oh, Entschuldigung!« – bekam ich zu hören.

In der Britischen Besatzungszone herrschte die Verordnung, dass alle Hochschulen verpflichtet waren, einige Studienplätze für *Displaced Persons* freizuhalten.

Hat sie dir geholfen?

Lady Fletcher arrangierte ein Treffen mit dem Dekan der Medizinischen Fakultät in Göttingen. Ich fuhr also dorthin. Professor Hermann Rein,[6] ein gedrungener, untersetzter, sympathisch wirkender Physiologe, erklärte mir in ruhigem Ton: »Junger Mann, es hat keinen Sinn, ihre Zeit zu vergeuden, Sie sind überhaupt nicht vorbereitet, um in einer fremden Sprache ohne Abitur Medizin zu studieren.« Ich muss damals in einer besonderen psychischen Verfassung gewesen sein, da für mich

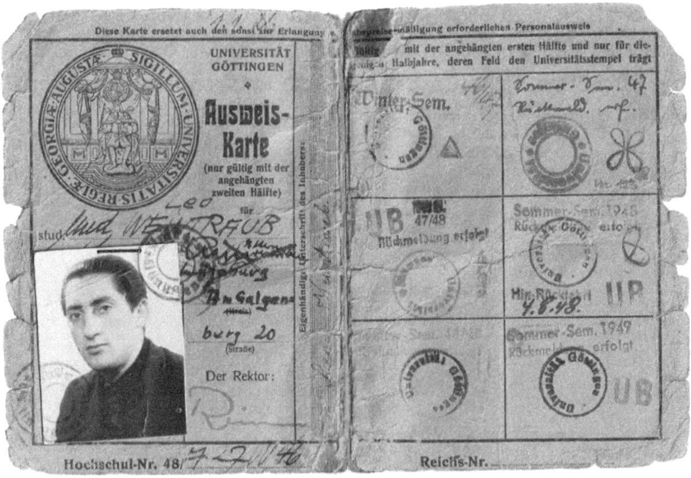

Leon Weintraubs Ausweiskarte für Studenten der Georg-August-Universität Göttingen

alles möglich war. Ich wiederholte daher unermüdlich ein paar Worte auf Deutsch, die ich auswendig gelernt hatte: »Lassen Sie mich versuchen!« Letztendlich hatte er Mitleid mit dem Dummkopf. Ich erhielt ein Schreiben des Dekanats mit der Einwilligung, mich für ein Semester einzutragen. Als einzige Bedingung für das weitere Studium sollte ich die Prüfungen in allen Fächern in diesem Semester bestehen. Ich hatte es geschafft und konnte das Studium aufnehmen. Ich besitze ein Dokument, das bezeugt, dass ich im November 1946 für das Herbstsemester immatrikuliert wurde.

Als die jungen Leute in Bergen-Belsen erfuhren, dass ich im Begriff war, ein Studium zu beginnen, lachten sie mich nur aus: »Dieser überhebliche Kerl denkt, dass er mit dem Medizinstudium zurechtkommen wird. Er bildet sich zu viel ein.« Ich fühlte mich schlecht, dass sie mich verspotteten und wie einen Idioten behandelten. Aber das Bestreben, Wissen zu erwerben und aus einem weiteren Getto herauszutreten, sowie der Wunsch nach einem besseren Leben überwogen. Als ich sie später als Student besuchte, spotteten sie nicht mehr. Sie zeigten sich eher erstaunt oder bewunderten es sogar, dass ich – nach nur sechs Jahren Grundschule ohne entsprechende Vorbereitung – dennoch studierte und dies auch noch mit Erfolg.

Eine revolutionäre Zeit

Von den Vorlesungen habe ich nicht viel verstanden. Ich machte mir Aufzeichnungen mit phonetischen Zeichen, eher auf Jiddisch als auf Deutsch. Die damals angefertigten Hefte habe ich heute noch. Entstehende Lernrückstände holte ich ständig auf. Ich war begabt und hatte ein gutes Gehirn – es war leer und daher extrem aufnahmefähig. Die Aneignung von Wissen fiel mir recht leicht. Irgendwie schaffte ich es, mich durch das erste Semester zu winden und durfte weiterstudieren.

Eine Kleinstadt, in der der Krieg keine Spuren hinterlassen hatte. Schöne alte Häuser, eine ruhige Gegend und die still vor sich hinströmende Leine. Die Georg-August-Universität Göttingen wurde 1737 vom britischen König Georg II. feierlich inauguriert, der zugleich Kurfürst von Braunschweig-Lüneburg war. Die Universität verfügte von Anfang an über sämtliche klassische Fakultäten, was ungewöhnlich war. Seit dem 18. Jahrhundert beherbergt sie eine Bibliothek, die derzeit über neun Millionen Bände verfügt. Unter ihren Beständen befindet sich unter anderem eine zum Weltdokumentenerbe zählende Gutenberg-Bibel. Die Universität Göttingen spezialisiert sich vor allem auf naturwissenschaftlich-technische Studiengänge sowie auf das Fach Medizin.

Als Leon 1946 in dieser Stadt ankam, hatte er keine Ahnung, dass die Universität Göttingen einmal über 40 Nobelpreisträger aufweisen würde! Keine andere Hochschule kann sich einer solch hohen Zahl rühmen. Weintraub kann sich noch an einen Vortrag von Max Planck erinnern, dem Physik-Nobelpreisträger von 1918. Es war der letzte Vortrag von Professor Planck, der kurze Zeit später verstarb. Leon ist dieser Vortrag wie folgt im Gedächtnis geblieben: »Man geleitete einen etwa 90 Jahre alten, kahlköpfigen und stark gebeugten Greis hinein – sein Gesicht habe ich noch heute vor Augen. Er sprach über das Verhältnis der Religion zu den Naturwissenschaften. Dabei meinte er, dass der Glaube einem ästhetischen Bedürfnis des Menschen entspringe und mit der Ebene des Wissens vereinbar sei. Er schloss mit den Worten: ›Hin zu Gott‹. Planck sah keinen Widerspruch zwischen Religion und Wissenschaft. Mir erschien das seltsam. Bereits damals dachte ich sehr rational und hatte eine skeptische Einstellung zum Glauben.«

*

Was waren deine ersten Schritte in Göttingen?

Ich gelangte in das polnische Studentenwohnheim am Nikolausberger Weg 22, direkt am Botanischen Garten. Eine hübsche große Villa. Wir wohnten zu viert in einem Zimmer im Erdgeschoss. Einer meiner Zimmerkollegen aß nur Schwarzbrot und hatte fürchterliche Blähungen.

Dort begegnete ich erstmals einem für mich sehr wichtigen Menschen, meinem Mentor. Dank seiner Hilfe konnte ich mich durch das erste Studienjahr winden. Er hieß Rachmiel Brandwajn und war zehn Jahre älter als ich. Ein Mensch auf dem Niveau von Alexander Humboldt, der auf allen Gebieten fundiertes Wissen besaß. Im Alter von 18 Jahren organisierte Brandwajn im Gymnasium einen Streik und wurde infolge dessen der Schule verwiesen. Daraufhin begann er in Warschau Medizin zu studieren. Er erzählte mir von den Getto-Bänken in den Hörsälen und den Schikanen, die ihm seitens polnischer »Patrioten« – *Endecja*-Anhänger – widerfuhren.[1] Beim Verlassen der Vorlesungen standen diese Spalier und schlugen ihm wegen seiner krummen Nase mit Knüppeln auf den Kopf. Seine spätere Frau Luba – auch Jüdin, eine schlanke, schöne Blondine – nahm ihn dann immer schützend unter die Arme. Einige Zeit darauf begab sich Rachmiel nach Frankreich, die Sprache konnte er perfekt. Im September 1939 kehrte er nach Polen zurück und meldete sich zum Armeedienst, um das Vaterland zu verteidigen. Nach der Niederlage floh er in die UdSSR, wo er im Juni 1941 ein Journalistik-Studium beginnen wollte. Aber in dieser Zeit überfiel Hitler die Sowjetunion. Infolge dessen schloss sich Rachmiel der Berling-Armee[2] an und marschierte mit ihr entlang der Kampfroute bis nach Berlin. Rachmiel beherrschte mehrere Sprachen und war daher für das Verhör der Kriegsgefangenen zuständig. Nach Kriegsende befand er sich wieder in Polen und folgte einem Aufruf des kommunistischen Zentralkomitees. Dort bekam er Folgendes zu hören: »Wir haben große Aufgaben für dich, aber Rachmiel Brandwajn klingt in polnischen Ohren nicht gut.« Daraufhin sagte Rachmiel: »In den Schützengräben habt ihr mir nicht in den Hosenschlitz geschaut, lasst auch heute die Finger davon!«

In Göttingen absolvierte Brandwajn ein Promotionsstudium in Romanistik. Er war ein echtes Arbeitstier. Denn während ich abends einschlief, schrieb er unermüdlich weiter und rauchte dabei eine Zigarette nach der anderen. Morgens fand ich an meinem Bett einen Zettel: »Weckt mich auf jeden Fall auf, gegen alle Widerstände!« Er arbeitete stets bis zwei oder drei Uhr nachts.

Nach der erfolgreichen Annahme seiner Dissertation kehrte Rachmiel 1949 nach Polen zurück. Er erhielt eine Professur und übernahm in Warschau den Lehrstuhl für Romanistik, davor war er schon Assistenz-Professor in Breslau. Im Zuge der 1968 in Polen einsetzenden antisemitischen Hetzkampagne verlor er seine Stelle. Auch seine Söhne wurden aus der Universität hinausgeworfen. Der ältere von ihnen wurde trotz einer Sehschwäche zum Wehrdienst herangezogen und dort fürchterlich schikaniert. Rachmiel sagte damals, dass er sich wie Hiob fühle. Schließlich wanderte die ganze Familie aus. An der Universität Tel Aviv arbeitete er dann ebenfalls als Professor für Romanistik. Seine Frau Luba hingegen fand sich in ihrer neuen Heimat nicht zurecht und landete in einer Psychiatrischen Klinik.

Unter Rachmiels Einfluss begann ich mit der Lektüre französischer Enzyklopädisten.[3] Meine geistigen Väter sind Voltaire, Rousseau, Montesquieu, Descartes und Diderot. Für mich sind

Freiheit, Gleichheit und Brüderlichkeit keine leeren Worte. Sie erfüllen mein ganzes Leben. Nach diesen Werten versuche ich bis heute zu leben. Rachmiel gab mir in Göttingen Halt und Zuversicht. Er meinte nur: »Ihr werdet es schon schaffen, Lolek!«

Und wie bist du an dieser altehrwürdigen, renommierten Universität letztlich zurechtgekommen? Als junger Mann aus dem armen Lodz nach nur sechs Klassen Grundschule.

Wenn ich heute daran denke, verstehe ich nicht, woher ich so viel Mut hatte. Ich war nicht unverschämt oder selbstsicher, sondern eher … naiv. Ich hatte keine Ahnung, was ich mir da aufgeladen hatte. Von den Vorlesungen habe ich nicht viel verstanden. Ich machte mir Aufzeichnungen mit phonetischen Zeichen, eher auf Jiddisch als auf Deutsch. Die damals angefertigten Hefte habe ich heute noch. Entstehende Lernrückstände holte ich ständig auf. Ich war begabt und hatte ein gutes Gehirn – es war leer und daher extrem aufnahmefähig. Die Aneignung von Wissen fiel mir recht leicht. Irgendwie schaffte ich es, mich durch das erste Semester zu winden und durfte weiterstudieren. Ich bestand meine Prüfungen in Biologie, Zoologie, Botanik, Physiologie und Physiologischer Chemie. Ich konnte weiterstudieren.

Die Lehrveranstaltungen waren gebührenpflichtig, aber ich hatte kein Geld. Als DP (*Displaced Person*) war ich von einem Teil der Gebühren befreit. Für diejenigen, die von den Gebühren befreit werden wollten, fanden zusätzliche Fleißprüfungen in den gewählten Fächern statt. Wenn man diese bestand, wurde man von den Gebühren befreit. Das hat mich damals gerettet. Denn ich erhielt lediglich eine geringe soziale Unterstützung seitens der UNRRA und der Jüdischen Gemeinde in Göttingen.

Hattest du Komplexe?

Ich hatte weder Minderwertigkeitskomplexe noch fühlte ich mich anderen gegenüber überlegen. Ich freute mich einfach, dass ich überlebt hatte und nun studieren konnte. Ich spürte allenfalls Genugtuung, dass ich trotz meiner schlechten Ausgangsposition Medizin studierte und Arzt werden würde. Ich kann mich nicht daran erinnern, mich dort jemals schlecht gefühlt zu haben. Und dabei war es für mich bedeutungslos, dass viele der deutschen Kommilitonen früher Wehrmachtssoldaten – Nazis – gewesen waren. Das ist kaum zu mir durchgedrungen. Ich hatte ein Hauptziel – das Medizinstudium abzuschließen. Alles andere hielt ich fern von mir.

Dennoch wollte ich so sein wie alle anderen. Ich beschloss, dass ich unbedingt einen Anzug haben musste. Nachdem ich jahrelang gestreifte Häftlingsjacken und zerschlissene Kleidung getragen hatte, verspürte ich nun das Bedürfnis, mich adrett zu kleiden. Ich weiß noch, wie ich bei meinen Schwestern in Lüneburg aus einer amerikanischen Wolldecke das erste Sakko anfertigte. In Göttingen besaß ich kein Geld, um mir Bekleidungsstoffe im Geschäft zu kaufen und einen Schneider zu bezahlen. In den Päckchen der UNRRA befanden sich u. a. Zigaretten. Ich nahm eine ganze Stange Zigaretten und ging damit auf den Schwarzmarkt, der sich am Wall befand. Sofort tauchten zwei lange Kerle neben mir auf und fragten, was ich verkaufen wolle. Ich zeigte ihnen die Zigaretten. Sie sagten, dass sie diese gerne kaufen wollten, aber sich erst vergewissern müssten, ob ich sie nicht betrüge. Ich öffnete die Stange, in der sich zehn Päckchen befanden und nahm eines davon heraus. Sie wollten überprüfen, ob darin auch wirklich Zigaretten waren und umgarnten mich so sehr, dass ich ihnen schließlich die Stange zum Halten gab. Und im Nu hauten sie ab und waren verschwunden. Ich stand hilflos mitten auf dem Schwarzmarkt und war den Tränen nahe. Ein Mann in mittlerem Alter bemerkte mich. Als ich ihm erzählte, was geschehen war, geriet er in Wut: »Auf meinem Schwarzmarkt werden solche Dinge nicht geduldet!« Er fand die Diebe, und ich erhielt meine Zigaretten zurück. Ich verkaufte sie und konnte nun den Anzug bezahlen.

Wie man sich nach außen hin präsentierte, war für mich immer von Bedeutung. Ein kleiner Abstecher in die Zukunft: Bereits in den 1950er Jahren lernte ich in Warschau im Krankenhaus an der Płocka-Straße den Gynäkologen und Geburtshelfer Dr. Marian Dipont kennen. In der traurigen, »proletarischen« Zeit des Stalinismus trug er sogar bei der Arbeit stets eine Fliege. Das gefiel mir so sehr, dass ich ihn bat, mir zu zeigen, wie man diese umband. Bis heute binde ich mir diese sogar im Dunkeln mit geschlossenen Augen um. Die Fliege wurde zu meinem »Markenzeichen« …

Um auf Göttingen zurückzukommen …

Eine Begebenheit ist mir aus dieser Zeit unangenehm in Erinnerung geblieben. Ich saß in der Studentenmensa, einer Gastschänke in der Weender Straße, mit meiner späteren Frau Katja beim Essen. Da kam der Graf von Żmuda-Trzebiatowski, der ebenfalls an der Universität studierte, auf uns zu. Er fragte Katja, ob sie sich darüber im Klaren sei, dass ich ein Jude sei. Ich stand auf und sagte: »Herr Graf, falls Sie wissen, was Sie sagen, sind Sie ein Schuft. Falls Sie es nicht wissen, sind Sie ein Idiot!« Dann kehrte ich an meinen Platz zurück. Am Nachmittag kam Żmuda-Trzebiatowski in mein Zimmer, wo ich mich gerade alleine aufhielt. Er wollte, dass ich mich bei ihm für die Beleidigung entschuldigte. Ich hatte nicht die Absicht, das zu tun. Daraufhin trat er ganz nahe an mich heran. Ich hatte den Eindruck, als ob er mich angreifen wollte, also begann ich ihn zu schlagen. Man musste uns schließlich trennen. Das war ein unwillkürlicher Reflex von mir.

Wer war deine Frau?

Katja Hof stammte aus Berlin. Auch ihr habe ich es zu verdanken, dass ich mich durch das Medizinstudium winden konnte. Als Goebbels im Jahre 1943 den totalen Krieg ausrief und alle Hochschulen schloss, brach sie ihr Slawistik-Studium ab. Man sandte sie zur Arbeit nach Königsberg, wo sie als Schaffnerin in Straßenbahnen tätig war. Nach dem Krieg nahm sie ihr Studium wieder auf. Sie suchte einen Nachhilfelehrer für Polnisch und ich

Katja (Käthe) Hof, um 1945

für Deutsch. Wir lernten derart intensiv miteinander, dass daraus Liebe entstand und wir ein gemeinsames Leben begannen.

Katja war eine vernünftige Frau, gebildet und belesen – vor dem Krieg absolvierte sie ein klassisches Gymnasium in Berlin. Sie spielte Klavier, was mir imponierte. Sie war einfach ein herrlicher Mensch!

Und ihre Familie?

Ihr Vater Ludwig war seit 1932 passives Mitglied der NSDAP. Wenn er der Partei nicht beigetreten wäre, hätte er sicherlich die Drogerie nicht weiterführen können, die er in Berlin besaß. Katja gehörte dem »Bund Deutscher Mädel«[4] an. Ihr Vater hatte sie dort wohl im ersten Überschwang der Gefühle angemeldet. Die klügste Person in der gesamten Familie war die Mutter meiner Frau, Emma Odemann, eine Geburtshelferin aus Hamburg, die demokratische Auffassungen vertrat.

Hat dich nicht gestört, dass ihre Familie der faschistischen Ideologie erlag? Nach all dem, was du erlebt hast?

Ich schaute, was für ein Mensch Katja war. Rasch übernahm sie meine antifaschistischen und sozialistischen Ansichten. Allmählich wurde sie immer radikaler. Ich war zu dieser Zeit Kommunist und hielt an meiner aus Bergen-Belsen mitgenommenen Weltanschauung weiter fest. Zu Beginn meines Studiums nahm ich Kontakt zu einem Zirkel zum Studium des Marxismus auf, aus dem später die Gruppe »Freie Deutsche Jugend« (FDJ) an der Universität entstand. Der FDJ gehörten Philosophie- und Theologiestudenten an. Um nur einige Namen zu nennen: Rosemarie Streisand und Hanfried Müller, ein Pärchen, Theologiestudenten und später Professoren in der DDR; Ullrich Schiller, ein bekannter Journalist der *Zeit*; der Physiker Karl-Friedrich Alexander, Leiter des Atomenergie-Zentrums bei Dresden. Es besuchten uns mehrmals Wolfgang Seifert, Jürgen Bartum und Herbert Mies. Katja schloss sich auch an, und ich wurde Organisationsleiter der FDJ an der Universität. Aufgrund meines slawischen Akzents sandten mich die Genossen der FDJ zu Treffen der Landsmannschaften, um dort für den Sozialismus zu agitieren. Dort konnte ich mich für einen aus den polnischen Westgebieten übergesiedelten Deutschen ausgeben. Ich war populär!

Die FDJ-Führung organisierte für uns Reisen zu Schulungen in der DDR. Dabei lernte ich Kurt Goldstein, den Leiter der FDJ in Westdeutschland, und mehrere höhere Funktionäre der SED kennen. Ich setzte mich zwar für die Belange der FDJ ein, aber diese Tätigkeit brachte mich nicht von meinem Hauptziel ab, das Studium zu beenden.

Relativ rasch gründete ich eine Familie. Im September 1947 ließen Katja und ich uns standesamtlich trauen. Ich war recht empört, da man von mir den Wassermann-Test verlangte, um zu prüfen, ob ich nicht etwa an Syphilis erkrankt war. Deutsche Staatsbürger mussten den Test nicht machen – ich schon, da ich Ausländer war. Als Trauzeugen konnten wir Professor Maximilian Braun gewinnen, einen renommierten Russisten von der Universität Göttingen. Er war 1955 während des Moskau-Besuchs von Konrad Adenauer dessen Dolmetscher gewesen. Man brauchte jedoch noch einen zweiten Trauzeugen. Daraufhin ging ich auf die Straße und fragte den nächstbesten Spaziergänger, ob er ein paar Minuten Zeit für eine Unterschrift habe. Er willigte ein.

In Katjas kleinem Zimmer bereiteten wir zusammen mit Professor Braun einen kleinen Imbiss vor. Ich habe noch heute vor Augen, wie ich danach abends die Tischdecke über dem Fenster ausschüttelte. Wir trugen etwas zu enge Eheringe und hatten sie daher bei der Mahlzeit auf dem Tisch abgelegt, so dass die Ringe nachher beim Ausschütteln der Tischdecke mit den Bröseln zu Boden fielen. Seitdem trugen wir keine Eheringe mehr.

Deine Schwestern waren bei der Trauung nicht dabei?

Sie wussten nichts davon. Wir verhielten uns wie junge Revolutionäre – entgegen sämtlichen Konventionen. Meine Schwestern erfuhren, dass im Januar 1948 unser Sohn Mischa (Michael) auf die Welt gekommen war. Es hatte für sie keine Bedeutung, dass meine Frau Deutsche war.

Und wie hat die Familie von Katja auf einen Juden reagiert?

Ich habe sie erstmals Weihnachten 1947 besucht. Meine Frau war damals im achten Monat schwanger. Sie wohnten in Weidenhausen im Landkreis Biedenkopf, unweit von Marburg. Denn nach einer Bombardierung der Drogerie in Berlin war die Familie Hof wieder an den Heimatort von Ludwig zurückgekehrt. An diesen Besuch kann ich mich noch genau erinnern. Ich bin mit ihnen sogar in den Gottesdienst gegangen. Der Pastor sprach in seiner Predigt vom Schnee auf den Feldern – und ringsherum war alles schwarz. Das erschien mir ziemlich dumm. Ich sehe mich noch heute dort Holz hacken. Und die Menschen hinter den Fenstervorhängen beobachteten dabei heimlich, ob dieser jüdische Bursche ein Mensch war – oder irgendeine andere Kreatur.

Die Familie Hof empfing mich sehr wohlwollend. Vor allem meine Schwiegermutter Emma war eine warmherzige Person. Ich bat lediglich, dass man mir nicht Katjas Cousin vorstellte, der in der SS gedient hatte. Denn für mich wäre eine solche Begegnung unvorstellbar gewesen. Nicht nur, dass ich ihm die Hand zur Begrüßung versagt hätte. Ich hätte ihm vielleicht auch eins aufs Maul geben können. Dies respektierten sie.

Im Dorf galt ich als sonderbarer Kauz, was mich nicht sonderlich störte, da ich mich immer noch mit einer schützenden Hülle umgab – jene paar Zentimeter, die die Welt auf Abstand hielten. Entweder ignorierte ich meine Nachbarn, oder ich nahm gar nicht wahr, dass man mich wie einen fremden, andersartigen Menschen behandelte. Denn ich sprühte vor Lebensfreude und Enthusiasmus.

Bald darauf tauchten ganz andere Probleme auf. Als Mischa auf die Welt kam, erfuhr die Jüdische Gemeinde, dass ich nicht nur eine Deutsche zur Frau hatte, sondern nun auch noch ein nichtjüdisches Kind. Das war zu viel für die Gemeinde. Sie strichen mich aus ihrer Mitgliederliste und stellten jegliche Unterstützung ein.

Ich war erneut ratlos, da ich über keine Mittel für den Unterhalt verfügte. Lediglich die bescheidene Hilfe der UNRRA war mir geblieben. Daraufhin begab ich mich zum Polnischen Konsulat in Hannover und erklärte, in meine Heimat zurückkehren zu wollen, um das Studium abzuschließen. Daraufhin sagte man mir: »Genosse, wir brauchen ausgebildete Ärzte in unserem Land, also mache zuerst dein Studium in Deutschland fertig! Bis dahin bekommst du ein Stipendium.« Dieses betrug 250 Mark. Das war nicht nur für mich, meine Frau und unseren Sohn eine ausreichende Summe, sondern es reichte teilweise noch für den Unterhalt der FDJ-Gruppe. Deren Versammlungen fanden stets in unserer kleinen bescheidenen Wohnung statt. Wir hatten zwei winzige Zimmer in der Herzberger Landstraße 33.

Du hast studiert, Katja auch. Darüber hinaus habt ihr euch politisch engagiert. Und euer Kind?

Bei der Betreuung von Mischa half uns ein Kindermädchen. Das war eine pensionierte Lehrerin, die ihn für ein paar Groschen unter ihre Obhut nahm. Manchmal blieb er alleine zurück. Folgende Szene: Ich komme nach Hause und sehe, dass er in einem Kübel Wasser sitzt: »Mischa, was machst du da?« – wir sprachen auf Deutsch miteinander. »Ich habe in die Hosen gemacht. Aber ich habe mich bereits dafür bestraft und bin in der Ecke gestanden. Jetzt wasche ich mich.« Er war drei Jahre alt! Wir lebten bescheiden. Ein Stück Brot mit Margarine genügte uns, manchmal hat Katja schnell etwas gekocht. Unser gesamtes Vermögen bestand in einigen Kleidungsstücken, mehreren Büchern und einem Fahrrad, mit dem ich immer zu den Vorlesungen fuhr.

Nach vier Semestern Medizinstudium geht man in Deutschland vom theoretischen Teil zum klinischen Teil – mit den Patienten – über. Zuvor muss man eine ärztliche Vorprüfung in allen Fächern ablegen. Im Juni 1948 erhielt ich vom Dekanat die Mitteilung, dass man die Kandidatenliste für das Physikum vorbereite, aber mein Abiturzeugnis dabei nicht finden könne. Ich ging ins Dekanat und erklärte, dass man kaum etwas finden könne, was niemals existiert hatte. Die Lage in Deutschland hatte sich inzwischen verändert. Wir, die Holocaust-Überlebenden, genossen bereits keine Sonderrechte mehr. Ohne Abitur durfte ich nicht mehr weiterstudieren. Ich bildete keine Ausnahme mehr. Zahlreiche Kriegsgefangene waren durch den Krieg zur Unterbrechung ihrer Studien gezwungen worden und wollten diese nun fortsetzen. Nach Verhandlungen wurde ein Ausweg gefunden: Man durfte nach vorheriger selbstständiger Vorbereitung die Abiturprüfung ablegen und musste nicht mehr zurück auf die Schulbank.

Die deutsche Abiturprüfung ablegen? Einfach so?

Im Oktober 1948, nachdem ich einen ganzen Sommer lang über meinen Büchern gesessen hatte, war die Zeit gekommen, die Prüfungen abzulegen. Mein Physik- und Mathelehrer, Dr. Hosemann, war der Assistent von Nobelpreisträger Max Planck. Katja lehrte mich Latein und Deutsch. Geographie und Botanik brachte ich mir selbst bei. Man erleichterte es mir, indem das Prüfungsfach Englisch durch Polnisch ersetzt wurde. Vier Tage lang legte ich schriftliche Prüfungen ab: Deutsch, Polnisch, Mathematik und Latein. Ich bestand sie. Eine Woche später fanden in acht Fächern mündliche Prüfungen statt, die ich ebenfalls erfolgreich absolvierte. Erschöpft, aber stolz kehrte ich anschließend nach Hause zurück – mein Abitur war besser ausgefallen als das meiner Frau. Die Note »ausreichend« erhielt ich lediglich in Physik und Mathematik. Ich durfte weiterstudieren.

Dennoch hast du dein Studium in Deutschland nicht abgeschlossen. Warum?

Im Oktober 1950 brach der Koreakrieg aus. Polen stand dabei gemeinsam mit der UdSSR auf der Seite des kommunistischen

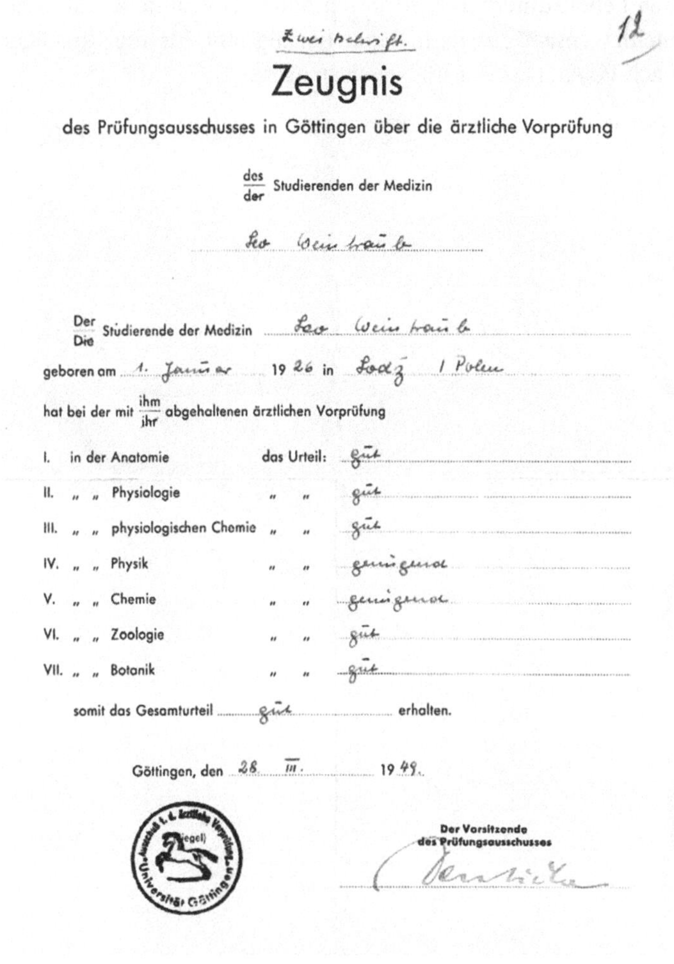

Zweischrift. 12

Zeugnis

des Prüfungsausschusses in Göttingen über die ärztliche Vorprüfung

des/der Studierenden der Medizin

Leo Weintraub

Der/Die Studierende der Medizin Leo Weintraub

geboren am 1. Januar 19 26 in Lodz / Polen

hat bei der mit ihm/ihr abgehaltenen ärztlichen Vorprüfung

I.	in der Anatomie	das Urteil:	gut
II.	" " Physiologie	" "	gut
III.	" " physiologischen Chemie	" "	gut
IV.	" " Physik	" "	genügend
V.	" " Chemie	" "	genügend
VI.	" " Zoologie	" "	gut
VII.	" " Botanik	" "	gut

somit das Gesamturteil gut erhalten.

Göttingen, den 28. III. 1949.

Ausschuß f. d. ärztliche Vorprüfung (Siegel) Universität Göttingen

Der Vorsitzende des Prüfungsausschusses

Leon Weintraubs Zeugnis über die ärztliche Vorprüfung, datiert auf den 28. März 1949

Nordkorea. Dies löste eine starke Krise in Europa aus, infolge derer alle diplomatischen Vertretungen der sozialistischen Länder im Westen – darunter das Polnische Konsulat Hannover – geschlossen wurden. Und abermals blieb ich ohne Mittel für den Lebensunterhalt zurück. Ich hatte keine andere Wahl und meldete mich auf dem Repatriierungsamt für die Rückkehr nach Polen. Das war im November 1950.

Der Traum von Warschau

Rasch wurden mir die Augen geöffnet. Ich sah, dass die meisten meiner Arztkollegen wie Radieschen waren: außen rot und innen weiß. Aus Karrieregründen und um des lieben Friedens willen gehörten sie formal der Partei an, während sie diese zu Hause verwünschten. Ich hingegen wählte die innere Emigration als passives Mitglied der »Polnischen Vereinigten Arbeiterpartei«. Ich nahm zwar an deren Parteiversammlungen teil, übte aber nie irgendwelche Funktionen aus.

Anlässlich des 2. Weltfriedenskongresses[1] erstrahlte Warschau vom 16. bis zum 22. November 1950 in festlichem Glanz. Der Kongress wurde jedoch von einem Skandal überschattet. Denn ursprünglich hatte man Sheffield zum Tagungsort bestimmt. Der Korea-Krieg tobte jedoch weiter und teilte die Welt in zwei antagonistische Lager. Einigen Kongressteilnehmern war daher im Vorfeld das britische Einreisevisum verweigert worden, andere ließ man einfach nicht über die Grenze nach Großbritannien. Infolgedessen verlegte man den Kongress nach Warschau, was die dortige staatliche Propaganda für ihre Zwecke zu nutzen wusste. Kommunisten aus aller Herren Länder reisten nach Polen, darunter der chilenische Schriftsteller Pablo Neruda, der zum Präsidiumsmitglied des Kongresses gewählt wurde. Betriebe aus dem ganzen Land sagten den Kongressteilnehmern in Briefen ihre Unterstützung zu, während zahlreiche Schulkinder ihnen bunte Glückwunschkarten zeichneten. Die Machthaber in Warschau rühmten sich ihrer Errungenschaften, vor allem der in knapp zwei Jahren erbauten Ost-West-Trasse und des ersten nach Kriegsende neu errichteten Warschauer Wohnviertels Mariensztat. Dessen Häuser und Straßenführung entstanden nach dem Vorbild der Kaufmannshäuser des 17. Jahrhunderts. 1949 machte sich erstmals der von der Sowjetunion aufgezwungene neue Baustil bemerkbar – der »Sozialistische Realismus«, der das äußere Erscheinungsbild der polnischen Hauptstadt stark veränderte. Nach dessen Muster wurden zum Beispiel das Marszałkowska-Wohnviertel und die Muranów-Siedlung errichtet. 1947 schrieb man einen Preis auf den besten Entwurf für das Haus der Partei aus, den zukünftigen Sitz des Zentralkomitees der Polnischen Vereinigten Arbeiterpartei (PZPR),[2] durch den deren politische Monopolstellung sofort ins Auge fallen sollte. Die Bauarbeiten setzten im Juli 1948 ein, nach offiziellen Angaben finanziert durch die Mitgliedsbeiträge der Parteigenossen. In Wirklichkeit wurde das Bauvorhaben jedoch ganz vom Staatshaushalt gedeckt, wobei der Gesellschaft »freiwillige« Spendenbeiträge auferlegt wurden. Die Bürger Warschaus begegneten diesen Veränderungen mit Distanz und Ironie. Folgender Witz kursierte damals in der Stadt: »Was siehst du, wenn du dem PZPR-Gebäude den Rücken kehrst? Hinter mir habe ich die Partei im Arsch und vor mir liegt die ›Neue Welt‹ (gemeint ist die Nowy-Świat-Straße in Warschau).

1950 erhob sich Warschau immer noch langsam aus den Ruinen. Das damals von der Presse und der Polnischen Wochenschau unablässig verkündete Motto »Ganz Polen baut die Hauptstadt wieder auf« war kein reiner Propagandaslogan. Denn in Warschau gab es nach 1945 tatsächlich enorm viel zu tun. Laut einschlägigen Berichten waren im Krieg 84 Prozent aller Gebäude westlich der Weichsel und 30 Prozent der Häuser am östlichen Ufer zerstört worden. Ein Expertengremium schätzte im Auftrag des Warschauer Stadtpräsidenten im Jahre 2004 die Gesamtsumme der in der polnischen Hauptstadt angerichteten Kriegsschäden auf umgerechnet 43,5 Mrd. Dollar.

Mit den Zerstörungen in Warschau befasste sich ab Januar 1945 das »Büro für den Wiederaufbau der Hauptstadt« (Biuro Odbudowy Stolicy – BOS), das ca. 1.500 Spezialisten beschäftigte: Stadtplaner, Städtebauarchitekten, Wirtschaftsexperten, Juristen und Soziologen. Zum Leiter des BOS ernannte man den späteren Minister für Städte- und Siedlungsbau, Roman

Piotrowski. Aber einer Person verdankte Warschau noch weitaus mehr – Prof. Jan Zachwatowicz,[3] einem hervorragenden Architekten, der damals das Amt des Generalkonservators für Denkmalpflege bekleidete. Dank seiner Bemühungen und subtilen Politik kam es zu einer nach Kriegsende in Europa beispiellosen Entscheidung. Auf der Grundlage von Gemälden, alten Stichen und einer Handvoll geretteter Dokumente wollte man den Großteil der historischen Substanz Warschaus rekonstruieren, also nicht nur – wie in zahlreichen anderen Ländern – die wertvollsten Denkmäler.

*

Mit was hast du dein neues Leben in Polen begonnen?

Mein ganzes Hab und Gut bestand aus einer kleinen Holzkiste. Darin hatte ich einige Kleidungsstücke und Bücher. Von Göttingen gelangte ich irgendwie nach Stettin und stieg dort in einen Zug nach Warschau. Ich reiste alleine, da meine Frau und mein Sohn als deutsche Staatsbürger keine polnischen Einreisevisen erhalten hatten. Zuvor war ich derart mit den Vorbereitungen auf meine Repatriierung beschäftigt gewesen, dass mir völlig entgangen war, dass damals gerade der 2. Weltfriedenskongress stattfand. Am Bahnhof in Warschau sah ich auf dem Bahnsteig einige meiner Kollegen vom FDJ in blauen Hemden. In meinem Handkoffer hatte ich auch ein solches Hemd dabei. Ich ließ meine Siebensachen auf dem Bahnhof zurück und fuhr zum Ministerium für Hochschulwesen.

Da ich damals zum ersten Mal in Warschau war, kannte ich zunächst niemanden. Zudem hatte ich kein Geld. Ich konnte jedoch ein Empfehlungsschreiben des Polnischen Konsulats in Hannover vorweisen. Im Ministerium sagte man zu mir: »Kamerad, es ist gerade Weltfriedenskongress. Wir können uns jetzt nicht mit dir befassen.« Ich erhielt ca. 30 Zloty und einen Einweisungsschein für das Studentenheim am Narutowicz-Platz. Dort kam ich schließlich an. Am Abend holte ich mein blaues FDJ-Hemd hervor, zog es an und begab mich zum »Haus des Polnischen Wortes« in der Towarowa-Straße, wo der Kongress stattfand. Ich stand davor und wartete, bis meine deutsche Gruppe auftauchte. Dann mischte ich mich unter die FDJ-Freunde und ging ohne vorherige Kontrolle hinein. Im Innern befand sich eine große Menschenmenge. Und plötzlich hörte ich die Worte: »Du bist auch hier?! Wo ist die Miliz, man muss ihn verhaften.« Olek[4] Drożdżyński, mein Freund aus Bergen-Belsen, wusste nämlich, dass ich mich 1946 mit Hilek und dessen Vetter illegal in den Westen geschmuggelt hatte. Für Olek war ich daher ein Verräter. Zum Glück rief er die Miliz dann doch nicht. Wir konnten uns rasch einig werden.

Eine ähnliche Reaktion erlebte ich noch einmal. Denn kurz nach meiner Ankunft traf ich in Warschau einen weiteren Freund aus Bergen-Belsen – Heniek[5] Francuz, der ebenfalls aus Lodz stammte. Ich fuhr gerade mit der Straßenbahn und hielt mich am Einstieg wie eine Klette an meinem Vordermann fest. Die jungen Leute wissen das heute wohl nicht, aber in Warschau gab es nach dem Krieg so wenige Straßenbahnen, dass die Leute während der Fahrt wie Trauben aneinanderhingen. Ich schaue näher hin – Heniek! Er erkannte mich. Wir unterhielten uns, wobei ich ihm von mir erzählte. Daraufhin gab er mir seine Adresse. Heniek wohnte in der Altstadt in der Piwna-Straße. Ich ging also dorthin. Seine Frau Dorka[6] öffnete mir und abermals bekam ich zu hören: »Du Verräter!« Sie hetzte den Hund auf mich. Ich weiß noch heute, dass das ein Schäferhund war. Ich musste also vor dem Haus warten, bis Heniek heimkehrte. Seitdem aber waren wir befreundet.

Wie hast du auf das Schimpfwort »Verräter« seitens nahestehender Menschen reagiert?

Das hat weh getan. Denn ich meinte, dass wir doch in erster Linie Freunde waren, die durch gemeinsame Erlebnisse – die verbrachte Zeit im Lager – eng miteinander verbunden waren. Und erst an zweiter Stelle kamen doch der Staat und die Treue zum

Sozialismus. Rasch musste ich erkennen, dass die Ideologie, an die ich beim Lesen der Werke von Marx, Engels, Lenin oder Plechanow anfangs geglaubt hatte, nur blanke Utopie gewesen war. Die Realität in Polen sah ganz anders aus. Das fiel mir wie Schuppen von den Augen. In Wirklichkeit gab es besondere Läden für bevorzugte Personen – für die Eliten. Ich reagierte stets allergisch auf jegliche Formen der Selbstüberhöhung. Und hier teilte man die Leute in Parteigenossen und Außenstehende. Man sprach schlecht über die Kirche und die »westliche Reaktion«. Bierut[7] wurde über den grünen Klee gelobt.

In Göttingen hatten wir als Studenten mit Menschen diskutiert, die andere Auffassungen vertraten – sogar mit Faschisten. Wir lernten dabei zu argumentieren, Sachverhalte zu erklären und unsere Gesprächspartner zu überzeugen. Aber nun kamen Politoffiziere aus Ostberlin zu uns und sagten: »Mit Feinden diskutiert man nicht. Entweder wechseln sie auf unsere Seite oder man muss sie liquidieren.« Aber für mich ist die Achtung vor dem menschlichen Leben etwas Heiliges, soweit es das Heilige überhaupt gibt. Nichts – weder eine Ideologie, ein Bekenntnis oder eine Religion – rechtfertigt es, einen anderen Menschen seines Lebens zu berauben.

Ich war damals tief erschüttert über den Gerichtsprozess von Rudolf Slánský[8] im Jahre 1951 in der Tschechoslowakei. Slánský war der Spionage für den israelischen Staat angeklagt worden und gestand seinen Verrat im Prozess, so dass er zum Tode verurteilt wurde. Ich konnte es einfach nicht fassen: Ein Parteisekretär und langjähriger Kommunist? Ich habe daraufhin Olek Drożdżyński gefragt: »Würdest du mich foltern, wenn jemand sagen würde, dass ich ein Verräter, ein Feind des Systems bin?« – »Ja, wenn es entsprechende Beweise gäbe«, antwortete er. Ich sagte: »Und ich könnte dir kein Leid antun, weil du mein Freund bist, ein mir nahestehender Mensch!« Olek war ein knallharter Kommunist. Er rühmte sich, ein Mädchen aus einer Arbeiterfamilie geheiratet zu haben. Das kam damals gut an, hat ihm aber letztlich nichts geholfen. 1968 wurde auch er aus Polen hinausgeworfen und wanderte nach Deutschland aus.

Um auf deine ersten Tage in Warschau zurückzukommen …

Nach dem Weltfriedenskongress hatte ich ein Treffen mit Marcin Kacprzak, dem Professor für Hygienewesen der Medizinischen Akademie. Er rechnete mir drei Studienjahre an, das letzte Jahr nicht mehr, da ich keine Prüfungen bestanden hatte. Ich wohnte am Narutowicz-Platz und unternahm bereits erste Anstrengungen, um Katja und Michał zu mir nach Polen zu holen. Zu diesem Zweck suchte ich Rachmiel Brandwajn auf, der für mich wie ein Vater war. Denn er kannte Leute aus der Zwischenkriegszeit, die inzwischen im polnischen Außenministerium arbeiteten. Rachmiel setzte dort durch, dass Katja ein Einreisevisum erhielt. Dabei erzählte er mir, dass die Genossen recht verwundert waren. Denn sie meinten, dass sie einem polnischen Juden einen Dienst erwiesen, wenn sie ihn von einer Deutschen und ihrem Bengel trennten. Rachmiel klärte sie jedoch darüber auf, dass ich meine Frau und meinen Sohn unbedingt bei mir haben wollte. Ich fuhr also nach Stettin, um mich mit ihnen zu treffen. Das war im April 1951.

Hat deine Familie mit dir im Studentenheim gewohnt?

Nein. Als ich die Erlaubnis für ihre Einreise erhielt, stand ich eine halbe Nacht lang in der Abteilung für Wohnungswesen an, um eine Wohnung zu bekommen. Ich erhielt einen Einweisungsschein für ein Quartier in der Zajączek-Straße 7 am Danziger Bahnhof im Stadtviertel Żoliborz. Das dortige Haus war noch nicht fertiggestellt, es fehlte ein Stockwerk. Wir wohnten in einem einzigen Zimmer mit Küche.

Von was habt ihr gelebt?

Ich war voll mit meinem Studium beschäftigt. Aber Katja fand rasch eine Arbeit in der deutschsprachigen Redaktion der Zeitschrift *Polska* [Polen], die vom Warschauer Verlag »Książka i Wiedza« [Buch und Wissen] herausgegeben wurde. Dabei scherzten wir, dass dieser Verlag eher den Namen »Broschüre und Ignoranz« tragen sollte. Dort gab es auch eine englisch-, französisch- und russischsprachige Redaktion. Meine Frau sorgte für den Unterhalt der Familie, während ich ein Stipendium erhielt. Zugunsten einer Kommilitonin meiner Studentengruppe verzichtete ich jedoch bald auf dieses Stipendium, als diese mir unter Tränen erzählte, dass sie wohl das Studium abbrechen müsse, da man ihr die einzige Erwerbsquelle genommen habe. Daraufhin gingen wir zusammen ins Dekanat, wo ich darum bat, ihr mein Stipendium zuzuteilen. Nach vielen Jahren trafen wir uns erneut auf einer Versammlung der Absolventen unseres Studienjahrgangs. Dabei sagte sie zu mir: »Leon, durch dich habe ich das Medizinstudium abgeschlossen.«

Habt ihr damals auch gesellige Kontakte gepflegt?

Katja hatte Bekannte aus der englischsprachigen Redaktion. Ich kann mich zum Beispiel noch an den Kanadier Fred Rose[9] erinnern, der der Kommunistischen Partei Kanadas angehörte und in eine sowjetische Spionageaffäre verwickelt war. Fred war daraufhin gemeinsam mit Frau und Tochter geflohen und hatte Asyl in Polen erhalten. Wir besuchten sie recht oft. Bei ihm habe ich zum ersten Mal die politisch engagierte Musik der amerikanischen Band »The Weavers«[10] angehört und die Literatur von Pablo Neruda kennengelernt. Außerdem erneuerte ich meine Bekanntschaft mit der Gruppe aus Bergen-Belsen. Sie fanden sich damit ab, dass ich Polen im Jahre 1946 illegal verlassen hatte, und nahmen mich wieder in ihren Kreis auf. Am wichtigsten war jedoch das Studium.

Warum hast du Gynäkologie als Spezialgebiet gewählt?

Als ich in Bergen-Belsen über meine weitere Zukunft nachdachte, beschloss ich, entweder Arzt oder Lehrer zu werden. In der Medizin hat mich zunächst die Neurologie fasziniert, aber dann entschied ich mich doch für die Geburtshilfe. Die begleitende Unterstützung beim Wunder der Geburt war etwas, das mich enorm ansprach. Ich wollte dem Leben helfen, da ich schon so viele Begegnungen mit dem Tod gehabt hatte … Als ich einen Kurs in Gynäkologie und Geburtshilfe besuchte, trat ich auch einem wissenschaftlichen Zirkel bei. Das hat mich in der Richtigkeit meiner Wahl nur bestärkt.

In freien Stunden hatte ich im Institut für Tuberkulose in der Płocka-Straße Bereitschaftsdienst, wo sich eine Abteilung für Gynäkologie und Geburtshilfe befand. Dort verbrachte ich alle freien Tage und Nächte. Ich konnte vieles beobachten und mir aneignen. 1952 wurde Robert und 1954 Andrzej geboren. Zur Verwunderung meiner Arztkollegen brachte ich selbst dort beide Söhne zur Welt. Sie meinten, dass man dabei nur schwer seine Professionalität bewahren könne. Aber ich war der Ansicht, dass ich meine Emotionen bei Bedarf ausschalten konnte. Katja habe ich dabei wie jede andere Patientin behandelt, was sie mir danach zum Vorwurf machte.

Eure größere Familie hatte sicher auch größere Bedürfnisse.

Wir konnten sicherlich nicht zu fünft in einem Zimmer mit Küche wohnen, auch weil durch das undichte Dach unseres Hauses in der Zajączek-Straße zunehmend Wasser tropfte. Ich musste etwas tun. Diesmal konnte ich uns eine kleine Wohnung in der Armia-Ludowa-Allee 6 im Zentrum Warschaus – inmitten der Wohnsiedlung »Latawiec« – beschaffen. Das Quartier umfasste zwei Zimmer im 6. Stock. In einem Raum standen das von Katja und mir benutzte Klappsofa sowie ein Tisch. An den Wänden befanden sich Hängeregale für Bücher. Das zweite kleine Zimmer wurde von unseren Kindern und einer Haushälterin bewohnt, die uns bei der Versorgung der Jungen half. Zuerst unterstützte uns Helena und dann – als wir sie unter die Haube bringen konnten – Krysia.[11] Wir lebten in sehr bescheidenen Verhältnissen. Aber die Intensität des Lebens und das angestrebte Ziel – zuerst das Studium abzuschließen, Arzt zu werden und danach zu promovieren – ließen alle äußeren Begleitumstände zweitrangig werden. Übrigens hatte ich damals eine ganz andere Sicht der Dinge. Denn im Vergleich zu meiner Kindheit – von den Jahren des Krieges ganz zu schweigen – waren für mich inzwischen alle Lebensbedingungen komfortabel und alle Probleme lösbar. Unsere Blockwohnung war recht interessant. Denn zwei Stockwerke unter uns wohnte Alina Janowska.[12] Im Fahrstuhl begegnete ich mitunter dem Schauspieler Mieczysław Czechowicz.[13]

Im Jahre 1953 bestand ich meine Abschlussprüfungen in Medizin. Und auf einmal hatte ich ein Problem. Ich war kein Parteimitglied, und lange Zeit wollte man mich nicht in den kommunistischen »Verband der Polnischen Jugend« aufnehmen. Denn als ich mich dort um eine Mitgliedschaft bemühte, bekam ich den Vorwurf zu hören: Warum bist Du so spät nach Polen zurückgekehrt, erst 1950? Das wirkte verdächtig. Was hatte ich im Westen gemacht? Welche Kontakte hatte ich dort geknüpft? War ich vielleicht sogar ein Spion? Der damalige Parteisekretär an der Medizinischen Akademie, Genosse Kraska, teilte mir ohne Umschweife mit: »Kollege, du wirst in Warschau weder in einer Klinik noch mit der Jugend an der Hochschule arbeiten!« Denn ich bemühte mich damals gerade um eine akademische Assistentenstelle. Sein Gesicht habe ich noch heute vor Augen …

Ich kann mir vorstellen, dass das für dich ein dramatischer Augenblick war. Mit schier übermenschlichen Kräften wurdest du Arzt, und dann wollte dich niemand haben.

Ich war zunächst arbeitslos, aber erneut half mir ein glücklicher Stern weiter. Denn die Oberärztin der Abteilung für Gynäkologie und Geburtshilfe in der Płocka-Straße, Prof. Małgorzata Bulska, war die Frau des Dozenten Tadeusz Bulski von der 1. Klinik für Geburtshilfe und Frauenkrankheiten der Medizinischen Akademie. Dank ihrer Unterstützung erhielt ich eine Stelle in der ambulanten Poliklinik für Frauenkrankheiten der staatlichen »Sozialversicherungsanstalt« (ZUS). Ich arbeitete dort drei Stunden täglich. Weitere drei Stunden bezahlte man mir in der 1. Klinik für Geburtshilfe am Starynkiewicz-Platz, obwohl ich dort in Wirklichkeit fast rund um die Uhr Dienst tat. So vergingen die Jahre 1954 und 1955. 1956 wurde eine Stelle in der Klinik am Starynkiewicz-Platz ausgeschrieben. Unter mehreren Bewerbern fiel die Wahl auf mich. Ich wurde dort Assistenzarzt. Schließlich nahm man mich auch in die Partei auf, der ich fortan eher notgedrungen, aber sicher nicht aus innerer Überzeugung angehörte.

Wie hast du die Realität der kommunistischen Parteiherrschaft damals eingeschätzt? Hast du dich politisch engagiert?

Rasch wurden mir die Augen geöffnet. Ich sah, dass die meisten meiner Arztkollegen wie Radieschen waren: außen rot und innen weiß. Aus Karrieregründen und um des lieben Friedens willen gehörten sie formal der Partei an, während sie diese zuhause verwünschten. Ich hingegen wählte die innere Emigration als passives Mitglied der »Polnischen Vereinigten Arbeiterpartei«. Ich nahm zwar an deren Parteiversammlungen teil, übte aber nie irgendwelche Funktionen aus. Nach meiner Zeit in Göttingen habe ich mich nie mehr mit Parteipolitik befasst, vor allem deshalb, weil ich sie bereits von innen kennengelernt hatte.

Katja arbeitete damals als Simultandolmetscherin. Manchmal übersetzte sie mehrere Stunden lang die Reden von Bolesław Bierut und später Władysław Gomułka[14] auf den Kongressen der PZPR, an denen auch Delegationen der DDR teilnahmen. Wir wussten also genau, was in Polen los war. Aber für die Parteipolitik engagierten wir uns nicht. Wir führten ein ruhiges, wohlhabendes Leben in gegenseitiger Eintracht, auch in Eintracht mit unserer Umgebung, und fanden uns sogar mit der kommunistischen Wirklichkeit ab. Dennoch blieben wir ihr gegenüber stets kritisch, da sie weit von unseren eigenen Vorstellungen abwich. Vom blutig niedergeschlagenen Posener Arbeiteraufstand von 1956 lasen wir in der Zeitung.[15] Wir standen stets auf Seiten der Arbeiter, nie auf Seiten der Regierung –

wurden dabei aber nie aktiv. Da ich einen Beruf ausübte, der weder von herrschenden Ideologien oder Machthabern abhing, konnte ich halbwegs normal leben. Schlechter dran waren Journalisten, akademische Lehrer und Historiker – also alle diejenigen, die im Wirkbereich der Propaganda agierten.

Ich war ein überzeugter, liberal gesinnter Sozialist. Der Preis, den man für Veränderungen zahlen musste, hatte für mich eine Bedeutung. Die Kosten von Revolutionen und gesellschaftlichem Aufruhr hielt ich schon immer für zu hoch. Daher optierte ich stets für Reformen. Es ist besser, schrittweise nach Veränderungen zu streben, als diese durch gewaltsame Umstürze erzwingen zu wollen und Menschenleben zu opfern, um die ganze Welt auf den Kopf zu stellen. Reformen sind ökonomisch günstiger und besser für die Gesellschaft.

Angesichts der damals in Polen herrschenden Realitäten blieb mir nichts anderes übrig, als mich ganz meinem Beruf hinzugeben und zu versuchen, ein guter Arzt zu sein, also für andere Menschen nützlich zu sein. Das Wort »nützlich« besitzt für mich eine große Kraft. Mein ganzes Leben nach dem Krieg war dieser Haltung untergeordnet – nicht dem eigenen Ego.

Also keinerlei Annehmlichkeiten?

1956 reiste ich nach Deutschland, um eine Entschädigung für meine im Getto und in den Lagern geleistete Zwangsarbeit zu erwirken. Man gestand uns damals fünf Mark für einen Tag Freiheitsentzug zu. War das viel? Zahlreiche Leute meinten das. Aber kann dieser Betrag die jahrelange Zwangsarbeit und die in den Gaskammern ermordete eigene Familie wirklich rekompensieren?

Für die erhaltene Entschädigung kaufte ich mir ein Auto, einen schwarzen Mercedes 180 mit Dieselmotor. Bei der Rückkehr stellte sich an der polnischen Grenze heraus, dass ich für den Wagen einen hohen Einfuhrzoll bezahlen musste – 5.000 Zloty. Eine derart hohe Summe hatte ich nicht bei mir. Der Zufall wollte es, dass sich am Grenzübergang damals gerade auch der Filmregisseur Aleksander Ford[16] aufhielt. Er hatte sicherlich gemerkt, dass auch ich Jude war. Wir kannten uns bis dahin nicht, kamen aber rasch ins Gespräch. Ford bürgte bei den Grenzbeamten dafür, dass ich die Zollgebühren in Warschau zahlen würde, so dass man mich durchließ. Von der Grenze kehrten wir zu dritt zurück: Katja, unser Freund Marek und ich. Ich saß am Steuer, nickte auf der Fahrt vor Müdigkeit ein und fuhr in einen Graben. Zum Glück passierte dabei nichts. Denn eine vorbeifahrende Pferdekutsche hielt an und zog uns wieder heraus.

Der Erwerb des Diesel-Fahrzeugs erwies sich als recht ungeschickt. Denn beim ersten Versuch, das Auto in Polen aufzutanken, wollte man mir keinen Diesel verkaufen – der Treibstoff war nur für Lastwagen vorgesehen. Ungeachtet dessen verhielt ich mich nach meiner Rückkehr ziemlich undiplomatisch. Denn wie konnte man mit einem Mercedes direkt vor die Klinik fahren, während der Professor und Klinikchef dort einen alten DKW stehen hatte? Das war taktlos und recht dumm von mir. Rasch bin ich den Mercedes dann losgeworden.

Noch im gleichen Jahr besuchte ich meine Schwestern in Tel Aviv, die mir eine siebentätige Reise durch Israel spendierten. So konnte ich mir das ganze Land ansehen.

Hattest du keine Probleme, einen Reisepass zu bekommen?

Nein. Aber nach meiner Rückkehr hatte ich erstmals Kontakt mit dem kommunistischen Geheimdienst, der SB.[17] Ich erhielt einen Anruf von einem SB-Offizier, der mir mittteilte, dass er wisse, dass ich meine Ferien zuletzt im Ausland verbracht hatte, und sich daher mit mir unterhalten wolle. Er schlug ein Treffen in einem Warschauer Restaurant vor. Auf meinen Einwand hin, dass ich ihn dort nicht erkennen würde, bekam ich zu hören, dass er mich auf jeden Fall erkennen werde. Der SB-Offizier, ein Mann in mittlerem Alter, argumentierte ruhig und sachlich. Er versuchte, mich anzuwerben. Dabei lockte er mich mit einem freien Leben in der Bundesrepublik. Ich besitze doch ein deutsches Abitur und habe dort auch studiert. Ferner sei meine

Frau eine Deutsche. Abgesehen davon wolle man gar nichts von mir – nur dass ich in der BRD lebe. Ich wusste natürlich, wonach dieses Angebot roch: Gibst du ihnen den kleinen Finger, wollen sie die ganze Hand! Wenn man sich einmal anwerben ließ, war man ein ganzes Leben lang gebunden. Also antwortete ich nur: »Ich habe nicht das Zeug dazu, die Funktion zu erfüllen, um die es Ihnen geht. Ich habe Auschwitz überlebt, und meine Berufung besteht darin, als Arzt zu arbeiten. Also lasst mich bitte in Ruhe!«

Ein Jahr später suchten sie mich in unserer Wohnung erneut auf – ein junger SB-Offizier mit einem älteren Kollegen. Ich sollte dem jüngeren SB-Agenten dabei helfen, in Westberlin Fuß zu fassen, da ich dort angeblich Kontakte hatte. Nun spielte ich wieder die alte – ausweichende – Leier ab: Wenn ich dort jemanden kannte, dann nur alte Holocaust-Überlebende, die sehr darunter litten, was sie erlebt hatten. Diese Menschen seien in keiner Weise hilfreich. Dagegen schob man folgendes Argument vor: Wir haben euch die Reise ins Ausland erleichtert, Genosse! Ihr habt einen Reisepass bekommen. Jetzt braucht das Vaterland euch – das ist zu seinem Wohl. Ich hatte einschlägige Erfahrungen bei der FDJ gesammelt und mit Strategie und Praxis derartiger Maßnahmen schon Bekanntschaft gemacht. Ich wusste also, was mir in meiner Situation drohte. Wenn ich auf das Angebot der Zusammenarbeit eingegangen wäre, hätte ich mich davon nicht wieder loseisen können. Daher erklärte ich erneut, dass ich lediglich den Arztberuf ausüben und mich eben auf diese Weise um Polen verdient machen wolle.

Vor einigen Jahren konnte ich Einsicht in meine Personalakte im »Institut für Nationales Gedenken« (IPN) nehmen. Ich konnte darin nichts Interessantes finden. Katja und ich stehen als Kontaktort auch auf der sogenannten »Wildstein-Liste«.[18] Aber das entspricht nicht der Wahrheit. Wir haben niemals wirklich mit der SB zusammengearbeitet.

Auch ich habe deine Akte eingesehen. Man hat euch als Kontaktort unter dem Decknamen »Wein« im August 1957 registriert. An eure Adresse sollten Sendungen aus dem Westen mit dem Kennzeichen »Georg« oder »Lotte« gelangen. Im März 1963 vermerkte ein leitender Operationsoffizier, dass eure Adresse »aufgeflogen« und daher für eine weitere Nutzung untauglich sei. Erinnerst du dich daran?

Um endlich in Ruhe gelassen zu werden, willigten wir darin ein, dass unsere Wohnung ein Kontaktort wurde und wir eintreffende Sendungen aus dem Westen weiterzuleiten hatten. Das war sicherlich ein Fehler. Kein einziger Brief ist aber jemals bei uns angekommen. Wir hatten riesiges Glück, denn sonst hätte man uns in der Hand gehabt. Heute denke ich, dass die SB damals kein Vertrauen zu uns hatte. Denn wir hatten ja eine Familie im Westen und in Israel. Wir waren also verdächtig. Vielleicht fürchtete die SB, dass wir möglicherweise aus Polen flüchten würden?

Wahrscheinlich war das wirklich so. Denn in eurer Akte fand ich einen Vermerk über ein Gespräch mit eurer Haushälterin. Auf die Frage, ob ihr die Absicht hegt, auszureisen, antwortete sie: »Herr und Frau Weintraub haben diese Absicht nicht. Sie haben gerade ein neues Bett und eine Waschmaschine gekauft.«

(Lachen) Das erklärt vieles! Denn zu jener Zeit waren Bett und Waschmaschine Luxusgüter. Ich habe das Gefühl, dass Katja und ich uns nicht als Spione eigneten. Das könnte mit dem Vermerk über den »aufgeflogenen« Kontaktort gemeint sein. Ich habe mir in dieser Hinsicht wirklich nichts vorzuwerfen, da ich mit dem kommunistischen Geheimdienst nie zusammengearbeitet habe.

Kommen wir zu einem anderen Thema. Welche Erinnerungen hast du an das Warschau der 1950er Jahre? Gab es damals noch viele Spuren vom Krieg?

Das ganze Viertel westlich des Hauptbahnhofes – die Żelazna-Straße und ihre Umgebung – war eine einzige Ruine. Seltsamerweise habe ich das Warschau der Nachkriegszeit eher schwach in Erinnerung. Sogar der Bau des Kulturpalastes wurde auf meiner »Festplatte« nicht gespeichert. Ich erkläre mir das so, dass ich mir damals – wie vorher in Göttingen – »Scheuklappen« aufsetzte. Denn ich blickte nur streng geradeaus, da ich wusste, was ich erreichen wollte. Es fehlte mir einfach die Zeit, mich umzusehen, was abseits des Weges geschah. Mir war klar, dass ich grundlegende Voraussetzungen für den Arztberuf eigentlich nicht erfüllte. Also musste ich meine Anstrengungen nicht nur verdoppeln, sondern geradezu verzehnfachen. Ich hatte gewisse Komplexe gegenüber meinen Studenten, die den normalen Weg einschlugen: Grundschule, Gymnasium, Abitur, Studium. Ich fühlte, dass ich ganz anders war. Daher wollte ich beweisen, dass ich den Arztberuf wirklich verdient hatte.

Hat sich nach den traumatischen Erlebnissen nicht der Wunsch in dir geregt, die verlorenen Jahre nachzuholen?

Derartige Tendenzen tauchten in meinem Charakter durchaus auf. Da man mich früh meines Elternhauses und der mütterlichen Fürsorge beraubt hatte, wollte ich nun mehr emotionale Wärme spüren. Das sollte den Mangel kompensieren.

Meiner Meinung nach ist die Frau die vollkommenere Version des Menschen. Nicht nur deshalb, weil sie neues Leben gebärt. Auch ihre psychische Verfassung ist komplizierter, sie hat mehr Nuancen. Die Frau ist in genetischer Hinsicht ein komplettes Geschöpf. Wir alle haben 44 Autosomen und zwei Gonosomen. Nur die Frau hat bei Letzteren jedoch das volle Menü – zwei X, der Mann hat ein Achtel weniger, also nur XY – ein Arm ist ihm also »abgefallen«.

Katja und ich standen uns viele Jahre lang sehr nahe, aber mit der Zeit tauchten zwischen uns gewisse Dissonanzen auf. Denn sie war stets die bessere Hälfte unserer Ehe: Sie hatte ein hervorragendes Gymnasium in Berlin und danach ein Slawistik-Studium absolviert, kannte mehrere Fremdsprachen und spielte fließend Klavier. Ich hingegen fühlte mich durch mein Schicksal während des Krieges in meinen Möglichkeiten begrenzt und hatte ganz andere Lebenserfahrungen. Meine Frau meinte, über mir zu stehen, mich dominieren und durch das Leben führen zu können. Durch enormen Arbeitsaufwand konnte ich aus eigener Kraft erste Erfolge erzielen. Nach der Beendigung des Medizin-Studiums erhielt ich eine Stelle in der Klinik und schloss meine Promotion ab. 1966 wurde ich endlich Oberarzt in der Abteilung für Gynäkologie und Geburtshilfe im Kreiskrankenhaus Otwock bei Warschau. Damals gab es einen Bruch in unserer Beziehung. Fortan wollten wir uns gegenseitig beweisen, wer in unserer Beziehung der Wichtigere war.

Wie warst du als Vater?

Ich war wenig präsent. Im Vergleich zu anderen Vätern musste ich sicherlich mehr Zeit investieren, um die Ziele zu erreichen, die ich mir gesteckt hatte. Ich habe meine Söhne nicht Fahrradfahren oder Fußballspielen gelehrt, weil mir das in meiner Kindheit niemand gezeigt hatte. Die Jungen wurden von Katja und den Kindermädchen großgezogen. Meine Frau arbeitete viel und konnte dabei zahlreiche Erfolge verbuchen. Sie war extrem polyglott und konnte Deutsch, Englisch, Französisch, Latein und Griechisch. Polnisch sprach sie völlig akzentfrei. Sie übertrug Werke der polnischen Literatur in die deutsche Sprache. Abgesehen davon fertigte Katja eine polnische Version des »Diensttagebuches« von Hans Frank an, die vom polnischen Chefankläger in den Nürnberger Kriegsverbrecherprozessen, Stanisław Piotrowski, redaktionell bearbeitet wurde. Aber am wichtigsten ist Janusz Korczaks[19] Buch *König Hänschen der Erste*. Denn dank der von Katja angefertigten deutschen Ausgabe wurde Korczak im Jahre 1972 posthum mit dem renommierten Friedenspreis des Deutschen Buchhandels ausgezeichnet.

Trotz der zu Hause auftauchenden Probleme waren die in Polen verbrachten Jahre die schönste Zeit in meinem Leben. Es war unwichtig, dass man mitunter etwas nicht kaufen konnte oder dass wir manche Schwierigkeiten hatten. Denn es machte mich sehr zufrieden, dass ich eine gute Arbeit hatte und von anderen Menschen gebraucht wurde. Nach meinem Studienabschluss verfügten wir bald über zwei ordentliche Gehälter. Darüber hinaus empfing ich meine Patientinnen in einer Privatpraxis in der Puławska-Straße. Es ging uns also besser als anderen Leuten. Wir konnten uns ein Auto leisten und fuhren in den Ferien immer nach Varna und Goldstrand in Bulgarien. Katja verbrachte den Sommer zumeist mit den Jungen in Urle am Liwiec in der Nähe von Warschau.

Eines Tages, als meine Familie gerade nicht in Warschau war, begab ich mich zum Mittagessen in das Café »Unter den Sternen«. Das Café befand sich an der Ecke Hoża-/Marszałkowska-Straße im obersten Stock – von daher der Name. Dort gefiel es mir. Der im Polnischen Rundfunk und insbesondere in der Sendung »Kaffeekränzchen am Mikrofon« auftretende Julian Sztatler[20] spielte dort auf dem Klavier. Von da an ging ich regelmäßig in dieses Café. Die Kellnerinnen waren Mädchen aus dem »Studio Piosenki« [Tonstudio], die später bekannte Sängerinnen wurden: Fredzia Elkana, Barbara Rylska, Regina Pisarek und Stenia Kozłowska. Als ich in diesem Café im Januar 1966 meine bestandene Promotion feierte, sang Tadeusz Chyła[21] für uns u.a. seine Lieder »Hundetraum« und »Ballade vom Kaiser«. Aber die schillerndste Gestalt war Julian Sztatler: Die Gäste verließen das Lokal nach Mitternacht, während er weiter am Flügel saß und seine Lieder spielte. Wenn jemand ihm ein bestimmtes Thema vorgab – zum Beispiel den Frühling –, zauberte er flugs ein Dutzend passender Lieder aus dem Ärmel. Ich lernte damals, wie man Drinks mixte, und stand mitunter zum Spaß hinter der Bar.

Fredzia Elkana wanderte im Jahre 1968 gemeinsam mit ihrem Mann Janusz »Mayek« Majewski, einem Zeichner und Satiriker, nach Schweden aus. Sie ließen sich in Lund nieder, wo ich sie etliche Jahre später besuchte. Doch zunächst lebte ich weiterhin in Warschau und war als Assistenzarzt in der 1. Klinik für Geburtshilfe und Frauenkrankheiten am Starynkiewicz-Platz tätig.

Dr. Weintraub

Lange Zeit habe ich gedacht, dass ich mein Medizin-Studium gleichsam »durch die Hintertür« begonnen hatte und auch auf diese Weise Arzt geworden bin – etwas illegal, unter ungewöhnlichen Umständen und nicht ganz »koscher«. Erst nach der erfolgreichen Promotion habe ich mir einen Ruck gegeben und gesagt: »Genug, du hast das Ziel jetzt erreicht!« Dieses Ziel hat mich zahlreiche Anstrengungen und Entbehrungen gekostet, aber ich habe mir nichts vorzuwerfen. Bis zur Erlangung der Doktorwürde spürte ich eine gewisse Unsicherheit, mein Selbstwertgefühl war nicht voll ausgeprägt. Erst danach habe ich mich selbst voll akzeptiert.

Die älteste Warschauer Klinik für Gynäkologie und Geburtshilfe nahm ihre Tätigkeit im Januar 1921 am Starynkiewicz-Platz 1 auf. Gegründet wurde sie als Einrichtung der Universität Warschau von Prof. Adam Ferdynand Czyżewicz, einem Vorreiter der modernen Gynäkologie in Polen. Die Klinik dehnte sich rasch aus, wobei auch ein Laboratorium für Biologie und Histopathologie entstand. Czyżewicz bemühte sich jahrelang um die Beschaffung des für die gynäkologische Diagnostik und Therapie unverzichtbaren radioaktiven Elements Radium, das er schließlich 1930 von Marie Skłodowska-Curie[1] höchstpersönlich erhielt.

Während des Kriegs war die Klinik am Starynkiewicz-Platz das einzige weiterhin geöffnete gynäkologische Krankenhaus Warschaus. Täglich kamen dort ca. 30 Kinder auf die Welt. Darüber hinaus fanden dort auch insgeheim Lehrveranstaltungen für Studenten statt. Im August 1944 konnte die Klinik zwar evakuiert werden, aber das Gebäude wurde infolge des Warschauer Aufstandes stark beschädigt. Als Prof. Czyżewicz mit seinen Assistenten nach 1945 in die Klinik zurückkehrte, begann man unverzüglich mit der Neuorganisierung des Klinikbetriebs. Erst im September 1946 erfolgte der Einzug in die komplett renovierten Räumlichkeiten.

Ab Mitte der 1950er Jahre arbeitete dort auch Leon Weintraub. Es war für ihn eine wunderbare, hochinteressante Zeit. Denn die Ärzte begannen damals das Problem der Unfruchtbarkeit näher zu erforschen. Mit der gynäkologischen Endokrinologie bildete sich eine ganz neue Wissenschaftsdisziplin heraus. Zugleich entdeckte man die Grundlagen der modernen Genetik.

Im Jahre 1958 wurde Prof. Tadeusz Bulski neuer Klinikleiter. Von diesem Zeitpunkt an herrschte der Leitgedanke, das physische Leid der Frauen während der Geburt möglichst zu lindern. Dabei entwickelte man innovative Betäubungsverfahren und führte neue Standardmethoden ein, zum Beispiel bei der Steißgeburt. Heute sind diese Methoden völlig normal, aber damals waren sie von geradezu revolutionärer Bedeutung. Auch Prof. Bulski vertrat geradezu avantgardistische Auffassungen. Ewa Radwańska, eine langjährige Freundin von Leon Weintraub und heute eine weltweit bekannte Gynäkologin und Endokrinologin, studierte damals an der Medizinischen Akademie Warschau und wurde dann Assistenzärztin in der Klinik am Starynkiewicz-Platz. Sie erinnerte sich später rückblickend an folgende Worte von Prof. Bulski während einer Vorlesung: »Menstruationsbeschwerden und Geburtswehen sind keine physiologischen Begleiterscheinungen, die die Frau unbedingt zum Leben benötigt. Sie sind vielmehr der Preis, den sie für die Fortpflanzung bezahlt.« Ende der 1950er Jahre dachte in Polen sonst niemand so über Frauen …

*

Kannst du dich noch an die erste Geburt erinnern, die du als examinierter Arzt übernommen hast?

Nein, aber ich kann mich an zahlreiche andere Geburten erinnern. Am schlimmsten war für mich eine gewisse Steißgeburt, die sich recht kompliziert gestaltete. Letztendlich konnte ich das Kind jedoch mit einem Kunstgriff herausholen und sagte zur Mutter: »Alles in Ordnung. Das Kind atmet und ist gesund.« Daraufhin hörte ich folgende Antwort: »Sie haben mir aber einen Dienst erwiesen! Ich habe doch schon sieben Kinder zu Hause …«

Jede Geburt war für mich immer eine Überraschung: Aus dem Leib einer Frau kommt ein Geschöpf hervor – ein kleiner Mensch. Daher hatte ich eine negative Einstellung gegenüber Kollegen im nächtlichen Bereitschaftsdienst, die sich darüber beschwerten, dass schon wieder der Portier, Herr Miecio, klingelte. Gängige Bezeichnungen für Frauen, die nicht mit dem Notarztwagen, sondern zu Fuß zu uns gekommen waren, lauteten zum Beispiel »Fußvolk mit Blutung«. Das regte mich stets auf: »Mensch, du hast den Arztberuf gewählt, und wunderst dich jetzt, dass dich jemand plötzlich aus dem Schlaf reißt oder deine Ruhepause unterbricht?!«

Habt ihr viele Abtreibungen vorgenommen?

Schwangerschaftsabbrüche kamen nicht so häufig vor. Meistens tauchten Patientinnen nach heimlich durchgeführten chirurgischen Eingriffen bei uns auf, obwohl Abtreibungen damals ja legal waren. Man spritzte zum Beispiel eine Seifenlösung in die Gebärmutter, um eine Blutung auszulösen … Wir behandelten komplizierte Entzündungen, die zu Infertilität führen konnten.

Im Krankenhaus waren viele Behandlungsmethoden aus heutiger Sicht geradezu mittelalterlich, etwa die Entleerung der Gebärmutter, wenn der Fötus im fünften oder sechsten Monat der Schwangerschaft verstarb. Wir besaßen spezielle Instrumente zur Zertrümmerung des Schädels. Das hieß in der Medizinersprache »Zerstückelung des Fötus« – auch für den Geburtshelfer ein sehr unangenehmer Eingriff. Aber manchmal musste man das machen, um das Leben der Mutter zu retten. Diese Fertigkeit kam mir später nach etlichen Jahren in der Emigration zugute, als ich in einem Krankenhaus im hohen

Norden Schwedens, in Luleå, arbeitete. Dort hatten wir einmal eine Patientin, bei der unbedingt eine Zerstückelung des verstorbenen Fötus durchgeführt werden musste. Mein Kollege stand ratlos mit dem Instrument in der Hand da, während ich genau wusste, wie man es zu benutzen hatte.

Wie hast du dich im prominenten Gynäkologen-Team der Klinik am Starynkiewicz-Platz etablieren können?

Ich war ein geschickter Operateur und machte daher niemals »Harakiri«, vermied also lange Schnitte vom Bauchnabel bis in den Schambereich. Ich wusste, dass die Haut der Frau in der Regel sehr dehnbar war. Es genügte, dass meine sieben bis acht Zentimeter breite Hand in der Öffnung Platz hatte. Ich machte stets kleine Schnitte und zog dann die Haut so weit auseinander, bis das Operationsfeld ausreichend sichtbar wurde, um den Eingriff vorzunehmen. Wenn die Schamhaare nachwuchsen, waren auch die Narben verschwunden. Dazu passt ein altes Sprichwort: Großer Chirurg, großer Schnitt – kleiner Chirurg, kleiner Schnitt. Nicht, um ironisch auf meine Körpergröße einzugehen, sondern um gewisse Fähigkeiten zu betonen. Mit 1,63 Meter gehöre ich nun mal zu den kleinen Menschen.

In der Klinik am Starynkiewicz-Platz hatte ich Gelegenheit, den Nestor der polnischen Gynäkologie, Prof. Adam Ferdynand Czyżewicz, kennenzulernen. Czyżewicz hatte in Lemberg, Paris und Breslau studiert und nach seinem Umzug von Lemberg nach Warschau im Jahre 1921 unsere Klinik gegründet. Der Professor hatte zwar etwas altmodische Ansichten, war aber zugleich ein hervorragender Praktiker. Der Leitgedanke der Klinik bestand darin, die jeweiligen Krankheiten mit unseren körpereigenen Sinnen zu untersuchen und zu erkennen. Bei Diabetes zum Beispiel roch der Urin nach Ammoniak. Wir waren gute Klinikärzte. Daher konnten wir mit geschlossenen Augen feststellen, in welcher Position bzw. an welchem Ort sich der Fötus befand. Der korrekte physiologische Verlauf einer Geburt muss gut bestimmt werden, denn nur dann kann man erkennen, ob dabei bestimmte Störungen oder pathologische Erscheinungen auftreten, auf die man rasch reagieren muss.

In der Klinik verdiente ich mir gleichsam meine »Offiziers-sporen«. Denn ich konnte meine Fähigkeiten als Gynäkologe und Geburtshelfer deutlich weiterentwickeln, obwohl ich für mich die Bezeichnung »Arzt für Frauenkrankheiten« eigentlich vorziehe. Von Czyżewicz erfuhr ich, wie die Medizin des 19. Jahrhunderts aussah. Ich habe das gesamte 20. Jahrhundert erlebt und stehe jetzt im 21. Jahrhundert. In mir vereint sich also das unmittelbare gynäkologische Wissen von über zwei Jahrhunderten. Manchmal lohnt es sich, so lange zu leben …

Czyżewicz hat also die Arbeitsatmosphäre in der Klinik spürbar beeinflusst?

Es herrschte eine beinahe feudale Hierarchie, in der Prof. Czyżewicz wie ein Gott verehrt wurde, den alle anbeteten. Ich weiß noch, wie er während der Erstellung der Operationslisten bei fast allen chirurgischen Eingriffen den lateinischen Vermerk »ipse« machte – diese also in der Regel »selbst« durchführte. Assistieren durften ihm nur Ärzte, keine Krankenschwestern. Immer wenn er bei einer Operation aus Versehen ein falsches Instrument gereicht bekam, warf er es unwirsch zurück. Da er bereits in die Jahre gekommen war, zitterten ihm bei der Arbeit manchmal die Hände, aber er war immer noch ein guter Operateur.

Jedes Jahr an Heiligabend begaben wir uns in der Mittagszeit zu Prof. Czyżewicz, um ihm unsere Glückwünsche zum Namenstag persönlich zu übermitteln. Er wohnte in der Wawelska-Straße und hatte keine Kinder, aber mehrere Katzen. Da ich Jude war, fiel der Bereitschaftsdienst an allen katholischen Feiertagen mir zu. Dafür bekam ich an Silvester und Neujahr – an meinem Geburtstag – stets frei.

Czyżewicz hielt unbeirrt an seiner Stelle fest und schied aus der Klinik erst durch seinen Tod im Alter von über 80 Jahren. Gegen Ende seines Lebens tat er mir richtig leid, da er einsam durch die Korridore der Klinik wanderte und sich wohl von seiner Umgebung entfremdet fühlte. Denn damals trat kaum jemand noch an ihn heran, obwohl er der große Prof. Czyżewicz war – alle waren vollauf mit ihren Aufgaben beschäftigt.

Mir ist insbesondere eine persönliche Begebenheit mit ihm stark in Erinnerung geblieben: Eines Tages begab ich mich in sein Arbeitszimmer und teilte ihm offiziell mit, dass ich nun endlich das Thema für meine Doktorarbeit gefunden hatte. Ich bat ihn um eine entsprechende Bestätigung, aber er warf mich einfach hinaus und rief: »Wie? Nach nur drei Jahren Arbeit wagst du es, an eine Dissertation zu denken?!« Ich hatte bereits Erfahrungen in Göttingen gesammelt, wo man den Doktorgrad recht einfach erwerben konnte. Es genügte, einen Einzelfall genau zu beschreiben und wissenschaftlich zu bearbeiten. In Polen hingegen hatte eine Promotion in Medizin das Niveau einer Habilitation in Göttingen.

Wie ist das mit der Promotion dann weitergegangen?

1966 habe ich sie schließlich abgeschlossen. Das Thema der Doktorarbeit lautete: »Schwangerschaftsverlauf und Entwicklung des Fötus nach Blutungen in den ersten drei Monaten der Schwangerschaft«. Gemäß den Schlussfolgerungen der Dissertation war das Austragen einer Schwangerschaft grundsätzlich möglich, wenn ein ausreichender Teil der Plazenta in Kontakt mit der Gebärmutter stand und die Blutversorgung sicherstellte. Die Föten weisen dabei keine größere Anzahl von Entwicklungsfehlern auf – sofern sie am Leben bleiben. Ich kann mich noch an die öffentliche Disputation erinnern. Wir waren insgesamt acht Doktoranden, und an jenem Abend kam ich als Letzter an die Reihe. Beim Eintreten in den Saal meinte der Dekan, der Neurochirurg Prof. Stanisław Sierpiński, nur lakonisch: »Leon, bitte schnell, es ist schon spät«. Nach der Verteidigung meiner Doktorarbeit lud ich alle in mein Lieblingscafé »Unter den Sternen« ein.

Lange Zeit habe ich gedacht, dass ich mein Medizinstudium gleichsam »durch die Hintertür« begonnen hatte und auch auf diese Weise Arzt geworden bin – etwas illegal, unter ungewöhnlichen Umständen und nicht ganz »koscher«. Erst nach der erfolgreichen Promotion habe ich mir einen Ruck gegeben und gesagt: »Genug, du hast das Ziel jetzt erreicht!« Dieses Ziel hat mich zahlreiche Anstrengungen und Entbehrungen gekostet, aber ich habe mir nichts vorzuwerfen. Bis zur Erlangung der Doktorwürde spürte ich eine gewisse Unsicherheit, mein Selbstwertgefühl war nicht voll ausgeprägt. Erst danach habe ich mich voll akzeptiert.

Hat sich die Klinik nach dem Abgang von Prof. Czyżewicz verändert?

Sein Nachfolger wurde Prof. Tadeusz Bulski. Wir nannten ihn »junger Professor«, obwohl er die Klinik im Alter von 55 Jahren übernahm. Dabei scherzten wir, dass der Fürst nach dem Abgang des Königs wohl zu lange auf den Thron gewartet hatte. Denn dadurch hatte er nicht mehr die schwungvolle Begeisterung und den Elan, nach Neuem zu suchen. Er war auch Geburtshelfer – ein hervorragender Fachmann, der sich im Krankenhaus wohl etwas langweilte. Direkt neben dem Kreißsaal befand sich das ärztliche Dienstzimmer. Bulski saß dort mitunter stundenlang, während wir ungeduldig wurden, da jeder von uns seine Arbeit zu erledigen hatte. Aber es gehörte sich nicht, das Dienstzimmer zu verlassen, wenn der Herr Professor uns mit Plaudereien aufhielt – er hätte einem das übelnehmen können.

Bulski war ein sportlicher Typ. Auf dem Klinikgelände organisierte er regelmäßig Volleyball-Spiele mit dem Ärzteteam. Ich selbst habe dabei nie mitgespielt, da ich zu klein war, um am Netz hochzuspringen. Wohl oder übel interessierte auch ich mich zunehmend für Sport, um an den Diskussionen meiner Kollegen teilzunehmen – oder zumindest zu zeigen, dass ich informiert war. Dabei las ich den *Przegląd Sportowy* [Sport-Rundschau] und hörte einschlägige Rundfunksendungen.

Prof. Bulski schätzte mich, da ich mehrere Fremdsprachen beherrschte. Zu meinen Pflichten gehörte auch die Betreuung der Bibliothek und die fortlaufende Bestellung der polnischen und ausländischen Fachzeitschriften. An den Samstagen wurden in der Regel Seminare abgehalten. Da unter der Woche zumeist die Zeit für weiterbildende Maßnahmen fehlte, präsentierten wir in diesen Seminaren die neuesten wissenschaftlichen Erkenntnisse aus der Gynäkologie. Jeder Assistenzarzt war dabei verpflichtet, über einen bestimmten Artikel aus einer Fachzeitschrift zu referieren – ich übernahm stets die deutschsprachigen Titel. Für mich war das eine Kleinigkeit, aber diejenigen, die sich nicht vorbereiteten, hatten Angst davor, was der Professor sagen würde.

Unsere Klinik war für die damalige Zeit sehr innovativ. Dozent Jerzy Teter führte zum Beispiel Forschungen über die Infertilität bei Frauen durch. Daraus entwickelten sich die Grundlagen der polnischen endokrinologischen Gynäkologie. Im Keller des Krankenhauses befand sich ein Labor mit weißen Mäusen, denen es einmal sogar gelang zu entwischen. Doch bevor die Mäuse sich auf der Station in alle Winkel verkriechen konnten, fror der Anästhesiearzt Dr. Zygmunt Jaśkiewicz, der mir später in das Krankenhaus Otwock folgte, die Mäuse mit Ethylchlorid ein, so dass sie sich leicht wieder einfangen ließen. Darüber hinaus arbeitete in unserer Klinik auch der Visionär Krzysztof Boczkowski, der sich in den 1960er Jahren mit dem damals noch völlig unbekannten Gebiet der Genetik befasste.

Um auf Prof. Bulski zurückzukommen: Ich habe noch eine Begebenheit vor Augen: Wir standen einmal zusammen mit einer weiteren Ärztin, Dr. Krystyna Jordan, vor dem Fahrstuhl. Prof. Bulski war gerade aus seinem Urlaub zurückgekehrt, und Dr. Jordan erzählte, wie gut die Klinik in seiner Abwesenheit zurechtgekommen sei. Sie erwartete wohl ein Lob von ihm. Aber Bulski schaute sie nur kurz von oben herab an: »Das ist deine Pflicht. Es gibt nichts, was man dabei loben müsste.«

Einige meiner Kollegen machten durch ihre parteipolitische »Linientreue« Karriere, wie zum Beispiel Prof. Zbigniew Sternadel, der zu Beginn der 1970er Jahre Klinikchef wurde. Leute seines Schlages gaben sich auf den Parteiversammlungen nach

Dr. med. Leon Weintraub, 1966

außen als treue Parteigenossen, während sie das kommunistische Herrschaftssystem zuhause – unter Bekannten – verwünschten. Sternadel meinte, eine solch starke Position zu haben und sich daher viel erlauben zu können. Mir hingegen war dieser Zynismus sehr zuwider.

Aber insgesamt war die Atmosphäre in der Klinik gut. Sie war geprägt von Loyalität und gegenseitigem Verantwortungsgefühl, auch in Bezug auf die Patientinnen. Wir bildeten ein eingespieltes Team von Fachleuten, die zugleich auch Bekannte und Freunde waren. Man lud sich gegenseitig zum Namenstag oder anderen festlichen Anlässen ein. Auch Prof. Bulski habe ich dabei wiederholt besucht.

Und doch hast du der Klinik dann den Rücken gekehrt.

1966 wurde die Stelle eines Oberarztes in der Abteilung für Gynäkologie und Geburtshilfe im Krankenhaus in Otwock ausgeschrieben. Für mich war das eine große Chance, mich von der Klinik am Starynkiewicz-Platz zu lösen und fortan nach meinen eigenen Prinzipien zu arbeiten. Nach der erfolgreichen Bewerbung erhielt ich die Oberarztstelle in der Abteilung für Gynäkologie und Geburtshilfe im Stefan-Batory-Kreiskrankenhaus in Otwock. Im September 1966 begann ich meine Tätigkeit an diesem neuen Ort.

Hast du die Veränderung gespürt?

Es folgten wunderbare Jahre. Ich bekam einen Arbeitsplatz, über den ich selbst bestimmen konnte, und bemühte mich, die Fehler meiner früheren Vorgesetzten in der Klinik am Starynkiewicz-Platz nicht noch einmal zu begehen. Ich wollte die Dinge, die mich dort gestört hatten, jetzt unbedingt vermeiden. Der Neubeginn gestaltete sich jedoch recht dramatisch. Auf meiner ersten Visite in der Abteilung blieb der mich durch die Station führende stellvertretende Oberarzt plötzlich vor einem Zimmer stehen und sagte: »Dort brauchen wir nicht hineinschauen. Die

Patientin befindet sich in einem schweren Zustand, wir warten bereits auf ihr Ableben. Eine Krebserkrankung vierten Grades mit Metastasen.« Ich antwortete: »Das ist ein Mensch, der lebt – gehen wir hinein!« Aus dem Zimmer kam uns fürchterlicher Gestank entgegen. Als Oberassistenzarzt der Klinik war ich zugleich Fachberater für Frauenkrankheiten am Institut für Onkologie in der Wawelska-Straße in Warschau. Telefonisch teilte ich der Dozentin Ludwika Tarłowska mit, dass ich mit einer Patientin zu ihr kommen würde. Wir untersuchten sie dann gemeinsam und legten die weitere Vorgehensweise fest, um der Patientin den letzten Lebensabschnitt möglichst zu erleichtern. Sie lebte noch einige Monate unter halbwegs erträglichen Bedingungen, aber eben nicht völlig alleine. Es ist schon furchtbar, wenn man schwer krank ist, im Sterben liegt und dann sogar die Ärzte das Krankenzimmer nicht mehr aufsuchen. Das war unmoralisch und unverantwortlich.

Lief im Krankenhaus in Otwock alles nach deinen Vorstellungen?

Eine meiner Kolleginnen reichte zwei Wochen nach meiner Anstellung ihre Kündigung ein. Sie sagte, dass sie mit mir nicht zusammenarbeiten werde, da ich zu anspruchsvoll sei. Ich fühlte eine Gesamtverantwortung für unsere Abteilung und unternahm zahlreiche Anstrengungen, um die Funktionsabläufe auf der Station deutlich zu verbessern. Dabei erwartete ich von meinen Mitarbeitern schon, dass sie ihre Pflichten gut erfüllten, da ich selbst ja für zwei arbeitete. In mein Dienstzimmer stellte ich ein Bett hinein und wohnte dort. Zwei bis drei Mal in der Woche schaute ich zu Hause bei Frau und Kindern vorbei. Alle Mitarbeiter – von der Stationsschwester und der Putzfrau bis hin zur OP-Schwester und meinem Stellvertreter – hatten eine spezielle Position. Jeder von ihnen war wichtig und unersetzlich. Wenn die Putzfrau den OP-Saal nicht gereinigt hatte, konnte ich nicht operieren. Die Arbeit war sehr gut organisiert. Ich verfolgte das Ziel, mit geringstmöglichem Aufwand eine maximale Wirkung zu erreichen.

Alle Patientinnen nahm ich selbst für eine Behandlung in unserem Krankenhaus auf. Ich besaß eine Tabelle, einen karierten Papierbogen von halber Tischbreite. Ich wusste, welche Kapazität unsere Abteilung hatte. Daher war mir klar, wie viele Patientinnen ich täglich operieren konnte und wie viele freie Betten wir hatten. Innerhalb weniger Monate verschwanden die Warteschlangen der Patientinnen. Wir führten die unterschiedlichsten Operationen durch, wie zum Beispiel bei Gebärmuttergeschwulsten oder Gebärmutterhalskrebs. Wir behandelten auch Infertilität. Die von mir erarbeitete Logistik funktionierte einwandfrei, so dass ich den Zustrom der Patientinnen schließlich umleiten konnte: Anstatt zunächst zur ärztlichen Beratung nach Warschau zu fahren, blieben immer mehr Patientinnen gleich bei uns in Otwock.

Die Klinik am Starynkiewicz-Platz wurde damals gerade instandgesetzt. Daher konnten viele junge Ärztinnen und Ärzte ihre Spezialisierung auf unserer Station fortsetzen. Das verbesserte die Funktionsweise unserer Abteilung erheblich und wirkte sich insbesondere positiv auf die Besetzung der nächtlichen Bereitschaftsdienste aus. Ebenfalls aufgrund der Renovierung der Klinik am Starynkiewicz-Platz leitete Dozent Jerzy Teter an mich Patientinnen aus ganz Polen weiter, die sehr spezielle diagnostische Untersuchungen oder chirurgische Eingriffe benötigten. Bis 1968 lief das alles sehr schön.

Ein bitteres Gefühl

An jene Zeit denke ich bis heute mit Verwunderung, Entsetzen und bitterem Groll zurück. Man hat mir sozusagen die Flügel gestutzt. Ich hatte zwar keine Angst um das eigene Leben und dachte nicht, dass wir erneut physisch bedroht werden würden. Aber dennoch war die psychische Situation unerträglich. Wir junge Polen jüdischer Abstammung waren nach dem Krieg in unser Vaterland zurückgekehrt, um dieses wiederaufzubauen – und so wurden wir behandelt!

Weintraub teilt sein Leben in die Zeit vor und nach der Emigration. Vom ersten Lebensabschnitt – schwierige Kindheit, furchtbare Erlebnisse im Getto und den Lagern, Rückkehr in die Normalität – erzählt er auf sachliche Weise. Als Augenzeuge berichtet er über historische Ereignisse, wobei ihm völlig klar ist, dass einige dieser Ereignisse sehr dramatisch waren. Zur Emigration hat er ein anderes Verhältnis. Wenn er über sie spricht, schaltet er seine Emotionen ein, so dass die Distanz zum Erlebten schwindet. Angesprochen auf diese Zeit, antwortet er wie folgt: »In der Zeit des Krieges gab es nur einen Feind, der klar erkannt und beim Namen genannt wurde. Ich wusste, dass ich von ihm das Schlimmste zu erwarten hatte. Aber von den eigenen Landsleuten geschädigt und ›bespuckt‹ zu werden? Also von Menschen, mit denen ich mich innerlich verbunden fühlte, da wir gemeinsam auf Polen gesetzt hatten. Das ist unfassbar! Ich kann es immer noch nicht begreifen.«

Bis zum Ausbruch des Sechstagekrieges Anfang Juni 1967 stellten die Juden in Polen kein Politikum dar. Das änderte sich erst, als die israelische Armee am 5. Juni 1967 Bombenangriffe auf die Luftwaffenbasen Ägyptens und Syriens startete, diese rasch zerstörte und unmittelbar darauf die gesamte Sinai-Halbinsel besetzte. Für die Sowjetunion und die Warschauer-Pakt-Staaten kam dies einer militärischen Ohrfeige gleich. Denn die arabischen Truppen verfügten lediglich über veraltete sowjetische Waffen, während die israelische Armee moderne amerikanische Kampfflugzeuge einsetzte. Den einfachen Mann auf der Straße in Polen freute dies, so dass bald ein einschlägiger Witz im Land kursierte: »Unsere Juden (gemeint sind die früher emigrierten polnischen Juden) schlagen die russischen Araber.« Den kommunistischen Machthabern in Warschau war jedoch nicht zum Lachen zumute, da dieser Krieg das mühevoll errungene Gleichgewicht unter den Großmächten stören und damit einen internationalen militärischen Konflikt auslösen konnte. Man musste also reagieren.

Vor diesem Hintergrund brach die Volksrepublik Polen ähnlich wie andere Staaten des Warschauer Paktes (außer Rumänien) die diplomatischen Beziehungen zu Israel ab. Dessen Botschafter wurde aus Warschau ausgewiesen. Bereits am 19. Juni 1967 hielt der ZK-Generalsekretär der PZPR, Władysław Gomułka, vor dem 6. Gewerkschaftskongress im Warschauer Kulturpalast eine Rede, die das Schicksal tausender in Polen lebender Juden radikal verändern sollte. Denn bei diesem Anlass betonte Gomułka, dass jeder polnische Staatsbürger nur ein einziges Vaterland haben dürfe – die Volksrepublik Polen. Seine Regierung könne daher nicht gleichgültig gegenüber Leuten bleiben, die sich trotz der unübersehbaren weltweiten Bedrohung für den Aggressor aussprachen. Dabei tauchte erstmals der Begriff »fünfte Kolonne« als Synonym für Kollaborateure, Saboteure und Spione auf. In der Volksrepublik Polen sei für solche Leute – gemeint waren die Juden – kein Platz mehr …

Vor diesem Hintergrund gärte auch die Stimmung unter den Studenten der Universität Warschau immer mehr, wobei die Unzufriedenheit der Intellektuellen in Polen weiter wuchs. Denn diese hatten sich nach dem politischen Tauwetter im Oktober 1956 vor allem Redefreiheit und andere demokratische Veränderungen erhofft. Im November 1967 fand im Warschauer Nationaltheater die Premiere des Dramas *Totenfeier* von Adam Mickiewicz unter der Regie von Kazimierz Dejmek[1] statt. Dieses Ereignis sollte in die Geschichte eingehen. Im Saal waren damals zahlreiche Vertreter der polnischen Regierung anwesend. Als der Schauspieler Gustaw Holoubek[2] während der Aufführung von der »Großen Improvisation« sprach, wurde es unter den Zuschauern im Saal plötzlich totenstill. Denn Holoubeks Worte wurden von den Anwesenden als klarer Widerspruch gegen die Einmischung der Sowjetunion in die polnische Politik gedeutet. Die bald darauf von den Machthabern untersagte weitere Aufführung dieses Theaterstücks (letztmals am 30. Januar 1968 aufgeführt) löste schließlich landesweite Studentenunruhen aus.

Auf der am 8. März 1968 im Innenhof der Universität Warschau abgehaltenen Kundgebung versammelten sich über 2.000 junge Menschen. Sie forderten lautstark die Freilassung ihrer Kommilitonen Adam Michnik[3] und Henryk Szlajfer[4] aus dem Gefängnis sowie die Aufhebung des Aufführungsverbots der *Totenfeier*. Die Miliz trieb die Demonstranten mit Knüppeln auseinander. Die daraufhin einsetzenden Studentenproteste breiteten sich sehr rasch auf das ganze Land aus und wurden an fast allen Hochschulen Polens unterstützt. Angesichts dessen sah sich die Kommunistische Partei zu einem schnellen, entschlossenen Handeln gezwungen.

So entstanden drei Strafbataillone mit jeweils ca. 500 Mitgliedern, in die exmatrikulierte, zwangsweise zum Wehrdienst eingezogene Studenten eingewiesen wurden. Zahlreiche Studenten kehrten niemals an ihre Hochschule zurück. Als Gomułka die jüdische Abstammung der Organisatoren des Aufruhrs an der Universität Warschau an den Pranger stellte, kam es in ganz Polen zu antisemitischen Hetzjagden. Die Repressionen erfassten das gesamte akademische Personal, das man beschuldigte, die Revolte mitangetrieben und mit den Streikenden sympathisiert zu haben. Viele hervorragende Professoren und Intellektuelle wurden kurzerhand entlassen. Danach kamen Ministerialangestellte, Fabrikdirektoren, Betriebsleiter, Ärzte, Juristen, Journalisten, Schauspieler und Regisseure an die Reihe … Alle wurden zur unverzüglichen Emigration aus Polen gedrängt und erhielten Reisedokumente, die eine Rückkehr ausschlossen.

Nach einschlägigen Schätzungen mussten zwischen März 1968 und Anfang September 1969 (Beendigung der »Aktion«) ca. 15.000 Menschen emigrieren. Die Hälfte von ihnen waren polnische Juden und sicherlich keine Durchschnittsmenschen. Sie besaßen zumeist eine akademische Ausbildung und konnten bereits berufliche Erfolge vorweisen. Viele von ihnen kamen in der Emigration gut zurecht und machten Karriere. Andere wiederum litten an einem lebenslangen Trauma, denn sie konnten sich nie damit abfinden, dass man sie so behandelt hatte.

In der Forschung ist man sich heute einig, dass im März 1968 ein Konkurrenzkampf innerhalb der Kommunistischen Partei entfacht wurde, bei dem es darum ging, Genossen jüdischer Abstammung vollständig zu eliminieren. Die einflussreiche »Partisanen«-Fraktion mit Mieczysław Moczar an der Spitze machte aus ihrer antisemitischen Haltung keinen Hehl. Rasch griff diese auch auf die Armee und die Staatsverwaltung über, in der Mitarbeiter jüdischer Abstammung fristlos entlassen wurden. Und dass man »bei dieser Gelegenheit« Tausende von loyalen, hart arbeitenden Mitbürgern auf die Straße setzte? Vielen Zeitgenossen kam dies gerade recht.

*

Welche Erinnerungen verbindest du mit dem Jahr 1968?

Im Juni 1968 fand ein Endokrinologen-Kongress in Lodz statt. Wir fuhren dort zu fünft hin und stellten dem Kongress zahlreiche wissenschaftliche Abhandlungen vor. Prof. Walenty Hartwig, der im Wissenschaftlichen Beirat des Gesundheitsministeriums für den Bereich Endokrinologie zuständig war, sprach uns seine Glückwünsche aus. Dabei brachte er seine Bewunderung zum Ausdruck, dass sich eine bescheidene Kreiskrankenhaus-Station wie wir auf einem derart hohen Niveau befand und so viele Publikationen generierte. Nach dem Kongress schwebte ich wie auf

Flügeln nach Otwock zurück. Prof. Hartwig ermunterte mich, ihm einen Antrag zu senden. Er sagte, dass er unsere Abteilung angesichts unserer Errungenschaften in den Rang einer wissenschaftlichen Einrichtung erheben wolle. Dann werde man uns finanzielle Zuschüsse und auch mehr Stellen geben.

Die Euphorie dauerte nur kurz. Denn bereits nach wenigen Tagen kam ein Lastwagen bei uns an, dessen Fahrer mir ein Schreiben von Dr. Władysław Pasławski, dem Leiter des Kreisgesundheitsamtes Otwock, aushändigte. Ich nenne seinen Namen, da er nicht mehr lebt. Das Schreiben habe ich heute noch. Darin listete er eine Reihe von Verboten bezüglich der Ausübung meines Berufes auf, wie zum Beispiel Röntgenaufnahmen des Eileiters zu Diagnosezwecken. Überhaupt untersagte mir Dr. Pasławski fortan jegliche Formen wissenschaftlicher Betätigung und ordnete an, dass ich sämtliche Krankengeschichten der Patientinnen seit meinem Dienstbeginn in der Abteilung herausgeben müsse.

Als ich im Krankenhaus Otwock zu arbeiten begonnen hatte, suchte ich Dr. Pasławski persönlich auf und übermittelte ihm meine Pläne für die weitere Entwicklung der Abteilung. Sie gefielen ihm sehr. Er war damals noch sehr hilfreich und erledigte eigentlich alles – und nun zeigte er plötzlich sein wahres Gesicht. Für mich war das eine erschütternde Erfahrung. Ich musste seinen Anweisungen Folge leisten.

Hast du dagegen nicht Einspruch eingelegt?

Natürlich habe ich dies getan, sogar viele Male! Ich schrieb wiederholt Briefe an den Parteisekretär, den Fachberater für Geburtshilfe und Frauenkrankheiten auf Wojewodschaftsebene[5] und den Gesundheitsminister. Warum verbot man mir die Benutzung eines der wichtigsten Instrumente zur Diagnose von Genitaltuberkulose, also die Röntgenaufnahme? Bei der Genitaltuberkulose kommt es zu Veränderungen und Narben im Eileiter, in deren Folge die befruchtete Eizelle nicht in die Gebärmutter gelangen kann, so dass es zur Infertilität kommt. Ich habe diese Untersuchungen vielfach selbst vorgenommen und das Kontrastmittel dabei auch selbst eingespritzt. Mein Nachfolger im Krankenhaus Otwock, Tadeusz Kurek, verwendete die von mir angefertigten Röntgenbilder als Grundlage für seine Doktorarbeit.

Zuhause habe ich eine ganze Aktenmappe mit Briefen, in denen ich Einspruch gegen das Berufsverbot eingelegt hatte. Die Mappe trägt die ironisch gemeinte Überschrift »Mein Kampf«. Kopien dieser Schreiben habe ich Dr. Pasławski mehrfach übersandt. In Reaktion auf meine Briefe untersagte er mir den Schriftverkehr mit den Behörden. Der Kampf dauerte einige Zeit an. Aber plötzlich erschien in der von der Kommunistischen Partei herausgegebenen Tageszeitung *Trybuna Mazowiecka* ein Artikel unter dem Titel »*Praktyki (nie)prywatne*« [»(Nicht) private Praktiken«]. Ich besitze den Artikel heute noch. Darin hieß es, dass ich in meiner Abteilung angeblich auch Patientinnen privat gegen Bezahlung behandeln und diese auch noch mit dem eigenen Auto ins Krankenhaus fahren würde.

Und? Hast du sie tatsächlich selbst ins Krankenhaus gefahren?

Eine meiner Patientinnen war Marysia Kiryluk, die Tochter von Stanisław Kiryluk, der damals u. a. in China polnischer Botschafter war – ein verdienter Parteifunktionär. Marysia war eine hübsche Frau und heiratete Franciszek Król.[6] Sie hatte gesundheitliche Probleme und bereits mehrere Fehlgeburten hinter sich. Als sie sich bei mir meldete, war sie erneut schwanger. Im Krankenhaus für Regierungsmitglieder war bereits das Urteil gefällt worden, dass der Embryo gestorben sei und man ihn nun entfernen müsse.

Ihre Schulkameradin Ewa Radwańska – meine Arztkollegin aus der Klinik am Starynkiewicz-Platz – bat mich, Marysia in meine Obhut zu nehmen. Daraufhin untersuchte ich sie und stellte fest, dass der Embryo lebte. Ich erklärte mich bereit, sie bis zur Geburt zu betreuen. Dabei bat ich sie, sämtliche Stresssituationen nach Möglichkeit zu meiden und den Wohnort zu wechseln. Zudem stellte ich ihr eine Arbeitsunfähigkeitsbescheinigung aus. Konkrete Ursachen der früheren Fehlgeburten konnte ich nicht finden. Ich hielt es lediglich für notwendig, alle negativen Faktoren auszuschließen. Ich stand ihr rund um die Uhr telefonisch zur Verfügung. Sogar dann, wenn ich aus dem Haus gehen musste, hinterließ ich stets eine Nachricht und eine Telefonnummer, unter der man mich erreichen konnte. Ihre Schwangerschaft konnte schließlich erfolgreich zu Ende gebracht werden.

Ich befand mich gerade auf einem Empfang, als mich plötzlich Franciszek Król anrief: »Marysia hat Schmerzen, das Fruchtwasser fließt wohl schon ab.« Im ersten Moment dachte ich, dass das nur falscher Alarm war. In meinem Smoking verließ ich dennoch rasch den Empfang und versicherte den Gästen, dass ich zurückkehren würde. Die Geburt stand tatsächlich kurz bevor, so dass ich Marysia mit meinem Auto rasch nach Otwock fuhr. Dort brachte sie Leszek auf die Welt – er wog über vier Kilogramm. Seit dieser Zeit sind wir befreundet.

Und eben Leszeks Geburt bildete das Argument, auf das man sich im vorab erwähnten Schmierblatt berief. Nicht einen einzigen Groschen hatte ich dafür von der Familie genommen! Ich führte damals auch eine Privatpraxis in der Puławska-Straße 48 in Warschau. Nach Leszeks Geburt suchte mich dort Franciszek auf, um sich zu bedanken. Als er einen mit Scheinen gefüllten Briefumschlag auf den Tisch legte, sagte ich nur: »Herr Król, für die Geburt nehme ich kein Geld!« Daraufhin ging er aufgeregt fort, kehrte aber rasch mit drei Flaschen Weinbrand zurück. Eine davon nahm ich an, um auf die Gesundheit des Jungen anzustoßen.

Aus den Beschuldigungen in der Zeitung hast du dich also nicht herauswinden können?

Im Februar 1969 fand eine Verhandlung im Kreiskomitee der PZPR statt. Dabei wurde schließlich festgestellt, dass ich als Oberarzt meine Kompetenzen zum Schaden des Landkreises angeblich missbraucht hatte, da ich Patientinnen aus ganz Polen angenommen und behandelt hatte. Mein Krankenhausdirektor, Dr. Stanisław Oracz, unterstützte mich und erhielt dafür von der Partei eine offizielle Rüge. Niemanden interessierte es, dass die Klinik am Starynkiewicz-Platz damals wegen Instandsetzungsarbeiten geschlossen gewesen war und man deshalb deren Patientinnen zu mir nach Otwock lenkte. Egal war auch, dass ich mit einer echten Koryphäe auf dem Gebiet der Endokrinologie zusammengearbeitet hatte, was für die gesamte Abteilung eigentlich eine Ehre hätte sein müssen. Ich erhielt ein Entlassungsschreiben mit dreimonatiger Kündigungsfrist. Im Krankenhaus trat danach die leitende Krankenschwester an mich heran. Sie hatte unter dem Personal Unterschriften zu meiner Verteidigung gesammelt, was ich mit folgendem Satz quittierte: »Mir könnt ihr damit nicht mehr helfen, sondern euch selbst nur schaden. Lasst es sein!« Ich packte meine Sachen, räumte mein Dienstzimmer auf und kehrte nie mehr ins Krankenhaus zurück. Auch mein Parteibuch gab ich an die PZPR zurück.

Einige Tage nach meiner Kündigung erhielt ich einen Anruf vom Oberarzt der Abteilung für Geburtshilfe und Gynäkologie des Krankenhauses Pruszków bei Warschau. Er teilte mir mit, dass man mich dort gerne für eine Assistenzarztstelle übernehmen würde. Aber ich war bereits so tief gekränkt und negativ eingestellt, dass ich nur kurz erwiderte: »Ich möchte hier nicht mehr länger sein.« Daraufhin begab ich mich noch zu Prof. Ireneusz Roszkowski, dem Leiter der 2. Klinik für Gynäkologie und Geburtshilfe in der Karowa-Straße in Warschau. Prof. Roszkowski war Chefredakteur der Zeitschrift *Ginekologia Polska* [Polnische Gynäkologie] und Präsident des Verbands der Polnischen Gynäkologen. Er kannte mich. An seine Worte kann ich mich bis heute erinnern: »Kollege, in diesen Zeiten muss man überaus vorsichtig sein. Man muss einfach abwarten« – und gemacht hat er nichts.

Warst du wirklich über diese Reaktion überrascht? Seit März 1968 entbrannte in Polen eine antisemitische Hetzjagd, der zahlreiche Menschen zum Opfer fielen und vor der viele einfach Angst hatten.

Ja, ich war wirklich überrascht. Denn früher habe ich weder über meine jüdische Herkunft noch darüber nachgedacht, dass ich anders war. Ich war Arzt. Die Patienten waren also von mir abhängig, ich spürte ihren Respekt. Sogar dann, wenn jemand antisemitische Auffassungen vertrat und ich dessen Frau behandelte, zeigte er mir das nicht. Ich verstand mich als Gleichen unter Gleichen. Auch wenn die Zeitungen von antijüdischen Artikeln geradezu überquollen, dachte ich nie, dass diese auch mich betreffen könnten. Ich fühlte mich als Pole und vollberechtigter Bürger dieses Landes. Ich half vielen Menschen und rettete deren Leben. Ich erfüllte also meine Funktion. Ich hatte eine gute Meinung über mich. Und dass andere Leute eine andere Meinung vertraten, war – um es mit den Worten meiner ältesten Schwester Lola zu sagen – nicht mein, sondern allein deren Problem. Dadurch ließ ich negative Dinge gar nicht erst an mich herankommen. Als es zu meiner völlig unerwarteten Kündigung kam, hat diese umso mehr wehgetan. Ich fühlte mich tief enttäuscht und verletzt.

Wie erklärst du dir, dass man gerade dich loswerden wollte?

Dr. Pasławski war ganz auf der Parteilinie. Er erhielt von oben die Anweisung, Juden zu entlassen. Also entließ er den jüdischen Oberarzt. Im Krankenhaus Otwock gab es außer mir wohl keine anderen Mitarbeiter jüdischer Herkunft. Und er musste seine Aufgabe erfüllen – die »Volksfeinde« aufspüren, die »Zionisten«.[7] Derartige Schimpfwörter bekamen wir zu hören. Mich hat man ohnehin recht milde behandelt, denn ich erhielt »nur« eine Kündigung mit dreimonatiger Frist und wurde nicht von einem Tag auf den anderen entlassen. Die Juden hat man damals gezielt beleidigt und brutal zermalmt.

An jene Zeit denke ich heute mit Verwunderung, Entsetzen und bitterem Groll zurück. Man hat mir sozusagen die Flügel gestutzt. Ich fürchtete zwar nicht um mein Leben und dachte nicht, dass wir abermals physisch bedroht werden würden. Dennoch war unsere psychische Situation unerträglich. Wir jungen Polen jüdischer Abstammung waren nach dem Krieg in unser Vaterland zurückgekehrt, um dieses wiederaufzubauen – und so wurden wir behandelt! Wir verspürten daher Schmerz, Leid und tiefes Bedauern, aber nicht die Furcht, dass man uns zu Leibe rücken würde. Ich kann mich jedenfalls an diese Furcht nicht erinnern.

Wie ist es möglich, dass du den Antisemitismus früher nicht bemerkt hast?

Der Antisemitismus ist für mich zunächst eine ziemlich unwesentliche Randerscheinung gewesen. Nach meiner Ankunft in Polen 1951 besuchte mein Sohn Michał den Kindergarten. Eines Tages kehrte er weinend nach Hause zurück und klagte, dass die einen Kinder ihn wegen seiner blonden Haare »Hitler« riefen, während andere ihn »Jude« nannten – sie wussten, dass er mein Sohn war. Aber das war doch unlogisch. Man konnte nicht Hitler und Jude zugleich sein! Ich begab mich also in den Kindergarten und bat, mein Kind nicht zu quälen. 1968 wurde er schließlich seiner Hochschule verwiesen. Michał hatte bis dahin Mathematik studiert und im März 1968 an den Studentendemonstrationen teilgenommen.

Auch mein Sohn Robert bekam mitunter antisemitische Auswüchse zu spüren. Denn eines Tages kam er von der Schule zurück und fragte mich: »Warum sagt die Lehrerin, dass ich mich als Jude besonders gut benehmen muss? Warum habe ich anders zu sein als alle anderen?«

1969 fühlte ich die wohlwollende Unterstützung meiner Kollegen im Krankenhaus. Sie bedauerten es, dass der Staat mich so behandelt hatte. Abgesehen von Einzelfällen hatte ich in Polen bislang keine antisemitischen Aversionen erlebt. Nachdem man mir eine Wohnung in der Zajączek-Straße zugeteilt hatte, kommentierte dies der Bauherr des dortigen Hauses, Ingenieur Żabierek, mir gegenüber wie folgt: »Nur Juden schaffen es, sich so einzurichten.« Das sollte sicher beleidigend klingen.

Ferner ist mir eine bestimmte Begebenheit in der Straßenbahn in Erinnerung geblieben. Ich war gerade mit Marysia, einer jüdischen Mitarbeiterin Katjas, unterwegs. Plötzlich hörten wir ein Kind weinen und kurz darauf die Stimme der Mutter: »Sei still, sonst nehmen dich die Juden für ihre Matzot!« Ich reagierte darauf in ruhigem Ton: »Gute Frau, bis zum Pessach-Fest sind es noch sechs Wochen, und Sie machen schon heute Ihrem Kind Angst, dass die Juden es zu ungesäuertem Brot verarbeiten?«[8] Meine Bekannte erstarrte vor Schreck, dass ich an diesem öffentlichen Ort so zynisch sprach. Daher sagte ich zu ihr: »Marysia, im Getto Litzmannstadt und in den Konzentrationslagern konnte ich mich nicht so freimütig zu Wort melden. Jeglicher Protest wäre einem Selbstmord gleichgekommen. Aber jetzt wird niemand in meiner Gegenwart die Würde eines Menschen straflos verletzen.«

Viele Jahre später – 2005 – wollte ich meinen Bekannten aus den USA Warschau zeigen. Unter der Sigismund-Säule standen damals gerade zwei Burschen von der »Allpolnischen Jugend«,[9] die ein Plakat mit folgender Aufschrift in den Händen hielten: »Soll Polen wirklich zu einem zweiten Palästina werden?« Ich spielte den Naiven und sagte, dass ich hier mit Gästen aus den USA sei und diese wissen wollten, um was es hier gehe. »Weil die Juden uns unterdrücken und beherrschen …«, begann einer der Burschen mir zu erklären. Daraufhin spuckte ich ihn an und antwortete: »Ich bin Jude. Na und? Verfolge ich dich etwa?!« – »Dann geh dorthin, wo du hingehörst!«, erhielt ich zur Antwort. Ich verpasste ihm einen Faustschlag ins Gesicht.

Du hast einen Burschen mit kurz ausrasiertem Nacken ins Gesicht geschlagen? Du warst damals fast 80 Jahre alt!

Ja, das habe ich. Dann kam die Polizei. Ich erklärte, dass ich jüdischer Herkunft sei und einer von ihnen mich beleidigt hatte. Der Polizist wollte mich nur beruhigen und nahm den Vorfall nicht einmal zu Protokoll. An die Burschen der Allpolnischen Jugend richtete ich noch folgende Worte: »Wenn ihr Antisemiten seid, werdet ihr am eigenen Leib spüren, wie weh es tut, wenn ihr andere beleidigt.« Ich werde nie schweigen, sondern immer reagieren. Vielleicht nicht mehr auf eine derart gewalttätige Weise. In puncto Verletzung der Menschenwürde bin ich jedenfalls recht sensibel.

In der Klinik am Starynkiewicz-Platz konnte man bisweilen scheinbar recht erheiternde Kommentare hören. Dort arbeiteten zwei Brüder als Assistenzärzte. Einer von ihnen beliebte wie folgt zu scherzen: »Jüdlein hier, Jüdlein dort.« Um ihn zu reizen, entgegnete ich: »Polacklein hier, Polacklein dort.« Daraufhin stutzte er: »Wieso Polacklein?« Ich erwiderte: »Und warum Jüdlein?« Lange wusste ich nicht, wer von meinen Mitarbeitern in der Klinik jüdischer Herkunft war. Das erfuhr ich erst nach 1968. Früher hatte ich keine Überlegungen darüber angestellt, es war einfach nicht wichtig für mich.

Wie hat Katja auf deine Schwierigkeiten reagiert?

Sie verhielt sich mir gegenüber loyal, obwohl sie sich in Warschau eigentlich recht wohl fühlte. Ganz bewusst wählte ich das neutrale Schweden als Auswanderungsland. Nach Israel wollte ich hingegen nicht emigrieren, da meine Söhne dort zum Wehrdienst gezwungen worden wären und für die Landesverteidigung hätten kämpfen müssen, was sie unter Umständen das Leben gekostet hätte. Ich war vielmehr der Ansicht, dass unsere Familie bereits genug Verluste hingenommen hatte. Vier Fünftel von uns waren ja durch den Holocaust umgekommen.

Warum nicht Deutschland?

Ich fühlte eine starke Abneigung gegen dieses Land, da ich dort in den Konzentrationslagern gewesen war – also aufgrund meiner Vergangenheit. Gegenüber einzelnen Deutschen hatte ich nie Vorbehalte, aber gegen das Land als solches schon. Meine seelischen Wunden waren noch nicht derart verheilt, dass ich dort hätte frei aufatmen können. Solange ich mit meinem Studium beschäftigt war, habe ich nie groß darüber nachgedacht.

Aber nun nach Deutschland zurückzukehren und sich dort niederzulassen, war eine fundamentale Lebensentscheidung. Dazu fühlte ich mich nicht bereit. Ich kann mich nicht einmal daran erinnern, dass ich darüber mit Katja je diskutiert hätte – sie verstand mich ohnehin. Und das, obwohl sie für die Emigration nach Schweden einen enormen Preis bezahlen musste.

In der schwedischen Botschaft in der Bagatela-Straße in Warschau empfing man mich mit offenen Armen. Ohne Probleme erhielt ich die erforderliche Aufenthalts- und Arbeitserlaubnis. Formal beantragte unsere Familie jedoch ein Visum nach Israel, das war die offizielle Prozedur. Denn nur unter dieser Voraussetzung willigten die Behörden in die Ausreise aus Polen und die Ausstellung der »Reisedokumente« ein. Über die Botschaft sandte ich meine Dokumente und Fotos als Diplomatenpost nach Schweden, da diese Unterlagen von den polnischen Zollbeamten bei der Grenzkontrolle sonst sicherlich nicht durchgelassen worden wären. Die Zollabfertigung am Danziger Bahnhof in Warschau war für mich demütigend, ja geradezu erniedrigend. Denn ich musste dort tagelang auf die Überprüfung der Liste mit den auszuführenden Gegenständen warten. Diese Liste habe ich heute noch. Die Zollbeamten blätterten jedes einzelne Buch Seite für Seite durch und konfiszierten dabei zahlreiche Abhandlungen jüdischer Autoren sowie Hitlers *Mein Kampf*. Ich hatte damals auch Filme von meiner Familie im Gepäck, die mit einer Minikamera – mit acht Millimeter breitem Objektiv – gedreht worden waren, also Filme mit meinen Kindern, aus meinem Privatleben. Die Zollbeamten sahen sich alles viele Stunden lang minutiös an.

Wir bestellten uns einen Container, aber packten dort nicht allzu viele Habseligkeiten hinein, außer Büchern ein paar Möbelstücke, Kleidung und Küchengeräte. Von diesen Sachen sind mir bis heute mehrere Kristalltrinkgläser und eine kleine Holzkiste übriggeblieben – übrigens die gleiche Holzkiste, die ich bereits 1950 mit nach Polen genommen hatte. Darauf hatte ich damals vermerkt: »Göttingen–Warschau« – und es später aktualisiert: »Warschau–Stockholm«. Mein Sohn Robert fügte dabei hinter »Stockholm« ein Fragezeichen hinzu. Die Holzkiste diente uns in Schweden als Nachttisch in unserem Haus am Meer.

Habt ihr ein Abschiedstreffen mit euren Freunden veranstaltet?

Nein, daran kann ich mich nicht erinnern. Ich fühlte mich damals wie versteinert, gleichsam betäubt. Mich ließ die Ausreise nach Schweden eigentlich völlig kalt. Zum Glück hatte ich so viele Dinge bei der Vorbereitung der Emigration zu erledigen, dass ich keine Zeit mehr hatte, noch an etwas anderes zu denken.

Welche Gedanken gingen dir durch den Kopf, als du die Tür deiner Warschauer Wohnung zum letzten Mal hinter dir abgesperrt hast?

Die materielle Seite war weniger wichtig. Denn da ich so oft im Leben alles verloren habe, sind nun andere Dinge wesentlich für mich. Ein Gegenstand ist nur ein Gegenstand, man kann ihn verlieren und dann wieder zurückgewinnen. Das menschliche Leben hingegen hat einen unschätzbaren Wert und ist unersetzbar. Wir alle, die wir den Holocaust überlebt haben, können einschätzen, was von Bedeutung ist und was nicht. Wir beklagen uns nie.

Die Wohnung in Warschau vermachten wir Michał. 1967 heiratete er Katarzyna Mrozek, von der ich damals gar nicht wusste, dass sie Jüdin war. Auch das zeugt davon, wie ich vom »Jüdischen« eingenommen war – nämlich kaum. Katarzyna ist die Verfasserin der schönen Novelle *Karp pożydowski* [Karpfen nach jüdischer Art].[10] Sie und Michał konnten nicht mit uns nach Schweden fahren, da ihr Vater nach einem Schlaganfall gelähmt und somit pflegebedürftig war.

Robert hingegen protestierte offen gegen unsere Entscheidung, nach Schweden auszuwandern. Denn er war in seine Nachbarin in der Armia-Ludowa-Straße in Warschau, Ewa Tarnowska, verliebt. Daher war die Trennung von ihr eine regelrechte Tragödie für ihn. Unser 15-jähriger Sohn Andrzej ertrug die Emigration etwas leichter, aber auch er fühlte sich seiner Schule und den Freunden sehr verbunden.

Die Grenze überschritten wir in Frankfurt/Oder an einem symbolischen Tag, dem 1. September 1969 – genau 30 Jahre nach Ausbruch des Zweiten Weltkrieges. Michał und Katarzyna begleiteten uns auf dem Weg zur Grenze. Als wir an den Grenzübergang heranfuhren, sah der Zollbeamte unsere Reisedokumente durch und fragte nur: »Sie sind also Arzt?« – »Ja«, sagte ich. »Und Sie sind gezwungen, Polen zu verlassen?« Ich erzählte ihm in aller Kürze, wie sich die Dinge verhielten. Daraufhin trat der Beamte zur Seite und besprach sich mit dem Leiter der Grenzwache. Sie erlaubten Michał und Katarzyna, die neutrale Zone zu betreten, damit wir noch ein bisschen zusammen sein konnten. Als ich den Beamten fragte, ob er nicht die Liste mit den von uns ausgeführten Sachen auf ihre Richtigkeit hin überprüfen wolle, schüttelte er nur unwillig den Kopf und sagte, dass er uns vertraue und das Gepäck im Auto nicht kontrollieren werde. Diese menschliche Geste am Ende meines Lebens in Polen war wichtig für mich.

Noch eine Begebenheit habe ich in Erinnerung. Wir hatten damals Freunde in Ostberlin und wollten uns mit ihnen treffen, so dass wir von der Autobahn ins Stadtgebiet von Ostberlin hineingefahren sind. Unterwegs wurden wir von einer DDR-Verkehrskontrolle angehalten, die uns aufgrund des polnischen Kfz-Kennzeichens jedoch sofort durchließ. Wir übernachteten also bei unseren Freunden und brachen morgens in Richtung Westen auf. Bei einer weiteren Kontrolle fragte uns der Grenzpolizist: »Wie seid ihr denn hierhergekommen?« Denn wir hatten eigentlich kein Recht gehabt, in das Stadtgebiet von Ostberlin hineinzufahren, sondern hätten uns auf der Umgehungsautobahn geradewegs in den Westen begeben müssen. Ich wurde wütend und sagte: »Wir sind vom Himmel gefallen! Frage die Kollegen, warum sie uns durchgelassen haben!« Katja und die Jungen blickten mich nur verwundert an. Ich ging nämlich davon aus, dass man uns nun nichts mehr anhaben konnte. Wir fuhren zu meiner Schwiegermutter, zu Oma Emma nach Weidenhausen. Mein Schwiegervater hingegen lebte damals nicht mehr. Dort verbrachten wir einige Tage.

Hast du damals Groll gegen die Volksrepublik Polen gehegt?

Ich fühlte mich vom politischen System beleidigt, nicht vom Land oder seinen Menschen. Ich hatte in Polen nämlich zu viele ergebene, enge Freunde und kann das deshalb nicht generalisieren. Uns Juden hat man jahrhundertelang als Volk verfolgt – eben durch diese Generalisierungen. Denn man sagte eben nicht, dass der eine oder andere Jude sich etwas zu Schulden hatte kommen lassen oder sich schlecht verhalten hatte und daher entsprechend zu bestrafen sei. Nein, immer waren wir alle schuldig! Daher bin ich grundsätzlich gegen Verallgemeinerungen. Wenn jemand sagt »die Schweden«, frage ich sofort: »Welche Schweden? – Die aus der Region, dem Dorf oder der Stadt?« Es gibt nämlich keine typischen Schweden, so wie es auch keine typischen Juden oder Polen gibt. Jeder Mensch hat seine unverwechselbaren Eigenarten. Ich sehe den Menschen daher einfach nur als Menschen an. Dabei zählen für mich keine Etiketten, die man ihm anhängt. Aber als ich Polen im Jahre 1969 endgültig verließ, fühlte ich mich völlig niedergeschmettert und am Boden zerstört. Denn ich war damals 43 Jahre alt und musste zum dritten Mal in meinem Leben ganz von vorne anfangen.

Die Welt hinter dem Meer

Während meiner Arbeit dachte ich nicht groß über meine Situation nach, denn ich hatte keine Zeit, in Rührseligkeit zu verfallen oder das Geschehene nochmals Revue passieren zu lassen. Aber immer, wenn ich alleine zurückblieb, kamen die üblen Gedanken. Ich spürte dann auf überaus heftige Weise den Grund meiner Emigration: Verbitterung, Wehmut und der erlittene Verdruss sowie der fast ein Jahr dauernde Kampf um die Rettung meiner Ehre und Würde – all das kehrte in diesen Augenblicken zu mir zurück. Abends saß ich in meinem bescheidenen, halbleeren Zimmer, in dem sich lediglich ein Bett, ein Tisch und ein Schrank befanden. Ich schob dann stets meine Hände unter die Oberschenkel und sagte fortwährend in lautem Ton zu mir: »Tu das ja nicht! Tu das ja nicht!« Ich hatte förmlich vor Augen, wie ich ins Bad ging, meine Hände unter laufendes warmes Wasser steckte und mir die Pulsadern aufschnitt.

Anfang der 1970er Jahre wurde Schweden in Polen als wohlhabendes Land wahrgenommen, das sich mehr als jeder andere Staat in Europa um seine Bürger kümmerte. Zahlreiche polnische Emigranten hatten im März 1968 gerade dieses Land zur neuen Heimat gewählt. Dass sich das schwedische Sozialsystem auf die weltweit höchsten Steuersätze stützte, fiel damals kaum jemandem auf. In der Volksrepublik Polen waren Steuern ohnehin eine eher symbolische Angelegenheit. Seit den 1930er Jahren regierte in Stockholm die Sozialdemokratische Arbeiterpartei Schwedens (SAP), die schließlich 1976 die Macht abgeben musste.

Die Holocaust-Überlebenden wählten Schweden noch aus einem weiteren Grund: Das Land hatte sich aus dem Zweiten

Weltkrieg anscheinend völlig herausgehalten und besaß weiterhin einen neutralen Status. Aber war das wirklich so? Elisabeth Åsbrink weist in ihrem Buch *Made in Sweden: 25 Ideas that Created a Country* nach, dass diese Ansicht teilweise illusorisch ist und liefert dafür recht stichhaltige Gründe: Im Frühjahr 1940 griff das »Dritte Reich« im Rahmen des »Unternehmens Weserübung« überraschend Dänemark und Norwegen an, stieß aber gerade in Norwegen auf unerwartet starken Widerstand. Als die deutschen Landtruppen bei der Schlacht um Narvik eingekreist zu werden drohten, setzte Nazideutschland Schweden unter Druck: Es sollte die Versorgung der Truppen über sein offiziell neutrales Territorium ermöglichen. Auf dem Schienenweg wurde in der Folge sowohl die strategisch wichtige Rohstoffversorgung mit Eisenerz als auch der Transport von deutschen Besatzungstruppen durch Schweden sichergestellt. Dabei gelangten jede Woche ca. 1.500 mit »Waren« beladene Waggons zu den in Norwegen und Finnland stationierten deutschen Streitkräften. Nach einschlägigen Schätzungen bildete die Hälfte davon Militärgerät.[1]

Während des gesamten Zweiten Weltkrieges war Schweden einer der wichtigsten Handelspartner des »Dritten Reiches«, da das Land über die für die NS-Rüstungsindustrie so notwendigen Eisenerze und über Stahl verfügte. Andererseits gelangten im Jahr 1943 95 Prozent der dänischen Juden auf Fischerbooten in das neutrale Schweden, wo sie bis Kriegsende in Sicherheit lebten. Die dänischen Juden waren die einzigen Juden in Europa, die vom Holocaust völlig verschont blieben. In der vom Schwedischen Roten Kreuz im Frühjahr 1945 organisierten Hilfsaktion der »Weißen Busse« rettete man zunächst KZ-Häftlinge aus ganz Skandinavien und dann erst aus anderen okkupierten Ländern. Denn es stand fest, dass das NS-Regime möglichst viele Häftlinge rasch ermorden würde, um sämtliche Spuren der begangenen Kriegsverbrechen zu verwischen.

Anfang der 1970er Jahre wurden diese Ambivalenzen in der schwedischen Öffentlichkeit jedoch weitgehend verschwiegen. Unter den Teppich gekehrt wurden damals auch andere beschämende Tatsachen, wie zum Beispiel die Nazi-Sympathien des IKEA-Gründers und jahrelang reichsten Mannes von Schweden, Ingvar Kamprad, der den wirtschaftlichen Erfolg seines Landes verkörperte. Kamprad stand unter dem Einfluss seiner aus Böhmen stammenden Großmutter, einer glühenden Nazi-Verehrerin, die ihn mit nationalsozialistischer Lektüre versorgte. Während des Krieges machte er aus seinen Sympathien für Hitler keinen Hehl und freundete sich u. a. mit Per Engdahl an, dem bekannten Gründer der faschistischen Bewegung »*Nysvenska Rörelsen*« [»Neuschwedische Bewegung«], in die Kamprad im Jahr 1942 als aktives Mitglied eintrat. Ein anderes Reizthema bildeten die sogenannte »Rassenreinheit« und die Zwangssterilisation von Individuen, die für die Gesellschaft als weniger nützlich angesehen wurden, also psychisch Kranke und Frauen, die man eines liederlichen Lebenswandels verdächtigte. In den Jahren 1935 bis 1975 (!) ließ man in Schweden über 60.000 Personen – mehrheitlich Frauen – sterilisieren.[2] Es ist heute kaum noch bekannt, dass Homosexualität in diesem Land bis Ende der 1970er Jahre nicht nur juristisch als Geisteskrankheit galt. Zu erwähnen ist auch das Problem der in Schweden lebenden Ureinwohner, des Volks der Samen. Zu Beginn des 20. Jahrhunderts herrschte nämlich die Maxime, dass »ein Lappe immer ein Lappe bleiben muss«. Er sollte also nur minimale Schulbildung genießen und seine Heimat bis zum Lebensende nicht mehr verlassen. Die Kinder der Samen wurden daher ihren Eltern weggenommen und in spezielle Internatsschulen gesandt, wo sie unter höchst spartanischen Bedingungen leben mussten. Sie durften sich nicht an normale Betten, warme Schlafdecken oder beheizte Zimmer[3] gewöhnen, denn das hätte sie charakterlich »verdorben«, ähnlich wie ein Übermaß an Wissen. Diese Internate existierten in Schweden bis 1962. Mit welchen Erfahrungen und Kenntnissen die Absolventen dann ins Erwachsenenleben entlassen wurden, ist wohl leicht vorstellbar.

Aber das ist nicht die einzige Wahrheit. Schweden achtete seit den 1970er Jahren wie kein anderes Land die Rechte der schutzlosen, vergessenen und ausgeschlossenen Menschen in der Gesellschaft. 1979 verbot Schweden als erster Staat auf der Welt sämtliche Formen von psychischer und physischer Gewalt in der Kindererziehung.[4] Die schwedische Gesetzgebung führte die Gleichberechtigung der Frau nicht nur auf dem Papier ein. Die Kinderbetreuung wurde durch den gesetzlich garantierten Erziehungsurlaub (1974 ersetzte man den »Mutterschaftszuschuss« durch den begriffsneutralen »Elternzuschuss«[5]) tatsächlich auf beide Eltern aufgeteilt. Und für die schwedischen Frauen fußten ihre Sicherheit und Würde auf dem freien Zugang zu Empfängnisverhütung sowie auf einem gut bezahlten Arbeitsplatz und auf vielfältigen Möglichkeiten der persönlichen Weiterbildung und des beruflichen Aufstiegs. Wie kein anderes Land öffnete Schweden damals seine Grenzen für Immigranten aus aller Welt und ermöglichte ihnen eine finanziell und organisatorisch abgesicherte, unkomplizierte Ankunft in der neuen Heimat. Darüber hinaus setzte man auf überaus lockere Umgangs- und Ausdrucksformen. Dies zeigte sich in der Mode ebenso wie in der Tatsache, dass die gesamte Gesellschaft anfing, sich zu duzen. Die neue Lässigkeit hielt auch in der Kindererziehung überall Einzug.

Von all diesen Dingen konnte die Familie Weintraub jedoch nichts wissen, als sie 1969 eine Reise antrat, die ihr Leben völlig auf den Kopf stellen sollte …

*

Die meisten Auswanderer der im März 1968 einsetzenden Emigrationswelle begannen ihr neues Leben mit fünf Dollar in der Hand. Denn so viel durfte man damals aus Polen legal ausführen. War das bei dir und deiner Familie auch so?

Das weiß ich nicht mehr so genau. Ich hatte damals wohl etwas Geld auf einer Bank in Deutschland. Dieses Geld hatte ich mitgenommen, als wir bei meiner Schwiegermutter in Weidenhausen gewesen waren. Ich habe noch genau vor Augen, wie wir nach einem kurzen Aufenthalt im dänischen Odense auf die Fähre nach Helsingborg stiegen. Ich befand mich in einem seltsamen Traumzustand, so als ob mein Kopf in einem Ballon steckte. Alles um mich herum erschien mir irgendwie irreal. Denn ich hatte immer noch nicht ganz begriffen, dass man mich aus meiner Heimat hinausgeworfen hatte. Die Auflösung der Wohnung, der Abschied von meinem Sohn, den Freunden, Bekannten und Patientinnen – das alles waren sehr schwierige Erfahrungen. Es überwog ein bitteres Gefühl der Enttäuschung und der Wehmut.

Wartete bereits eine neue Unterkunft auf euch?

In Stockholm hatte ich die Adresse einer Patientin. In Schweden wurden Schwangerschaftsabbrüche bis 1975 vom Staat erheblich erschwert, sodass viele Frauen dazu eigens nach Polen reisten. Daher hatte ich einmal einer Schwedin helfen können, die zu Beginn ihrer Scheidung gemerkt hatte, dass sie ein Kind erwartete, sich eine Geburt aber nicht erlauben konnte. Danach hielt ich Briefkontakt zu ihr, da ich mich vergewissern wollte, ob es ihr nach dem Eingriff weiterhin gutging. Bei dieser Frau verbrachten wir unsere erste Nacht in Schweden. Am übernächsten Tag wandten wir uns an die Jüdische Gemeinde. Als Einwanderer erhielten wir eine Einweisung in das Gustav-Vasa-Hotel am Odenplan-Platz.

Abends fand ein Empfang für die neuen Immigranten in der Gemeinde statt. Irgendjemand teilte mir mit, dass auch der aus Częstochowa/Tschenstochau stammende Direktor des berühmten onkologischen Instituts »Radiumhemmet«, Prof. Jerzy Einhorn,[6] anwesend sei. Ich stellte mich ihm kurz vor, woraufhin er sich nach meinen Berufserfahrungen erkundigte. Ich antwortete, dass ich zuletzt in Polen als promovierter Oberarzt gearbeitet hatte und nun hoffte, innerhalb von drei bis fünf Jahren auch in Schweden eine vergleichbare Position zu erreichen. Daraufhin schaute er mich von oben herab an und sagte: »Kollege! Wissenschaftler haben wir hier viele. Was wir brauchen sind Leute für die tägliche Routinearbeit.«

Er hat dir also gewissermaßen einen Eimer kalten Wassers über den Kopf geschüttet?

Ich dachte nur: »Du magst ja ein hervorragender Professor sein, aber moralisch fehlt dir etwas. Du willst mir einreden, dass es keinen Sinn hat, ambitionierte Vorstellungen zu hegen? Möchtest du mir den Wind aus den Segeln nehmen?« Mit diesem Menschen hatte ich einfach nichts gemein. Später schrieb er mir wiederholt Briefe, die ich unbeantwortet ließ. Ich würde ihm nicht einmal meine Hand zur Begrüßung reichen. Wenn mir jemand auf die Füße tritt, werde ich nicht zurücktreten. Denn das Wort »Vergeltung« ist aus meinem Wortschatz für immer gestrichen. Das Einzige, was ich tun kann, ist die betreffende Person zu meiden.

Hat die Jüdische Gemeinde euch geholfen?

Sie bezahlten uns mehrere Tage lang das Hotel. Danach erhielt ich vom schwedischen Staat monatlich 300 Kronen – ein Zuschuss, der mir als »Student« zustand. Sofort schrieb ich mich für einen Schwedisch-Schnellkurs für Immigranten ein. Sieben Wochen später stellte man fest, dass ich die Sprache ausreichend gut beherrschte. Daraufhin sandte man mich für drei Wochen nach Uppsala zu einem Kurs für die Gesetzgebung des Gesundheitswesens und die medizinische Nomenklatur. Am 20. Dezember 1969 bestand ich die Kursprüfung. Das bedeutete, dass ich nun offiziell als Arzt in Schweden arbeiten konnte. Rasch wurden dann auch mein Studium in Polen und meine Spezialisierung anerkannt, so dass ich mein Ärztediplom nicht nostrifizieren musste. Ein halbes Jahr später war ich in Schweden bereits als vollberechtigter Arzt tätig. In dieser Hinsicht hatte ich einen leichteren Start als viele meiner Kollegen.

Die ersten Monate lebten wir sehr bescheiden, das Geld reichte hinten und vorne nicht. Wir benötigten unbedingt eine eigene Wohnung. So schrieb ich an meine in den USA lebende Schwester Lola einen Brief mit der Bitte, uns etwas Geld zu leihen. Daraufhin schickte sie uns 5.000 Dollar. Das war der finanzielle Grundstock für den Erwerb der Wohnung – ein Viertel ihres Werts. Den Rest bezahlte ich in Raten ab. Wir wohnten in Täby bei Stockholm in einem großen Block – in vier Zimmern. Als wir dort einzogen, waren lediglich zwei Treppenhäuser fertiggestellt.

Hast du eine Arbeit gefunden?

Nach Abschluss meines Schwedisch-Kurses sandte mich das Gesundheitsministerium in das Krankenhaus in Luleå im hohen Norden Schwedens, direkt am Polarkreis – fast 1.000 Kilometer von zuhause entfernt. Am Dreikönigstag des Jahres 1970 stieg ich ins Auto und machte mich dorthin auf den Weg. Mein erstes Gehalt waren 3.600 Kronen. 600 behielt ich ein, den Rest sandte ich nach Stockholm. Es erfüllt mich immer noch mit Genugtuung, dass ich für den schwedischen Staat nur drei Monate lang eine »Belastung« war, danach stand ich finanziell bereits auf eigenen Beinen. Denn ich fühlte starke Gewissensbisse aufgrund der erhaltenen staatlichen Unterstützung, auch wenn mir diese von Rechts wegen zustand.

Wie lebte deine Familie?

Katja blieb mit Robert und Andrzej in Stockholm zurück. Sie verdiente ein bisschen durch Übersetzungen, während unsere Söhne zur Schule gingen. Michał hingegen war immer noch in Polen, da er bislang kein Visum erhalten hatte. Ich musste letztlich eine »Ausbildungspauschale« in Höhe von 30.000 Zloty für sein Studium entrichten – das war die Bedingung für die Ausreiseerlaubnis. 1971 konnte er dann endlich mit Katarzyna zu uns nach Schweden kommen.

In Luleå war der Himmel sehr grau, es herrschte auch tagsüber eine tiefe Dunkelheit. Ich erhielt eine kleine Zweizimmerwohnung direkt gegenüber dem Krankenhaus. Dort arbeitete ich, was mich eigentlich hätte freuen müssen. Im Krankenhaus fand ich mich recht gut zurecht. Schlechter war es hingegen in der Poliklinik, in der ambulante Behandlungen durchgeführt wurden. Denn die Gespräche mit den Patientinnen bereiteten mir einige Schwierigkeiten. Schwedisch konnte ich zwar schon so gut sprechen, dass ich mich leidlich verständlich machen konnte. Aber ich verstand es immer noch nicht, mich in dieser Sprache korrekt auszudrücken.

Der ärztliche Bereitschaftsdienst war hingegen anspruchsvoller als in Polen. Ich steckte mir dabei selbst das Ziel, möglichst nie den ranghöheren Kollegen anzurufen, der im Falle einer Notsituation telefonisch erreichbar war. Einmal im Monat hatte man am Wochenende Bereitschaftsdienst, der von Freitagvormittag bis Montagnachmittag dauerte. Das war überaus anstrengend, nicht immer konnte man sich dabei ausschlafen. Als ich in Luleå Operationen durchführte, stand mir lediglich eine OP-Schwester zur Seite und kein zweiter Arzt wie in Polen. Die ganze Verantwortung ruhte also allein auf mir.

Immer wenn es im Krankenhaus an Ärzten fehlte, hatten wir auch in anderen Abteilungen Bereitschaftsdienst, zum Beispiel in der Chirurgie. Davor hatte ich Angst, da ich mich dabei recht unsicher fühlte. Eines Tages erschien ein Patient mit einem verrenkten Schultergelenk. Ratlos stand ich da und überlegte, was zu tun war. Plötzlich flüsterte mir ein Krankenpfleger ins Ohr: »Das Knie an die Rippen legen und ziehen, bis das Gelenk wieder einspringt.« Es gelang.

Hast du dich öfter mit deiner Familie treffen können?

Im Februar 1970 besuchte mich Robert. Wir fuhren zusammen nach Jokkmokk auf den von den Samen organisierten Wintermarkt. Robert blieb einige Tage bei mir. Einmal besuchte mich auch meine Frau. Im August 1970 kam meine Schwester mit ihrem Mann aus Amerika nach Stockholm. Daher stieg ich nach der Arbeit rasch ins Auto und fuhr die ganze Nacht, um mich mit ihnen am nächsten Morgen zu treffen. Am Nachmittag kehrte ich wieder nach Luleå zurück.

Im hohen Norden Schwedens begann für mich eine tragische Zeit der Einsamkeit. Denn außerhalb des Krankenhauses hatte ich überhaupt keinen Gesprächspartner. Im Winter herrschte fast 24 Stunden lang Dunkelheit, während im Frühjahr und Sommer fast durchgängig die Sonne schien. Nur nach Mitternacht ging die Sonne für eine Weile im Meer unter, um dann kurze Zeit später wieder am Horizont aufzutauchen. Wenn es dunkel ist, kann man ein Licht anzünden, aber die Sonne kann man nicht einfach abschalten. Das hat mich dermaßen gequält, dass mich schließlich die sogenannte »Lappische Krankheit« befiel, eine Art Depression.

Die Arbeit war weniger mit Furcht als mit einer gewissen Entfremdung verbunden. Zum Glück operierten meine Hände bereits wie von selbst. Es war üblich, dass der Arzt nach dem Besuch einer Patientin die Diagnoseergebnisse und medizinischen Empfehlungen auf Tonband aufzeichnete. Eine Sekretärin hörte dann das Band ab und erstellte entsprechende Vermerke in der Krankengeschichte. Daran saß ich oft bis tief in die Nacht hinein. Ich zeichnete die von mir durchgeführten Untersuchungsergebnisse mehrmals neu auf und löschte sie dann teilweise wieder, da ich nur selten mit mir zufrieden war. Die Sekretärinnen lobten mich, da ich in einer einfachen Sprache redete, die sie recht gut verstehen konnten. Größere Kommunikationsprobleme hatten sie mit den Ärzten aus Dänemark. Ich machte mir ferner regelmäßig Notizen, um mich mit meinen Patientinnen einigermaßen verständigen zu können – ein bisschen auf Englisch, ein bisschen auf Deutsch, ein bisschen auf Schwedisch.

Dies alles hatte zur Folge, dass sich meine psychischen Ressourcen zunehmend erschöpften. Ich fühlte mich damals zwar innerlich gefestigt und hatte einen starken Überlebenswillen, da im Vergleich zu den Kriegsjahren nun in Schweden alles um Längen besser war. Dennoch waren die Monate von Januar bis September 1970 sehr schwierig für mich.

Während meiner Arbeit dachte ich nicht groß über meine Situation nach, denn ich hatte keine Zeit, in Rührseligkeit zu verfallen oder das Geschehene nochmals Revue passieren zu lassen. Aber immer, wenn ich alleine zurückblieb, kamen die üblen Gedanken. Ich spürte dann auf überaus heftige Weise den Grund für meine Emigration: Verbitterung, Wehmut und der erlittene Verdruss sowie der fast ein Jahr dauernde Kampf um die Rettung meiner Ehre und Würde – all das kehrte in diesen Augenblicken zu mir zurück. Abends saß ich in meinem bescheidenen, halbleeren Zimmer, in dem sich lediglich ein Bett, ein Tisch und ein Schrank befanden. Ich schob dann stets meine Hände unter die Oberschenkel und sagte fortwährend in lautem Ton zu mir: »Tu das ja nicht, tu das ja nicht!« Ich hatte förmlich vor Augen, wie ich ins Bad ging, meine Hände unter laufendes warmes Wasser steckte und mir die Pulsadern aufschnitt. Ich sah genau, auf welche Weise ich das tat. Allein meine Willenskraft hielt mich davon ab. *Ich durfte das nicht tun.*

Letztlich siegte das Gefühl der Verantwortung für meine Familie, die Söhne. Ich war nicht imstande, an meine Freunde in Warschau zu denken. Ich musste so lange durchhalten, bis ich mich an die veränderten Existenzbedingungen gewöhnt hatte und unter diesen ein neues Leben beginnen konnte. Ich schrieb einige Briefe nach Polen, aber hatte nicht die Kraft, die Beziehungen zu meinen dortigen Bekannten und Freunden länger aufrechtzuerhalten. Denn es gab zu viele Schwierigkeiten, die ich in den Griff bekommen musste. Daher arbeitete ich selbst an mir und führte eine Art Eigentherapie durch.

War das unter diesem großen Stress überhaupt möglich?

Als Arzt weiß ich, dass das Gehirn nur eine gewisse Zeit lang unter erhöhter Anspannung zu arbeiten vermag, dann fällt diese auf natürliche Weise wieder ab. Daher sagt man, dass die Zeit Wunden heilt. Mit der Zeit verblassen selbst die schlimmsten Erlebnisse und werden weniger wichtig. Nur warum soll man monatelang warten, wenn schwierige Emotionen rascher verarbeitet werden können? Für was habe ich denn mein Gehirn, das übrigens gar nicht so schlecht ist? Genau so habe ich mir meine Lage damals erklärt. Die Anwendung dieses Prinzips ist mir auch später im Leben vielfach zugutegekommen. Denn dadurch musste ich nie einen Psychologen aufsuchen.

Hast du regelmäßig Alkohol getrunken?

Alkohol ist für mich kein Arzneimittel. Auch heute noch kann ich Menschen, die unter Alkoholeinfluss die Kontrolle über sich verlieren, einfach nicht respektieren.

Hast du in Schweden neue Freundschaften geschlossen?

Trotz des sehr wohlwollenden, warmherzigen Empfangs in Schweden fehlte in meinem Herzen irgendwie der Raum für neue Freundschaften. Ich war seit meiner Ankunft eigentlich stets etwas traurig gestimmt und mit den Gedanken immer noch in Warschau. In den 19 Jahren meines Lebens in Polen hatten sich eine Menge persönlicher Erinnerungen und Kontakte angehäuft. Dort hatte ich viele mir sehr nahestehende Menschen zurücklassen müssen – diejenigen, mit denen ich das Getto überlebt hatte, aber auch diejenigen, die ich später als Klinikarzt kennengelernt hatte. Auch seitens meiner Frau Katja verfügten wir über einen eigenen Freundeskreis. Diese Bande konnte ich nun nicht einfach abstreifen oder vergessen.

Meine schwedischen Kollegen sprachen beim gemeinsamen Mittagessen in der Regel über Steuern und Geld. Als ich im Januar 1970 meine Arbeit aufnahm, führte man in Schweden gerade die »Sieben-Kronen-Reform« ein. Bislang hatten die Ärzte ihre Patientinnen im Krankenhaus gegen eine geringe Pauschalgebühr für die Klinikleitung auch privat behandeln können. Das restliche Honorar ging ganz in die Taschen der Ärzte, niemand kontrollierte dies. Seit der Reform musste jede Patientin sieben Kronen dafür bezahlen. Für die Ärzte bedeutete das einen großen finanziellen Verlust, was in der Öffentlichkeit weitgehend verschwiegen wurde.

Ich machte eine interessante Beobachtung, als der Oberarzt mich zum ersten Mal zu sich nach Hause einlud. Ich war zuvor schon auf zahlreichen Empfängen in Warschau gewesen und hatte natürlich auch selbst Gäste empfangen. Beim Oberarzt in Schweden hingegen reichte man als Appetitanreger zuerst einen Cherry, dann Fisch und Weißwein. Danach gab es ein Fleischgericht, zu dem man Rotwein trank. Am Ende wurde Kaffee mit Branntwein serviert. Aber vier verschiedene Alkoholsorten waren für mich zu viel. Der rechts neben der Hausherrin sitzende Gast musste dieser übrigens nach beendetem Mahl offiziell seinen Dank aussprechen. Die Stimmung war insgesamt recht gezwungen. Denn obwohl sich alle Gäste duzten, herrschte unter ihnen doch eine gewisse Hierarchie.

Im September 1970 bist du nach Stockholm zurückgekehrt. Hast du dort sofort eine andere Arbeit gefunden?

Im großen Krankenhaus »Södersjukhuset« (SÖS) – im Süden von Stockholm – war damals gerade eine Stelle frei geworden. Katja hatte davon erfahren, also bewarb ich mich. Oberarzt war Bruno Kaplan, der Vorsitzende der Jüdischen Gemeinde in Stockholm. Nach acht Monaten kehrte ich aus Luleå zu meiner Familie nach Stockholm zurück.

Einen Tag nach meiner Anstellung führte ich die erste Operation an meinem neuen Arbeitsplatz durch. Dabei betrat auch der Oberarzt den OP-Saal, um mir über die Schultern zu schauen, wie ich arbeitete – und tauchte seitdem nie mehr dort auf, wenn ich operierte.

Einige Kollegen arbeiteten im Krankenhaus in erster Linie, um Geld zu verdienen. Die Sorge um die Patientinnen kam erst unter »ferner liefen« – von Arztethos war bei diesen Kollegen nichts zu spüren. Meine aus Polen »mitgebrachte« Berufseinstellung blieb hingegen unverändert. Meinen Studenten gab ich diesbezüglich folgenden Hinweis: »Wenn ihr die Patientin wie eure Cousine oder Tante behandelt, werdet ihr gute Ärzte werden. Wenn die Patientin aber für euch nur eine x-beliebige Nummer ist, werdet ihr nicht allzu weit kommen.« Ich habe stets reagiert, wenn eine Krankenschwester zum Beispiel von der Patientin 4/8, also von

Saal 4 / Bett 8, sprach. Jede Patientin hatte doch einen konkreten Vor- und Nachnamen! Ich trug der betreffenden Krankenschwester dann auf, nicht so zu reden, da ich ja am eigenen Leib erfahren hatte, wie es sich anfühlte, lediglich eine Nummer zu sein.

Mir lag viel daran, dass Patientinnen nach einem ersten Besuch bei mir auch zur Kontrollvisite zu mir zurückkehrten. Aber darum kümmerte man sich nicht, die Kontinuität der Behandlung wurde als unwichtig angesehen. Ich hingegen hatte stets eine aktuelle Liste meiner Patientinnen und ihrer Krankengeschichten, in denen ich schnell nachschauen konnte, was früher gewesen war. Immer wenn eine Patientin zu mir eintrat, wusste ich bereits alles über sie, so dass sich die Frau sofort sicher fühlte. Für meine Kollegen zählten die ambulant behandelten Patientinnen nicht – dieser gezwungenermaßen zu leistenden Arbeit wollte man sich möglichst rasch entledigen.

Die Ärzte in Stockholm hatten ein überaus elitäres Bewusstsein und standen in der gesellschaftlichen Hierarchie sehr weit oben. Während des Krieges hatte es unter ihnen zahlreiche Faschisten gegeben. So lehnten sie zum Beispiel die Einwanderung jüdischer Ärzte nach Schweden entschieden ab. Aber in den 1970er Jahren sprach man über solche Dinge nicht. Man lebte vielmehr ganz privat – individuell – und pflegte nur wenige soziale Kontakte außerhalb des Arbeitsplatzes. Ich hingegen hatte mich in Warschau regelmäßig mit den Ärzten der Neurologischen und Endokrinologischen Klinik zu Konsultationen bezüglich meiner Patientinnen getroffen. Und das Krankenhaus am Starynkiewicz-Platz war für mich eine einzige große Familie. In Schweden ging jeder Arzt nach der Arbeit seines Weges. Mit keinem der Ärzte habe ich mich näher angefreundet, weder im nördlich gelegenen Luleå noch in Stockholm. Das waren für mich rein berufliche Bekanntschaften. Guten und langjährigen Kontakt hatte ich nur mit einigen Hebammen, wir begegneten uns manchmal auch zuhause. Mit ihnen habe ich Freundschaft geschlossen.

Du dachtest also nicht an eine Fortsetzung deiner wissenschaftlichen Karriere?

Gösta Åström, der Oberarzt in Luleå, freute sich, dass man ihm einen promovierten Spezialisten zugewiesen hatte, denn das ließ ihn hoffen, dass ich nun auch bei ihm klinische Forschungen betreiben würde. Etwas in mir war jedoch zerbrochen. Ich brachte einfach nicht mehr die nötige Kraft auf, um weiterhin wissenschaftlich zu arbeiten – eine innere Flamme in mir war erloschen.

In der Universitätsklinik Stockholm arbeiteten meine Kollegen an mehreren wissenschaftlichen Projekten und fragten mich bisweilen um Rat. In drei oder vier einschlägigen Publikationen wurde ich berücksichtigt. Mir fehlte jedoch der innere Antrieb zu eigenen Forschungen, da meine Begeisterung inzwischen verflogen war. Hinzu kam, dass Katja ein Jahr nach unserer Auswanderung nach Schweden völlig unerwartet verstarb. Das war eine furchtbare Tragödie! Ich stand fortan mit meinen Söhnen ganz alleine da.

Kannst du erzählen, wie es zum Tod deiner Frau gekommen ist?

Am zweiten Weihnachtsfeiertag des Jahres 1970 machte ich mich mit Andrzej und Robert mit dem Auto auf den Weg, um Evamaria Loose zu besuchen – auch eine Deutsche und Bekannte Katjas, beide besuchten den gleichen Schwedisch-Kurs. Katja fuhr nicht mit uns mit, sie war irgendwie in eine Art Apathie verfallen, die wohl von ihren Depressionen herrührte. Meine Jungen und ich saßen lange mit Evamaria zusammen, so dass wir erst spät zurückkehrten. Im Zimmer, in dem meine Frau schlief, war es bereits dunkel. Dort stand der Fernseher. Die Jungen wollten noch irgendeine Sendung ansehen. Also begaben wir uns auf Zehenspitzen in Katjas Zimmer, um sie nicht zu wecken, und trugen den Fernseher in ein anderes Zimmer. Wenn wir das Licht angemacht hätten, hätten wir vielleicht die Weinflasche und die leere Schachtel mit Schlaftabletten entdeckt. Vielleicht hätte man ihr dann den Magen ausgepumpt und sie noch retten können? Am darauffolgenden Morgen lebte Katja nicht mehr. Wir waren alle zutiefst erschüttert.

Nach Katjas Tod fand ich ihre Briefkorrespondenz mit Michał und Katarzyna. Daraus erfuhr ich, dass sie geplant hatte, mich zu verlassen. Denn sie hatte Kontakt zu einer Freundin in der Schweiz gehabt und eine Lizenz als internationale Dolmetscherin im Büro der Vereinten Nationen in Genf erworben. Katja hatte auch eine Rückkehr nach Deutschland erwogen. Daher vermute ich, dass die Überdosierung der Tabletten ein SOS-Zeichen an uns sein sollte – und nicht ihren Wunsch ausdrückte, sich wirklich das Leben zu nehmen. Leider hatte sie dabei wohl nicht bedacht, dass wir bei unserer Rückkehr derart vorsichtig sein, in ihrem Zimmer kein Licht anmachen und ihren Zustand nicht entdecken würden. Für diese Interpretation sprechen auch ihre konkreten Pläne, die sie vor ihrem Tod hegte.

Zwischen Katja und mir gab es etliche Dissonanzen. Darüber hinaus fühlte sie sich in Schweden sehr schlecht. Ich hatte starke Gewissensbisse, weil sie durch mich ihre vielversprechende Karriere in Polen unterbrochen hatte. Denn für Katja war in Stockholm eine Welt zusammengebrochen. Wenn ich irgendetwas in meinem Leben bereue, dann den Tod Katjas. Wegen mir ist sie aus Deutschland ausgewandert, und wegen mir auch aus Polen …

Meine Söhne traf der Tod ihrer Mutter sehr stark, da sie mehr an ihr als an mir hingen. Angesichts ihrer diversen jugendlichen Streiche hatte Katja sich wohl toleranter gezeigt und mehr Nachsicht walten lassen.

Michał war damals 20 Jahre alt und lebte weiterhin in Warschau – zu Katjas Begräbnis ließ man ihn jedoch nach Schweden reisen. Robert war 16 und Andrzej erst 14. Irgendwie haben wir fortan alleine haushalten müssen. Robert war immer noch in Ewa Tarnowska aus Warschau verliebt. Er ging nur zur Schule, um diese möglichst rasch hinter sich zu bringen. Danach arbeitete er auf Tankstellen und in einer Gärtnerei. Er wollte einfach nur Geld verdienen und Ewa dann zu sich holen. Er setzte seinen Willen schließlich durch. Ewa reiste nach Schweden, und wir lebten zusammen in der Wohnung in Täby. Andrzej hingegen lernte im Gymnasium eine Jüdin aus Budapest, Zsuzsa, kennen, die ihren Vornamen später in »Nora« umänderte. Er wohnte dann zusammen mit ihrer Familie, einige Zeit später heirateten sie. Meine Söhne wurden rasch selbstständig.

Wie bist du damals zurechtgekommen?

Ich bemühte mich um eine andere Wohnung, da ich nicht weiterhin an dem Ort zu leben vermochte, an dem sich meine Frau das Leben genommen hatte. Auch der tägliche zweistündige Pendelverkehr zum Krankenhaus SÖS war recht beschwerlich. Eine befreundete Krankenschwester half mir aus dem Dilemma. Sie wies mich auf eine freiwerdende Wohnung hin, in der ich bis heute lebe – direkt neben dem Krankenhaus. Es gelang mir, die Wohnung aus Etatmitteln der städtischen Abteilung Gesundheitswesen zu bekommen, die mehrere Dienstwohnungen verwaltete.

In den 1990er Jahren suchte ich den Leiter der Wohnungsabteilung auf, um meine damalige Lage zu besprechen. Denn ich befürchtete, dass ich als Rentner meine bisherige Dienstwohnung letztlich doch aufgeben musste. Ich sagte zu ihm: »Ich befinde mich in einer Ausnahmesituation und lasse mich nicht ein weiteres Mal von zuhause ›evakuieren‹.« Die gesetzlichen Vorschriften wurden jedoch bald geändert, so dass auch Rentner ihre bisherigen Dienstwohnungen behalten durften.

1974 beendete ich meine Tätigkeit im Krankenhaus SÖS endgültig. Damals war dort zwar gerade die Stelle des Stellvertretenden Oberarztes freigeworden, aber der Klinikleiter, Bruno Kaplan, entschied sich letztlich für einen schwedischen Arzt. Hinterher teilte er mir nur lapidar mit: »Ich war mir sicher, dass du ohnehin dableiben würdest.« Denn Kaplan hielt mich für einen eingefleischten Klinikarzt, also einen Operateur, der seine Arbeit im Krankenhaus niemals von sich aus aufgibt. Aber ich hatte bereits genug und übernahm stattdessen eine Poliklinik in einem Stockholmer Vorort, der vornehmlich von Immigranten bewohnt war. Die dortigen Patientinnen stammten überwiegend aus dem Nahen Osten, dem früheren Jugoslawien sowie aus Griechenland und China.

Die Arbeit in der Poliklinik organisierte ich ganz nach meinen eigenen Vorstellungen, um mit möglichst geringem Aufwand maximale Effekte zu erzielen. Noch bevor eine Frau mein Praxiszimmer betrat, hatte ich bereits rasch ihre Krankengeschichte durchgesehen. Ich versuchte stets, meine Patientinnen in ihrer jeweiligen Muttersprache zu begrüßen. »Merhaba« – das heißt »Guten Tag« auf Türkisch – auf Griechisch »Kaliméra«. Nach einem kurzen Gespräch bat ich die Patientin dann in das Untersuchungszimmer nebenan. Während sie sich auf die Untersuchung vorbereitete, diktierte ich meiner Sekretärin, was sich seit der letzten Visite ereignet hatte. Dann untersuchte ich die Patientin. Bevor sie sich wieder angezogen hatte und zu mir zurückkehrte, verfügte ich bereits über eine fertige Notiz zur aktuellen Visite sowie über die Diagnose und ein ausgestelltes Rezept. Durch diese Vorgehensweise hatte ich ca. zehn Minuten, die ich ausschließlich der jeweiligen Patientin widmen konnte. Die restlichen Routineangelegenheiten erledigte die Krankenschwester. 1979 wechselte ich in die Poliklinik in Skärholmen, wo auch zahlreiche Immigranten wohnten. Dort arbeitete ich, bis ich 65 wurde.

In Schweden führst du nun ein gutes, ruhiges Leben. Aber bist du dort auch heimisch geworden?

Einerseits bin ich natürlich dankbar für das »Dach über dem Kopf« sowie für die erleichterte, unbürokratische Aufnahme nach meiner Einwanderung und die rasche Anerkennung als schwedischer Staatsbürger. Ich weiß es zu schätzen, dass der Staat hier gut funktioniert, dass Ruhe und Sicherheit im öffentlichen Raum herrschen, ich in geordneten finanziellen Verhältnissen lebe und eine anständige Rente habe. Ich habe immer nur das ausgegeben, was ich gerade hatte. Als ich mehr verdiente, habe ich auch mehr ausgegeben – als es weniger war, waren auch die Ausgaben geringer. Ich habe mich über diese

Konstellation niemals beklagt, denn alles ist seit 1945 im Vergleich zum Getto und den Konzentrationslagern ja ohnehin um vieles besser gewesen. Aber obwohl ich in Schweden nun schon länger als an jedem anderen Ort wohne – 50 Jahre! –, fühle ich mich hier immer noch als Gast – das ist nicht mein Land! Ich bin loyaler schwedischer Staatsbürger, interessiere mich für Politik und gehe regelmäßig zur Wahl. Dennoch ist mir die schwedische Kultur insgesamt ziemlich fremd geblieben. Viel wichtiger ist für mich das, was in Polen, Israel, Deutschland oder den USA passiert. Wohl auch deswegen, weil dort die mir nahestehenden Menschen leben.

Die Menschen hier sind sympathisch, aber mental sind sie eher Fremde für mich. Nur zu wenigen Schweden hatte ich vertraute Beziehungen. Diejenigen, die mir persönlich nahestanden, erwiesen sich stets als treue Freunde. Aber auch ich werde mit anderen Leuten nicht so leicht warm und schließe nicht so rasch enge Freundschaften.

Hast du eigentlich Kontakte zu nach Schweden emigrierten Polen geknüpft? Zu Menschen, die dich aufgrund eigener ähnlicher Erfahrungen verstehen konnten?

In Stockholm habe ich weder zu jüdischen noch zu polnischen Immigrantengruppen nähere Kontakte geknüpft. Ich nannte diese Gruppen scherzhaft »Katzenjammer-Klub«, da auf deren Treffen meistens das Wort *Miałem* – »ich hatte …« – fiel. Denn sie erzählten nur davon, was sie in Polen alles zurücklassen mussten oder verloren hatten. Mich hingegen interessierte das nicht.

Gibt es etwas, was du in Schweden nicht magst?

Schweden ist ein Land, das immer gerade nur ein einziges Problem angeht. Als zum Beispiel der Klimaschutz aktuell wurde, sprach man hier ausschließlich davon – als ob dies das einzige Problem auf der Welt wäre. Als abermals die Gleichberechtigung der Frau auf die öffentliche Tagesordnung kam, wurde auch dieses Thema monatelang durchgekaut. Die Schweden können sich einfach nicht mit mehreren Dingen gleichzeitig intensiv beschäftigen.

In den Schulen werden begabtere junge Menschen nicht gefördert. Dagegen bringt man für Schüler mit geringerem Potential viel Mitgefühl auf. Anstatt deren Potential schrittweise zu erhöhen, senkt man das Lernniveau der Begabten herab, so dass alle sich in etwa auf dem gleichen Niveau befinden. Aber eine Sache ist Chancengleichheit, und eine ganze andere Sache Gleichmacherei! Mein erster schwedischer Freund war Thomas Alexandersson, der im Staatlichen Rundfunk Schwedens arbeitete. Mit ihm habe ich mich auch über bedeutendere Themen unterhalten. Bei einem Empfang bei ihm zuhause begegnete ich einmal dem damaligen schwedischen Finanzminister Kjell-Olaf Feldt. Dabei diskutierten wir über das Problem der Gleichheit der Bürger. »Warum wollt ihr alles regeln und in Verordnungen oder Gesetzen festschreiben?« – fragte ich. Feldt antwortete wie folgt: »Es ist besser, wenn sich jeder an die Vorschriften hält, anstatt selbst zu improvisieren und nach eigenem Gutdünken zu handeln. Denn dadurch entstünde die Gefahr, dass einige Leute Fehler begehen. Es ist uns lieber, dass sich alle Leute auf einem niedrigeren Niveau befinden, als dass sie sich im unübersehbaren Dickicht des Lebens verlaufen. Denn das käme den Staat ziemlich teuer zu stehen.«

Wem gibst du bei Wahlen deine Stimme?

Immer den Liberalen. Obwohl die »Liberale Partei« in Schweden stark geschwächt ist, steht sie mir sehr nahe. Sie hat in ihrem Programm vor allem die Freiheit auf ihre Fahnen geschrieben, pocht aber zugleich auf die Einhaltung sozialer Verpflichtungen: Der Einzelne muss auch für die Allgemeinheit nützlich sein, also anderen etwas abgeben.

Seit den 1970er Jahren ist die Sozialdemokratie die stärkste politische Kraft in Schweden. An zweiter Stelle kommt die »Moderaterna« (»Moderate Partei«). Auf Platz 3 im Parlament stehen die »Sverigedemokraterna« (»Schwedendemokraten«), die mehr noch als die konservative PiS in Polen offen faschistisch sind und von der »Rassenreinheit« träumen. Daher lehnen sie den Zustrom von Immigranten strikt ab.

Beunruhigt dich nicht, dass eine Partei, die von »Rassenreinheit« spricht, in der Öffentlichkeit populär ist?

Die »Schwedendemokraten« werden niemals so viel Einfluss haben, dass sie über das Schicksal der Minderheiten in diesem Land bestimmen könnten. Sie können herumschreien und vor Wut schäumen, wie sie wollen – hinter ihnen steht weiterhin nicht einmal ein Fünftel der Wähler Schwedens. Demokratie, öffentliche Meinung und Redefreiheit sind hier fest verankert und rufen die »Schwedendemokraten« im Falle des Missbrauchs rasch zur Ordnung.

Darüber hinaus gibt es in Schweden die »Revolutionäre Front«, eine linksextremistische Partei von Banditen und Straftätern, die zugleich ein Sammelbecken für das lichtscheue Gesindel der Gesellschaft ist. Die »Revolutionäre Front« ist in ihren Worten und Taten sehr radikal – es gab in ihren Reihen bereits wiederholt Fälle von Gewaltverbrechen, aber die Sicherheitsbehörden behandeln ihre Mitglieder wie Kriminelle. Der Staat distanziert sich von diesen Leuten ganz entschieden.

Was mein eigenes Leben anbelangt, so habe ich keinen Anlass zur Beunruhigung. Keine Partei in Schweden wird mit der radikalen Rechten wohl jemals eine Koalitionsregierung bilden. Dennoch gibt es vereinzelt Stimmen, die dafür plädieren, die radikale Rechte gegebenenfalls auch an die Macht zu lassen, da sie ja legal ins Parlament eingezogen ist.

Wie ist heute das Verhältnis der schwedischen Bürger zu Immigranten?

Die Schweden sind wohl so wie jede andere Nation auf der Welt: Solange es ihnen gut geht, sind sie großzügig und haben offene Arme und Herzen. Und wenn es ihnen schlechter geht, verschließen sie sich für die Not anderer und werden Fremden gegenüber misstrauisch.

Es gibt sowohl die geregelte als auch die wilde Einwanderung. Bei der geregelten Variante legt die Regierung jedes Jahr neu fest, wie viele Leute aus der ganzen Welt einwandern dürfen. Diese Leute bekommen dann ein Visum sowie eine Aufenthalts- und Arbeitserlaubnis. Aber es gibt auch Menschen, die urplötzlich ohne Ausweisdokumente an der Grenze auftauchen und bei denen die Behörden nicht wissen, woher sie kommen. 2015 ließ Schweden ca. 160.000 Flüchtlinge offiziell einwandern. Für ein derart bevölkerungsarmes Land ist das eine sehr hohe Zahl. Die Schweden sind zwar weiterhin grundsätzlich bereit, Menschen in Not aufzunehmen, aber man muss zugleich die wilde Immigration stärker einschränken als bisher. Denn die schwedischen Bürger möchten in ihrem Land keine Flüchtlingszeltlager unter freiem Himmel sehen. Wenn man schon jemanden hineinlässt, dann sollten dabei auch menschenwürdige Existenzbedingungen garantiert werden. Die Betreffenden dürfen dann nicht in irgendwelchen primitiven Unterkünften hausen. Aber genau das geriet außer Kontrolle. Die Immigranten im Süden Schwedens leben schon seit längerem in extrem armen Verhältnissen. Daher kommt es in diesen Gegenden oft zu Raubüberfällen, Diebstählen und Vergewaltigungen. Derzeit ist die Zahl der Einwanderer aufgrund der Corona-Pandemie relativ gering, aber das Problem wird nach einiger Zeit erneut auftauchen.

Persönliche Angelegenheiten

Eines Tages konnte ich es mir nicht verkneifen und sagte unbedachterweise in Gegenwart meiner Söhne, dass Emilia mein erstes Kind war. Aber genauso fühlte ich dies auch. Denn als meine Söhne auf die Welt gekommen waren, hatte ich mich als junger Arzt erst noch beweisen müssen. Daher arbeitete ich rund um die Uhr und hatte zu wenig Zeit, um für sie ein Vater zu sein.

Dezember 2019. In Stockholm wird es tagsüber nach 13.00 Uhr bereits allmählich dunkel, und es regnet unentwegt. Aber der Monat verspricht überaus interessant zu werden. Olga Tokarczuk[1] erhält den Literatur-Nobelpreis – die Schaufenster der Buchhandlungen sind voll von ihren ins Schwedische übersetzten Büchern und die größte Tageszeitung des Landes, der *Dagens Nyheter*, bereitet eine Sonderbeilage zur Würdigung dieser Schriftstellerin vor.

Wegen Leon bin ich auf dem Weg in die Hauptstadt Schwedens, da er mich zu seinem 90. Geburtstag eingeladen hat. Schon seit Jahren organisiert er immer am 3. Adventssonntag einen geselligen Empfang für seine Familie und alle Freunde. Dabei habe ich Gelegenheit, seine Söhne sowie deren Frauen und Kinder kennenzulernen. Lediglich seine Tochter ist gerade abwesend, da sie nach New York gereist ist. Auf dem Empfang trifft man auch seine Freunde, darunter auch andere Holocaust-Überlebende – überwiegend aber Menschen mittleren und jüngeren Alters. Trotz der teilweise erheblichen Altersunterschiede verstehen sich alle prächtig. Bei diesem inoffiziellen Anlass wirkt Leon sehr gelöst, froh und voller Energie. Ich fange an zu überlegen, aus welchem Holz er eigentlich geschnitzt ist …

Zu Beginn der Feier spricht Leon über wichtige Dinge, die sich im vergangenen Jahr ereignet haben, und erinnert an Verwandte, die in dieser Zeit verstarben. Er rühmt auch sein hohes Alter, das seiner Meinung nach eigentlich nur Vorteile habe. Denn immer, wenn ihm etwas gelinge, bekomme er von allen nur Komplimente zu hören: »Er hat es geschafft, wirklich bewundernswert!« – Und wenn ihm etwas danebengehe, seien die Mitmenschen trotzdem nachsichtig: »In diesem Alter ist das verständlich.« Also nur Gutes!

Leon wird von einem Geschenk überrascht, das er von seinem ältesten Enkel Filip bekommt – eine Aktie des Zoologischen Gartens in Berlin. Der Zoo wurde im 19. Jahrhundert u. a. von Juden gegründet. Dessen Aktien kann man nicht so ohne weiteres an der Börse erwerben, sondern in der Regel nur beim Tode eines Aktionärs. Filip hatte sich mehrere Jahre lang um eine Aktie bemüht und diese erst dann kaufen können, als er zu verstehen gab, dass er sie seinem jüdischen Großvater schenken wolle. Noch ein anderer familiärer Aspekt kommt hinzu. Leons ältester Sohn Michał erinnert daran, dass seine verstorbene Mutter Katja während der Bombardierung Berlins unweit des Zoos gewohnt hatte.

Mein Besuch in Stockholm bietet Gelegenheit für eine Begegnung mit Leon bei ihm daheim. Seit Jahren wohnt er in einem Block auf der Insel Södermalm. Liebhaber der Literatur von Stieg Larsson wissen, dass hier einst die Redaktion der Zeitschrift *Millenium* untergebracht war und die Krimihelden Mikael Blomkvist und Lisabeth Salander auf den Plan traten. Heute kann man dort einen Ausflug auf deren Spuren unternehmen, aber das ist lediglich für ausländische Touristen eine Attraktion. Die Einwohner Stockholms haben dazu ein distanziertes Verhältnis.

Durch das Wohnzimmerfenster ist der um diese Jahreszeit ganz graue See Melaren zu sehen. Mir fällt die riesige Menge an Büchern und CDs sowie ein kleines, rundes und leicht unscharfes, in Gold gerahmtes Foto auf. Das ist ein vergrößertes Abbild seiner Mutter – das einzige Andenken, das ihm von ihr noch geblieben ist. Leon schenkt mir Kaffee ein und nimmt in seinem Lieblingssessel Platz. Und ich stelle nun etwas persönlichere Fragen.

*

Wie ging es nach Katjas Tod in deinem Privatleben weiter?

Als ich den Schock über ihren Tod abschüttelte, kamen Evamaria und ich uns allmählich näher. Sechs Jahre später heirateten wir. Es war der 23. April 1976. Hinterher wurde uns bewusst, dass unsere Hochzeit mehr oder weniger auf den Tag genau mit dem Tag meiner Befreiung im April 1945 zusammenfiel. Wir scherzten, dass ich zwar einer Knechtschaft entkommen konnte, aber nun in eine zweite geschlittert war.

Warum gerade Evamaria?

Sie hat mich von sich eingenommen, weil sie eine gute Seele ist. Sie ist darüber hinaus sehr intelligent und hilfsbereit, beherrscht mehrere Fremdsprachen und liebt klassische Musik. Viele Jahre lang war sie wissenschaftliche Mitarbeiterin am SIPRI.[2] Evamaria erstellte die Jahresberichte über die weltweite Verbreitung von Rüstungsgütern. Diese wichtigen Berichte erhalten alle UNO-Mitgliedsstaaten. Sie bilden die Grundlage für die Einstellung der Entwicklungshilfe für Länder der Dritten Welt, die illegalen Waffenhandel betreiben. Mit Evamaria verstehe ich mich gut, wir leben harmonisch und glücklich miteinander. Mittlerweile wird sie auch von meinen Kindern aus erster Ehe und sogar von Katjas Familie in Deutschland akzeptiert. Vor etlichen Jahren besuchten wir beide Katjas Mutter Emma – das war wirklich eine rührende Begegnung! Im Juli 1977 kam dann unsere Tochter Emilia zur Welt.

Emilias Geburt war für uns ein unbeschreibliches Glück! Evamaria stillte unsere kleine Tochter tagsüber, während ich mich nachts um sie kümmerte. Ich nahm mir extra sechs Wochen frei, um mit meiner Frau und Emilia zusammen sein zu können. Emilia schlief in meinem Zimmer, damit Evamaria sich etwas erholen und wieder zu Kräften kommen konnte. Eines Tages konnte ich es mir nicht verkneifen und sagte unbedachterweise in Gegenwart meiner Söhne, dass Emilia mein erstes Kind war. Aber genauso fühlte ich dies auch. Denn als meine

Söhne auf die Welt gekommen waren, hatte ich mich als junger Arzt erst noch beweisen müssen. Daher arbeitete ich rund um die Uhr und hatte zu wenig Zeit, um für sie ein Vater zu sein.

Mit meinen Söhnen habe ich nicht so viele gemeinsame Erinnerungen, aber zwei bestimmte Situationen habe ich heute noch vor Augen: Noch vor unserer Emigration besuchten wir Katjas Familie in Weidenhausen. Dabei bestand mein jüngster Sohn Andrzej darauf, mit Katjas Eltern nur Polnisch zu sprechen, während er mit deren Katze nur Deutsch reden wollte. Als ich ihn fragte, warum er dies tat, sagte er, dass die Großeltern ja erwachsen seien und mit einer Fremdsprache daher leicht zurechtkämen. Bei einem Tier verhalte sich das ganz anders.

Robert hingegen war ein leidenschaftlicher Segler. Eines Tages kehrte ich mit Katja nach einem Konzert nach Hause zurück. Als wir uns unserer Wohnung näherten, sah Katja am Eingang einen jungen Mann stehen und meinte nur: »Schau mal, was für ein verwahrloster junger Bursche dort steht!« Es stellte sich heraus, dass das unser Sohn Robert war. Er erzählte uns voller Stolz, dass er während des gesamten Segelcamps nicht ein einziges Mal seinen Rucksack geöffnet habe. Zum Waschen sei er immer in den Fluss gesprungen. Keiner meiner Söhne stand mir jemals so nahe wie meine Tochter.

Haben deine Söhne dir das nicht übelgenommen?

Ja, das haben sie. Jahrelang wurde ich auch von anderen nahestehenden Menschen als harter und mitunter sogar seelenloser Mensch angesehen, der stets hohe Ansprüche an andere stellt und seine Gefühle nicht zu artikulieren vermag. Ich habe mich so sehr darauf konzentriert, mein Ziel zu erreichen – Arzt zu werden –, dass ich alles andere vernachlässigte, darunter eben auch die Bedürfnisse und Gefühle meiner Kinder.

Was ist Emilia für ein Mensch?

Sie absolvierte ein Medizinstudium, und obwohl ich sie nicht

Evamaria Loose-Weintraub, Leon Weintraub und Emilia Rotstein in Freiburg, 2017

dazu überredete, wählte auch sie die Spezialgebiete Geburtshilfe und Gynäkologie. Heute ist sie bereits eine Spezialistin in ihrem Fach, arbeitet aber noch an ihrer Promotion. Ihre Doktorarbeit thematisiert das Problem der geburtlichen Schädigungen.

Emilia ist als Einzige unserer Familie wirklich eine traditionelle Jüdin. Sie hält die religiösen Vorschriften strikt ein, kocht nur koschere Speisen, begeht ausnahmslos alle jüdischen Feiertage und erzieht ihre Kinder in jüdischem Geist.

Wie kam es dazu?

Im Alter von etwa fünf Jahren sah Emilia einmal einen Film über den Krieg an. Anschließend sagte sie: »Wenn ich später einmal heirate, dann muss mein Mann den Namen Weintraub annehmen, denn so wenige Menschen dieses Namens sind übriggeblieben.« Dazu ist es zwar letztendlich nicht gekommen, aber dieses kleine Samenkörnchen keimte seitdem langsam in ihr auf.

Als Emilia 17 Jahre alt wurde, teilte sie uns mit, dass ihr

bewusst sei, dass sie aufgrund ihrer christlichen Mutter von den Juden nicht als Jüdin angesehen werde. Daher wolle sie nun rechtlich als Jüdin anerkannt werden. Aber um Jude zu werden, muss man den jüdischen Glauben annehmen. Daraufhin trafen wir uns mit einem Rabbi. Dieser war jedoch sehr orthodox und lehnte Emilias Wunsch ab. Er dachte wohl, dass es sich dabei nur um die Flausen eines heranwachsenden Mädchens handelte, was Emilia ziemlich verletzte.

Ein weiterer von uns konsultierter Rabbi, Meir Horden, nahm Emilias Gedanken jedoch positiv auf. Daraufhin begann Emilia Judaistik zu studieren und besuchte Vorlesungen in diesem Fach. Einen ganzen Sommer lang hielt sie sich in Jerusalem auf und lernte Hebräisch. Dabei wohnte sie bei Rabbi Levi Lauer, der bereits während eines früheren Ferienaufenthalts an der Brandeis University im US-Bundesstaat Massachusetts ihr Mentor geworden war. Schließlich lud man sie in Stockholm vor die Prüfungskommission. Den jüdischen Glauben hat Emilia also aus voller Überzeugung angenommen.

Sie wollte ganz einfach nur Jüdin sein, da sie sich mit meiner jüdischen Herkunft enger verbunden fühlte als mit der christlichen Identität ihrer Mutter. Durch ihre eigene Person wollte sie die Verluste wiedergutmachen, die unsere Familie im Holocaust erlitten hatte. Somit schloss sich ein ganzer Kreis! Emilias Mann Michael ist traditioneller Jude. Michaels Großeltern väterlicherseits überlebten den Krieg im Untergrund in Mińsk Mazowiecki. Auf dem Weg nach Amerika blieben sie in Schweden hängen, wo Michaels Vater zur Welt kam. Michaels Großmutter mütterlicherseits ist eine in Magdeburg geborene Holocaust-Überlebende, die von ihren Eltern im letzten Augenblick nach Schweden gesandt wurde, bevor diese dann ums Leben kamen.

Hast du wirklich keine Angst davor gehabt, dass Emilia eine orthodoxe Jüdin werden würde? Diese patriarchalische Religion befürwortet doch die Unterdrückung der Frau!

Eben diese Angst hat meine Frau Evamaria gehabt, für die die

Entscheidung unserer Tochter sehr schmerzhaft gewesen ist. Sie befürchtete, dass man Emilia einer Gehirnwäsche unterziehen und sie von ihrer christlichen Mutter ganz trennen würde. Ich war anderer Meinung: »Eva, wir haben unser Kind in einem Geist erzogen, in dem das nicht möglich ist.«

Wie das so mit Neubekehrten ist, hielt sich Emilia anfangs sehr penibel an alle jüdischen Gebote: An Samstagen nahm sie grundsätzlich keine Anrufe entgegen und setzte sich nicht ans Steuer – aber inzwischen tut sie es. Mit der Zeit wurde aus der orthodoxen eine traditionelle Jüdin. Dieser Übergang wurde ihr durch den Beruf sehr erleichtert. Denn der jüdische Glaube gestattet natürlich Abweichungen von religiösen Vorschriften, wenn es um die Rettung von Leben und Gesundheit geht. Sie ist ja Ärztin. Nichtsdestotrotz überwacht sie die Einhaltung jüdischer Traditionen sehr genau. Jeden Freitagabend zündet sie die Schabbeskerzen[3] an und begeht sämtliche Feiertage – und wir gemeinsam mit ihr. Wir besuchen sie am Pessach-Fest, an Chanukka und an Rosch ha-Schana, also am jüdischen Neujahrsfest.

Am meisten überrascht über Emilias Entscheidung zeigten sich andere befreundete Holocaust-Überlebende, so wie ich Agnostiker. Sie warfen mir vor, dass meine Tochter eine mittelalterliche Religion übernehme. Ich erklärte ihnen, dass Emilias Ziel nicht der jüdische Glaube an sich gewesen sei, sondern die volle Anerkennung als Jüdin.

Meine drei Söhne haben trotz ihrer deutschen Mutter auch eine starke jüdische Identität.

Was meinst du damit?

Sie sind sehr sensibel für jegliche Formen von Antisemitismus, Robert am meisten. Er reagiert stets auf das, was gegen Juden geschieht. Sein Verhältnis zu Polen ist ziemlich kritisch. Einmal hat er mir folgenden Vorwurf gemacht: »Wie konntest du nur nach dem Pogrom von Kielce[4] nach Polen zurückkehren?« Im Jahre 1950 hatte ich keine Ahnung von diesem Pogrom gehabt, aber auch wenn ich davon gewusst hätte, wäre ich trotzdem zurückgekehrt. Für Michał ist seine jüdische Herkunft ganz offensichtlich. Auch Andrzej hat sich dieser Identität im Laufe der Zeit immer mehr angenähert. Michał und Robert hängen dennoch ziemlich stark an Polen, Andrzej hingegen weniger – vielleicht deshalb, weil er das Land bereits als Kind verlassen musste. Alle meine drei Söhne haben jedoch ein klares Bewusstsein ihrer Herkunft und Zugehörigkeit.

Wie haben sich deine Söhne in der Emigration zurechtgefunden?

Michał lebte nur kurze Zeit in Schweden und ging dann mit seiner Frau Katarzyna und den Töchtern Aleksandra und Tatjana nach England. Später »purzelte« er mit seiner Familie durch halb Europa: Deutschland, Belgien, Schweiz. Er arbeitete als Informatiker in mehreren Banken und machte Karriere.

Robert heiratete Ewa, 1973 kam ihr Sohn Filip zur Welt. Dann erlebten sie eine Tragödie, da ihr zweiter Sohn Daniel im Alter von acht Jahren an Krebs starb. Sie ließen sich scheiden. Jetzt ist Robert mit der Schwedin Charlotte verheiratet. Er hat insgesamt vier Kinder. Robert studierte Soziologie und arbeitete viele Jahre lang als Streetworker mit schwierigen, zu Gewalttaten neigenden Jugendlichen. Später wurde er Mitbegründer eines Zentrums für minderjährige Flüchtlinge.

Mein jüngster Sohn Andrzej hat wohl den einfachsten Weg gewählt. Relativ rasch heiratete er seine frühere Schulkameradin aus der Gymnasialzeit. Sie haben zwei Söhne. Andrzej absolvierte ein Biologiestudium und trägt inzwischen als einziges Familienmitglied den Professorentitel. Er arbeitet derzeit als Bakteriologe an der Medizinischen Universität »Karolinska Institutet« in Solna bei Stockholm, in etwa vergleichbar mit der Medizinischen Universität Warschau.

Wie groß ist eure Familie heute?

Ich habe zehn Enkel und neun Urenkel.

Besondere Kennzeichen: Klassische Musik und Spielfilme

Ich mag das Wort »Lieblings-« nicht. Denn das Leben ist viel zu bunt … Im Allgemeinen hängt es von bestimmten Stimmungen oder Augenblicken ab, was man mag. Mir gefallen verschiedene Dinge, aber den einen Lieblingsfilm oder das eine musikalische Lieblingswerk habe ich nicht.

Für Leon Weintraub ist Leidenschaft etwas, was einen Menschen auszeichnet und mit dem man seine Mitmenschen für sich einnehmen kann. Dank der Leidenschaften ist das Leben interessanter. Dem stimme ich zu. Leon entdeckte seine Leidenschaft auf recht verschlungenen Pfaden: Am 27. Juli 1945 fand im DP-Camp in Bergen-Belsen ein historisch einzigartiges Konzert statt. Im riesigen, pompösen Roundhouse – dem ehemaligen Ballsaal der SS-Offiziere – traten damals der 28-jährige Violinist Yehudi Menuhin und der kaum ältere Dirigent Benjamin Britten auf. Im Publikum saßen auch die nur wenige Monate zuvor befreiten KZ-Häftlinge, die das Lager wie durch ein Wunder überlebt hatten. Auf dem Programm stand u. a. Beethovens berühmte Violinsonate in A-Dur op. 47, die sogenannte »Kreutzer-Sonate«.

Leon hatte das Konzert nicht miterleben können, da er damals im Sanatorium in Reichenau weilte – er wusste also weder etwas von Bergen-Belsen, noch davon, dass einige seiner engsten Familienangehörigen überlebt hatten. Im Publikum hatten sich aber auch seine Schwestern Lola, Franka und Mala befunden. Einige Wochen nach Leons Ankunft in Bergen-Belsen sagte Lola beiläufig zu ihm: »Schade, dass du im Juli nicht hier warst. Wir hatten nämlich Gäste aus London: Benjamin Britten und Yehudi Menuhin[1] haben für uns gespielt.« Welche Stücke sie genau gespielt hatten, wusste sie nicht mehr. Damals keimte in Leons Kopf ein winziges Samenkorn auf, das einen Namen trug: Yehudi Menuhin.

*

Was ist aus diesem winzigen Samenkorn denn letztlich hervorgegangen?

Meine Liebe zur Musik! Als ich in Göttingen Medizin studierte, besaß ich ein Grammophon, das ich durch Tauschhandel für einen Teil meiner UNRRA-Päckchen erworben hatte. In einem Antiquariat kaufte ich mir ab und zu Schallplatten. Dabei stieß ich einmal auf das Violinkonzert in D-Dur op. 61 von Ludwig van Beethoven. In der Einspielung trat Yehudi Menuhin als Solist unter dem Dirigenten Wilhelm Furtwängler auf. Ich dachte sofort daran, was Lola zu mir gesagt hatte, und kehrte mit der Schallplatte nach Hause zurück. Als ich sie auflegte, konnte ich mich nicht mehr satthören. Das war Liebe auf den ersten Klang!

Interessanterweise wurde dieses Violinkonzert bei seiner Uraufführung in Wien am 23. Dezember 1806 vom Publikum keineswegs begeistert aufgenommen. Der Solist Franz Clement hatte die Noten zum Werk nämlich erst am Tag der Aufführung erhalten und daher keine Zeit gehabt, es einzuüben. Daher spielte er das Stück einfach vom Blatt. Spaßeshalber hielt er dabei das Griffbrett nach unten. Erst ungefähr vier Jahrzehnte später – im Jahre 1844 – führte der 12-jährige Geigenvirtuose Joseph Joachim[2] das Werk in London auf eine Weise auf, die es mit den berühmten Violinkonzerten von Mozart, Bach, Brahms und Prokofjew in eine Reihe stellte.

Wie ich dich kenne, ist es bei dieser einen Schallplatte sicher nicht geblieben.

Nein, natürlich nicht. Wenn man sich in ein Thema vertieft, entstehen bald neue Fragezeichen, es tauchen Dinge auf, die eine Erklärung verlangen. Und plötzlich wird man zu einem leidenschaftlichen Sammler. Je weiter ein Mensch nach oben klettert, desto weiter wird auch der Horizont, den er sieht. Ich nenne das »Mount-Everest-Syndrom«.

Hattest du trotz deiner Arbeit als Arzt auch Zeit, dich der Musik hinzugeben?

Meine Sammelleidenschaft für klassische Musik begann, als ich aus Polen nach Schweden emigrierte. Ich weiß noch, wie ich aus Anlass meines 50. Geburtstages meinen ältesten Sohn Michał in Düsseldorf besuchte. Dabei fuhr ich auch nach Bonn, ins Geburtshaus von Ludwig van Beethoven, und sagte, dass ich mich intensiv mit dessen Violinkonzert in D-Dur op. 61 beschäftigte. Daraufhin holte man mir aus dem Keller einen Karton mit alten Schallplatten. Darin fand ich fünf Schallplatten mit einzelnen Fragmenten »meines« Konzerts. Auf jeder Seite einer Platte waren jeweils drei- bis fünfminütige Abschnitte eingespielt – das gesamte Konzert hat eine Dauer von ca. 40 Minuten. Ich hörte mir alles von Anfang bis Ende an, was recht beschwerlich war, da man immer nach wenigen Minuten die Plattenseite oder die ganze Platte wechseln musste. Zum Schluss ordnete ich die Schallplatten nach ihrer Reihenfolge und versah sie mit entsprechenden Vermerken. Ich hatte eine der ältesten Einspielungen dieses Violinkonzerts überhaupt angehört – mit dem Solisten Fritz Kreisler[3] aus dem Jahr 1926. Da dies mein Geburtsjahr ist, war das für mich geradezu von symbolischer Bedeutung.

Ich besuchte alle Aufführungen des Violinkonzerts in Stockholm und hörte die hervorragenden Einspielungen mit Anne-Sophie Mutter.[4] Darüber hinaus sammelte ich fleißig Autogramme und suchte in Archiven einschlägige zeitgenössische Plakate. Aber in erster Linie jagte ich den Schallplatten hinterher. Heute verfüge ich über das weltweit kompletteste Verzeichnis aller Einspielungen von Beethovens Violinkonzert in D-Dur op. 61, eine zweite Kompilation dieser Art gibt es nicht. Zu Hause bewahre ich derzeit über 120 Einspielungen mit den verschiedensten Interpreten auf. Manchmal rufen mich Journalisten vom Schwedischen Rundfunk an und stellen Fragen über bestimmte Einzelheiten dieses Werks.

Die aktuelle Aufführungspraxis zu diesem Violinkonzert verfolge ich auch weiterhin, wenn auch mit gewissen Unterbrechungen. In jüngster Zeit drängt eine Welle junger, sehr talentierter Violinistinnen aus Südkorea und China nach vorne.

Was hast du mit deinen Plattenbeständen gemacht?

Im Jahre 2006 erstellte ich anlässlich des 200. Jahrestages der Uraufführung des Violinkonzerts in Wien am 23. Dezember 1806 eine Homepage in Deutsch und Englisch – eine Würdigung dieses Werks und seiner Interpreten. Ich kann mich an dieser Musik einfach nicht satthören, immer wieder entdecke ich dabei neue Einzelheiten und Nuancen. Übrigens habe ich bereits verfügt, dass bei meinem Begräbnis der dritte Teil des Violinkonzerts – das Rondo (Allegro) – gespielt werden soll, da es so lebensfroh, optimistisch und heiter klingt.

Das passt zu dir. Weißt du noch, woher deine Liebe zur Musik eigentlich kam? War die Musik in deinem Elternhaus in Lodz irgendwie präsent?

Nein, abgesehen von ein paar jüdischen Melodien und polnischen Liedern kannte ich damals nichts. Zu Hause hatten wir nicht einmal ein Radiogerät, wir waren dafür zu arm. Die Musik entdeckte ich eigentlich erstmals nach dem Krieg, als ich ins Sanatorium in Reichenau am Bodensee kam. Damals hörte ich jedoch überwiegend deutsche Volksmusik. Für klassische Musik begann ich mich erst in Göttingen zu interessieren, als ich Katja heiratete. Auch sie hatte ein ausgeprägtes Empfinden für Musik. Als wir dann in Warschau wohnten, gingen wir oftmals in Konzerte. Ich gewann die klassische Musik bald sehr lieb, und das ist bis heute so geblieben.

Dabei bevorzuge ich vor allem Barockmusik. Es ist schon seltsam, dass ausgerechnet während des Dreißigjährigen Krieges – also in einer Zeit größten Elends – die herrlichsten Werke der Musikgeschichte entstanden. Ich mag die sakrale Musik sehr, aber die katholische Kirchenmusik klingt für mein Empfinden manchmal zu kühl. Weitaus besser kann ich mich in die »protestantischen« Oratorien von Johann Sebastian Bach oder Georg Friedrich Händel hineinfühlen.

Besitzt du eine Aufnahme von Beethovens Violinkonzert, die du am häufigsten anhörst?

Ich mag besonders die Einspielungen mit Yehudi Menuhin und Jascha Heifetz,[5] obwohl jeder von ihnen das Werk anders interpretiert. Heifetz spielt in einem höheren Tempo, während Menuhins Stil mehr Erhabenheit ausstrahlt. Anne-Sophie Mutter hingegen bevorzugt eine überaus romantische Version.

Einem zweiten Hobby bin ich auch seit Jahren treu, es existiert eigentlich schon seit meiner Kindheit …

Lass mich raten …

Als junger Bursche war ich generell recht neugierig. Aber besonders liebte ich es, ins Kino zu gehen. Filme sind bis heute meine Leidenschaft geblieben. Ich schaue mir täglich einen oder zwei Filme an. Das ist wie eine erfrischende Gehirndusche. Eine Zeit, in der ich total abschalte und an nichts anderes mehr denke.

Kannst du fünf Lieblingsfilme nennen?

Ich mag das Wort »Lieblings-« nicht. Denn das Leben ist viel zu bunt … Im Allgemeinen hängt es von bestimmten Stimmungen oder Augenblicken ab, was man mag. Mir gefallen verschiedene Dinge, aber den einen Lieblingsfilm oder das eine musikalische Lieblingswerk habe ich nicht.

Was hast du gestern angesehen?

Mission: Impossible mit Tom Cruise, aber auch einen Tierfilm über Krabben. Bei dieser Gattung besitzen die Männchen einen überlangen Penis, damit Herr Krabbe mit Frau Krabbe Geschlechtsverkehr betreiben kann, ohne dabei aus seiner Schale herauszutreten. Denn wenn er seinen Unterschlupf verlassen müsste, könnte eine andere Krabbe diesen besetzen. Das hat die Natur schon sehr klug eingerichtet, nicht wahr?!

Eine Frage der Weltanschauung

Ich bin ein Staatsbürger Polens. Das ist für mich wichtig, da dies ein Teil meiner Identität, also meiner psychischen und physischen Existenz ist. Ich gehöre aber auch der polnischen Nation an. Niemand kann mir das wegnehmen. Ich bin gegenüber Polen immer loyal gewesen und fühle mich mit diesem Land bis heute aufs Engste verbunden.

Im Archiv des Instituts für Nationales Gedenken in Polen befindet sich eine Aktenmappe, die ein interessantes Dokument enthält: Im Januar 1988 – fast 20 Jahre nach Leons Emigration – taucht darin die Bitte auf, den schwedischen Staatsbürger Leon Weintraub aus der Liste der unerwünschten Personen der Volksrepublik Polen zu streichen. So viel Zeit musste also vergehen, damit seine »Schuld« endgültig der Verjährung anheimfiel. Dreizehn Jahre später – im Juli 2001 – fand der damalige polnische Staatspräsident Aleksander Kwaśniewski auf dem Marktplatz einer Kleinstadt, die heute wohl kaum jemand kennen würde, wenn sie nicht so eine tragische Geschichte gehabt hätte, wichtige Worte: »Hier in Jedwabne starben Bürger der Polnischen Republik durch die Gewalt anderer Bürger der Polnischen Republik. Menschen haben Menschen und Nachbarn haben Nachbarn dieses Schicksal bereitet.«[1] Kwaśniewski gestand ein, dass 1941 nicht Deutsche, sondern Polen ihre jüdischen Nachbarn in eine Scheune getrieben und bei lebendigem Leib – mit Frauen und Kindern – verbrannt hatten. Diese öffentliche Klarstellung seitens des höchsten Amtsträgers Polens hatte zunächst große Bedeutung für die spürbare Verbesserung der Beziehungen zwischen beiden Gruppen. Denn Polen galt seitdem zumindest auf offizieller Ebene als ein Land, das Juden gegenüber offen und freundschaftlich gesinnt war.

20 Jahre später existiert diese Haltung nicht mehr. Leon Weintraub spürt das und bestätigt diese Einschätzung. Er weiß, was in seinem Heimatland los ist, da er polnische Zeitungen und Bücher liest und über das aktuelle politische Geschehen auf dem Laufenden ist. Auch an den Wahlen in Polen nimmt er regelmäßig teil. Er hat dort seit seiner Emigration zahlreiche neue Freunde gefunden, wobei er die Gabe hat, auch deutlich jüngere Menschen für sich einzunehmen. Dank dieser Menschen fühlt er sich in Polen akzeptiert, verstanden und geachtet. Denn wenn er sich darauf konzentrieren würde, was einige Politiker und Medien in seinem Heimatland über Juden sagen, müsste seine Liebe zu Polen eigentlich stark abkühlen.

*

Wann bist du nach 1969 erstmals wieder nach Polen gereist?

Im Jahre 1991, nach dem Systemwechsel. Ich wollte unserer Tochter und meiner Frau mein Heimatland zeigen. In Stettin fuhren wir über die Grenze. Zuvor hatten wir noch die Insel Rügen besichtigt, wo 1944 Evamaria zur Welt gekommen war. Denn dort ist ihre Mutter 1944 auf dem Weg von Stettin in den Westen hängengeblieben. Anschließend besuchten wir Posen, Dobra, Lodz, Warschau, Krakau, Zakopane, Dresden und Berlin. In ganz Polen spürte man damals große Begeisterung und Euphorie über den durch die demokratische Wende ermöglichten Fortschritt und die neuen Entwicklungsmöglichkeiten. Wir trafen uns mit meinen Freunden – den Ärzten aus der Klinik am Starynkiewicz-Platz, Marysia Kiryluk-Król und Franek, den Eltern von Leszek. Seitdem besuche ich Polen regelmäßig.

1994 begab ich mich in das Büro für Staatsbürgerliche Angelegenheiten in Warschau, zeigte dort meine Geburtsurkunde vor und erhielt eine amtliche Bestätigung meiner polnischen Staatsangehörigkeit. Also keine Bestätigung der Wiedergewinnung meiner Staatsangehörigkeit, da diese mir ja rechtlich nie aberkannt worden war. Der vor meiner Emigration von den kommunistischen Behörden erzwungene formale Verzicht auf meine Staatsbürgerschaft – die Voraussetzung für die Ausstellung der Reisedokumente – war von Anfang an unrechtmäßig gewesen. Daraufhin reichte ich die Bestätigung meiner Staatsbürgerschaft im Polnischen Konsulat in Stockholm ein und erhielt einen polnischen Reisepass. Ich bin ein Staatsbürger Polens. Das ist für mich wichtig, da dies ein Teil meiner Identität, also meiner psychischen und physischen Existenz ist. Ich gehöre aber auch der polnischen Nation an. Niemand kann mir das wegnehmen. Ich bin gegenüber Polen immer loyal gewesen und fühle mich mit diesem Land bis heute aufs Engste verbunden. Ich weiß noch, wie sehr ich weinte, als am 12. Mai 1935 Józef Piłsudski starb. Andererseits brach ich bei Stalins Tod im März 1953 ebenfalls in Tränen aus.

Was denkst du über das heutige Polen?

Ich stelle mit Bedauern fest, dass die Mehrheit des Volkes unter dem starken Einfluss von Leuten steht, die Polen als ethnisch homogenes und ausschließlich katholisches Land wahrnehmen. Das widerspricht meiner Auffassung total: Ich bin Pole jüdischer Herkunft, aber fühle mich zugleich als Weltbürger. Denn wenn es wirklich Trillionen von Galaxien wie unser Sonnensystem gibt, ist unsere Erde doch nur ein winziges Staubkorn im unendlichen Kosmos. Dieses eine Staubkorn dann noch in zigtausende sich bekriegende Einzelteilchen zu zerlegen, ist doch absurd! Stattdessen sollte man lieber in Einklang miteinander leben, sich gegenseitig unterstützen und bestehende Konflikte nach Möglichkeit lösen.

Das Töten von Menschen ist für mich das Schlimmste. Meine Kinder und Enkel wissen, dass bei mir zuhause keine Spielzeugwaffen sein dürfen, also keine Spielzeugpistolen oder kleine Panzer. Ich habe das wie folgt begründet: »Ich bin Arzt. Wenn jemand durch andere verletzt wird, muss ich als Arzt den Betreffenden behandeln. Also macht mir bitte nicht noch mehr Arbeit, als ich ohnehin schon habe!« Meine Kinder verstanden, warum Leon strikt gegen Spielzeugwaffen ist – er möchte einfach nicht noch mehr Arbeit aufgehalst bekommen.

Und wie verstehst du das menschliche Miteinander in Friedenszeiten?

Menschsein bedeutet für mich zunächst, dass wir ohne bestimmte Ansichten und Vorurteile auf die Welt kommen. In einem neugeborenen Kind gibt es keine Weltanschauung oder Religion. All das gelangt erst durch den unmittelbaren Kontakt mit den Eltern, Geschwistern und der Schule ins Gehirn eines jungen Menschen. Ich glaube fest daran, dass die menschliche Vernunft dabei letztlich die Oberhand behält. Ich glaube also daran, dass das, was anders ist, nicht als feindlich, sondern als etwas Neues angesehen wird, von dem man selbst viel lernen kann. Die Höhlenmenschen der Steinzeit betrachteten fremde Leute hinter dem Hügel sofort als Feinde, da sie von vornherein annahmen, dass diese sie bei nächster Gelegenheit überfallen und dabei ihre Frauen und Kinder entführen oder umbringen würden. Aber heute sollten fremde Menschen »hinter dem Hügel« eher unser wohlwollendes Interesse wecken. Ich zumindest ziehe es vor, von neuen Bekanntschaften möglicherweise enttäuscht zu werden, als anderen Menschen a priori mit Misstrauen zu begegnen.

Wird deine Haltung auch verstanden?

Im Januar 2019 hatte ich die Ehre, anlässlich des 74. Jahrestages der Befreiung des Konzentrationslagers Auschwitz-Birkenau im Namen der Holocaust-Überlebenden eine Rede zu halten. Ich sprach vom wiederaufflammenden Neonazismus in Polen. Daher war ich ziemlich geschockt, als nach mir Ministerpräsident Mateusz Morawiecki, der der nationalistischen und rechtspopulistischen Partei *Prawo i Sprawiedliwość* (PiS) angehört, das Wort ergriff und sagte, dass nicht die Nazis, sondern Hitler-Deutschland den Holocaust auf dem Gewissen habe. Der Versuch der

Neutralisierung des Begriffs »Nazismus« löste Entsetzen bei mir aus, darüber bin ich zutiefst erschüttert. Denn jeder Anhänger Hitlers war zugleich Nazi, und jeder Nazi zugleich ein Anhänger Hitlers. Ich empfand die Worte des polnischen Ministerpräsidenten als Versuch, die historischen Tatsachen zu verdrehen und ihre Bedeutung zu verwässern. Das ist schlimm und gefährlich.

Aber genauso rege ich mich auf, wenn ich in den Medien höre, dass die Polen angeblich am Völkermord an den Juden mitwirkten, da auf ihrem Staatsgebiet die Konzentrationslager entstanden. Diese völlig falsche Behauptung setzen u.a. einige Deutsche in die Welt.

Wie schätzt du den immer stärker in Erscheinung tretenden Nationalismus ein?

In Polen legt man leider auf den Begriff »national« allzu großen Wert. Die »Nationalen« gelten in der Öffentlichkeit weithin als Patrioten, obwohl das doch zwei ganz verschiedene Begriffe sind. Patriotismus ist eine wunderbare Haltung und bedeutet vor allem Liebe zum Vaterland. Aber ein »Nationaler« zu sein beinhaltet unweigerlich eine gewisse »Exklusivität« gegenüber anderen Nationen, die man oftmals sogar verachtet. Von dieser Einstellung ist es nur ein kleiner Schritt zum Chauvinismus, der auch ein Ausdruck von Hitlers Nationalismus war. Diejenigen, die sich mit den »Nationalen« kritiklos identifizieren, vergessen dabei, dass ihre Haltung ein Teil des Nationalsozialismus, kurz gesagt des Nazismus, ist. Und Nazismus ist nichts anderes als eine verblendete Ideologie, die zu Millionen von Opfern im Zweiten Weltkrieg geführt hat.

Für mich ist es unbegreiflich, dass ein junger Pole, dessen Groß- oder Urgroßvater von den Nationalsozialisten in Auschwitz oder anderen Vernichtungslagern ermordet wurde, sich heute einfach so als »Nazi« bezeichnet. Das mag vielleicht nur ein Zeichen von Ignoranz und mangelnder Bildung sein. Aber wenn sich dieser junge Pole tatsächlich mit der NS-Ideologie irgendwie verwandt fühlt, ist er eigentlich bereits ein potentieller Mörder, da er sich mit den Nazis identifiziert und sich »Nationaler« nennt.

Viele junge Leute in Polen meinen heute, dass die Begriffe »Nationaler« und »Nazi« nichts miteinander zu tun haben, aber das stimmt nicht! Denn die gemeinsame Haltung beginnt bereits mit der strikten Ablehnung von Andersdenkenden und der Einteilung der Mitmenschen in »wir« und »ihr«. Um sich über den »Anderen« zu erheben – nicht durch eigene Verdienste, sondern indem man den »Anderen« erniedrigt. Und wo endet diese Haltung? In der Gaskammer … Wer sich mit der Nazi-Ideologie auch nur indirekt identifiziert, zählt sich selbst zu den Massenmördern, die Europa zerstört haben.

Anfangs war ich verwundert, aber inzwischen ist mir klar geworden, dass es Menschen gibt, die bewusst faschistische Ansichten vertreten. Das sind keine frustrierten Arbeitslosen, die es im Leben zu nichts gebracht haben. Oder naive Menschen, die von bestimmten Rädelsführern aufgehetzt und an der Nase herumgeführt wurden. Das sind Individuen, die sich wirklich für besser halten als andere. Aber auf welcher Grundlage?! Sie meinen einfach, dass Juden, Sinti und Roma oder Homosexuelle Menschen zweiter oder dritter Klasse sind.

Während meines Onlineauftritts bei der Gala des »Dialog-Forums«[2] im September 2020 wies ich darauf hin, dass Polen heute seine Bürger in Menschen der besseren und schlechteren Sorte einteilt. Konkret meinte ich damit die Parolen der PiS-Regierung, die unverhohlen von echten und unechten Polen spricht. Meine Kritik an der derzeitigen polnischen Regierung ist deshalb so scharf, da diese die Stimmen ihrer Wähler offensichtlich um keinen Preis verlieren möchte. Denn die politischen Entscheidungsträger in Warschau reagieren bislang nur halbherzig und haben sich von den faschistischen Gruppen ihrer Wählerschaft bis heute nicht eindeutig losgesagt. Stattdessen gewährt man diesen Gruppen nicht nur Redefreiheit, sondern gibt ihnen auch den nötigen Spielraum, um sich in der Öffentlichkeit weiter Gehör zu verschaffen. Das ist für mich eine sehr schmerzliche und traurige Erfahrung.

Woher kommt das deiner Meinung nach?

Viele Politiker in Polen propagieren derzeit ganz bewusst antisemitische Tendenzen in der Gesellschaft. Unglücklicherweise beteiligt sich auch die katholische Kirche daran. Für mich ist es unfassbar, wie sehr das Denken zahlreicher Menschen in Polen, aber auch weltweit von derartigen Haltungen vergiftet ist. Es gibt zu denken, dass dieses Phänomen gerade auch für die junge Generation charakteristisch ist, die niemals einen Juden oder Sinto zu Gesicht bekommen hat! Junge Leute in Polen hören aber oftmals in der Kirche und zu Hause, dass es in ihrem Land Bürger der besseren und schlechteren Sorte gibt – und glauben an diese Parolen. Ein schmutziges Trauerspiel der Politik! Meiner Auffassung nach wird auch die Schule ihrer Aufgabe nicht gerecht, da sie es kaum vermag, den Kindern und Jugendlichen humanistische Grundhaltungen zu vermitteln.

Für uns Holocaust-Überlebende ist es traurig, dass heute auf den Straßen unserer Städte Leute in NS-ähnlichen Uniformen aufmarschieren dürfen, deren Parolen und Wortwahl stark an Nazi-Deutschland erinnern. Diese Leute verbreiten nicht nur lautstark feindselige Slogans, sondern schrecken auch vor Handgreiflichkeiten nicht zurück.

Während der offiziellen Feierlichkeiten zum 74. Jahrestag der Befreiung von Auschwitz-Birkenau standen rechts unterhalb des Mahnmals die Vertreter der polnischen Regierung und wir, die Überlebenden dieses Vernichtungslagers zusammen mit den Veteranen des Warschauer Aufstandes und den Überlebenden des Gettos Litzmannstadt. Also ehemalige Häftlinge. Eine Handvoll Menschen, die ein unvorstellbares Schicksal getroffen hatte. Hinter einer kleinen Umzäunung hatte sich auch eine Gruppe von Menschen mit Herrn Piotr Rybak an der Spitze versammelt.[3] Diese Menschen riefen lautstark: »Machen wir ein Ende mit dem Judentum in diesem Land!« Zugleich sangen Frauen mit Rosenkränzen in den Händen die polnische Nationalhymne und schwenkten weiß-rote Fähnchen. An diesem makabren Ort der Vernichtung stießen diese Menschen in Gegenwart von Regierungsvertretern und ehemaligen Leidtragenden ihre Schmähungen aus, da sie meinten, sich dies ungestraft erlauben zu können. Direkt neben ihnen standen Polizisten, die sie von den offiziellen Teilnehmern abriegelten. Aber die Gruppe befand sich nur ein Dutzend Meter von uns entfernt, so dass wir alles mit anhörten. Es sah aus, als ob die Polizei nur darauf aufpasste, dass den Protestierenden kein Leid geschah. Ich finde es unerhört, dass diese Leute öffentlich auftreten können und ihr Verhalten eigentlich straflos bleibt. In Polen sind feindselige Äußerungen gegenüber Angehörigen fremder Nationalitäten zwar gesetzlich untersagt, aber das funktioniert wohl in der Praxis nicht. Rybak ließ 2015 bei einer Demonstration seiner Anhänger in Breslau eine Judenpuppe in Flammen aufgehen, wofür er zwar vor Gericht gestellt, aber keineswegs empfindlich bestraft wurde. Dieser Mann verspritzt schon seit längerem in der Öffentlichkeit sein antisemitisches Gift gegen Polen jüdischer Herkunft, also gegen loyale Staatsbürger, die in Polen schon seit vielen Jahrhunderten leben. Diese Feindseligkeit und dieser Hass sind für mich bis heute unbegreiflich.

Hat sich in Polen das gesellschaftliche Klima für Menschen jüdischer Herkunft in den letzten Jahren stark verändert?

Ja, man braucht nur ein paar Blicke ins Internet zu werfen, um zu sehen, wie feindselig und ordinär man über uns schreibt – mit was für einem Hass und einer wütenden Verbissenheit. Alles Schlechte auf der Welt wird dem jüdischen Volk zugeschrieben, und zwar auf vulgäre, geradezu unmenschliche Weise. Das wird auch in anderen Situationen deutlich.

Zu Beginn des 21. Jahrhunderts suchte ich das Standesamt in der Piotrkowska-Straße in Lodz auf. Ich meldete mich bei dessen Leiter und erklärte mein Gesuch in höflichem Ton: »Ich sammle Dokumente über die Geschichte meiner Familie. Es geht mir dabei nur um deren Inhalt, nicht um ihren juristischen Wert vor Gericht.« Während ich auf die Fotokopien der Dokumente wartete, blickten mich die zwei diensthabenden Beamtinnen mittleren Alters nur schief an. Ihr deutlicher Unwille war unübersehbar. Ich fragte sie, was denn los sei, und bekam folgenden Vorwurf zu hören: »Ihr kommt einfach hierher und wollt nur euer Eigentum zurückhaben!« – »Wie wäre es mit einer kleinen Lektion in Arithmetik?«, schlug ich daraufhin vor und erläuterte ihnen meinen Standpunkt etwas näher: »Vor dem Krieg zählten wir Juden in Lodz über 200.000 Einwohner, wir bildeten also etwa ein Drittel der gesamten Bevölkerung dieser Stadt. Davon überlebten ca. 30.000 Lodzer Juden – sei es in Sibirien oder anderen Teilen der Sowjetunion oder sei es in den Konzentrationslagern. Man schätzt, dass von den 200.000 Lodzer Juden der Zwischenkriegszeit ungefähr zehn Prozent (20.000) irgendeine Art von Vermögen gehabt hatten. Aber auch diese Zahl ist sicherlich überhöht. Die allermeisten von ihnen waren bettelarme Menschen, die es vor dem Krieg nie zu etwas gebracht hatten. Wenn man diese zehn Prozent Lodzer Juden auf die Gesamtzahl der Holocaust-Überlebenden umrechnet, erhält man einen Anteil von knapp 2.000 Juden. Von diesen über die ganze Welt verstreuten Holocaust-Überlebenden kenne ich einige Hundert Menschen persönlich. Aber niemand aus meinem Bekanntenkreis käme heute auf die Idee, nach Polen zu reisen, um sein verlorenes Hab und Gut zurückzugewinnen, zum Beispiel wir unsere kleine Wäscherei. Wir Holocaust-Überlebenden vertreten die Auffassung, dass damals tatsächlich die halbe Welt in Schutt und Asche gelegt wurde. Aber wir freuen uns, dass wir noch leben und Familien haben – und schauen dabei vor allem in die Zukunft! Aber nehmen wir einmal an, dass von diesen 2.000 heute noch lebenden Juden zehn Prozent das wiedererlangen möchten, was ihre Eltern zurücklassen mussten. Das wären dann etwa 200 Personen. Also wovon reden wir überhaupt? Und wenn die Kommunisten vor 1989 eine Werkstatt oder Fabrik Ihres Cousins beschlagnahmt hätten und er diesen Besitz vom Staat heute zurückfordern würde, wären Sie dann genauso entrüstet? Übrigens: Ich sehe, dass Sie an Hitzewallungen leiden. Mit der

Hormonbehandlung von Frauen über 50 beschäftige ich mich seit vielen Jahren. Daher meine ich, dass Sie dagegen konkret etwas unternehmen sollten.« Seit dieser Begebenheit wurde ich bei meinen weiteren Besuchen im Standesamt Lodz etwas anders begrüßt: »Herr Doktor, wie kann ich Ihnen helfen, was soll ich tun?«

Aber Empörung hilft hier nicht weiter. Man sollte vielmehr versuchen, die Menschen zu erreichen und die Dinge zu erklären. Warum denkt man beim Wort »Jude« eigentlich nicht in erster Linie an Arthur Rubinstein oder an die überaus zahlreichen Nobelpreisträger jüdischer Herkunft? Warum erinnert man nicht auch eigens an die polnischen Offiziere jüdischer Abstammung, die in Katyn ermordet wurden?[4] Von diesen gab es doch so viele … Stattdessen stehen Juden immer noch sinnbildlich für eine gekrümmte Nase und einen Sack voller Geld. Ich las einmal, dass ein amerikanischer Pastor den Juden die Schuld für den Ausbruch der Corona-Pandemie zuschob. Die Pandemie sei eine göttliche Strafe dafür, dass man Christus nicht als Erlöser anerkenne. Man möchte fast schon verzweifeln! Denn es gibt Menschen, die anderen gegenüber derart feindselig eingestellt sind, dass man ihnen das Wahlrecht entziehen sollte. Es ist wirklich an der Zeit, derartige Haltungen radikal zu ändern – die meisten Juden sind eben keine Blutsauger und Betrüger, als die sie so oft in der Öffentlichkeit hingestellt werden.

Was heißt es für dich, Jude zu sein?

Mit dieser Gruppe von Menschen verbunden zu sein. Nicht mehr und nicht weniger. Denn meine Herkunft ist für mich ganz offensichtlich. Es besteht keine Notwendigkeit, sich dafür zu rechtfertigen. Ich bin Jude – ganz einfach. Genauso wie ein Italiener ein Italiener ist und ein Pole ein Pole. Diese Nationen müssen keine großen Erklärungen zu ihrer ethnischen Zugehörigkeit abgeben. Warum auch? Mir hingegen gibt meine Herkunft ein Gefühl der Andersartigkeit. Aber nicht aus eigenem

Antrieb, dieses Gefühl wurde mir von außen aufgezwungen. Man hat »andere« Menschen aus uns Juden gemacht. Wir sind eine nationale Minderheit, aber das muss ja nichts Negatives sein. Durch gewisse Merkmale unterscheiden wir uns einfach von anderen Minderheiten.

Im September 2000 begab ich mich auf einen Weltkongress von ehemaligen Lodzer Bürgern, der von den Juden aus aller Welt boykottiert wurde, da man dazu auch Deutsche eingeladen hatte. Diejenigen Deutschen, die dort hinreisten, waren etwa in meinem Alter oder etwas jünger. Es erschienen also die Kinder der Tätergeneration – und nicht die Täter selbst. Wir wurden in verschiedene Diskussionsgruppen eingeteilt, ich kam in die Sektion »Geschichte und Tradition«. Dort erzählte ich von meiner Vision, eine Zeit erleben zu wollen, in der meine Urenkel das Wort »Jude« ohne versteckte Konnotationen vernehmen – also es ebenso wertneutral verstehen wie im Falle eines »Norwegers«, »Uruguayers« oder »Polen«. Aber bis dahin ist es noch ein weiter Weg. Denn mit großem Bedauern stelle ich fest, dass die Bezeichnung »Nationalist« heute deutlich wertneutraler klingt als der Begriff »Jude«.

Geschichte eines gewissen Fotos

Dabei entdeckte ich, dass mein ältester, in den Quellen nachweisbarer Vorfahre im 18. Jahrhundert in Kalisz zur Welt gekommen war. Er hieß zunächst mit Nachnamen »Tobak«, änderte diesen aber in den slawischer klingenden Namen »Arkusz« um. Die Familie Arkusz war in Kalisz einst recht bekannt. Maria Dąbrowska zum Beispiel schrieb in ihrem Roman Nächte und Tage[1] *über eine Frau Arkusz.*

Leons Lebenslauf fehlt eine durch Quellenmaterial gestützte Kontinuität. Aus der Zeit des Holocaust blieben ihm wie durch ein Wunder nur zwei greifbare Dokumente erhalten: sein Arbeitsausweis aus dem Getto Litzmannstadt und ein Foto der Elektrowerkstatt, in der er dort arbeiten musste. Den Arbeitsausweis entdeckte ein Freund von ihm nach dem Krieg unter den in den Überresten des Gettos gefundenen Dokumenten. Dieser erkannte Weintraub auf dem »jugendlichen« Foto wieder und gab es seinem Eigentümer zurück. Das Foto mit der Elektrowerkstatt erhielt Weintraub von seinem damaligen stellvertretenden Arbeitsleiter, der ebenfalls überlebt hatte. Und urplötzlich tauchte auch ein Familienfoto auf, das wie ein Zeichen, ja geradezu ein warnender Hinweis ist: Ohne persönliche Wurzeln und ohne eigene Vergangenheit kann man nicht leben. Diese Vergangenheit lässt sich nicht vergessen. Sie ist wie ein sprühender Funke, der zum weiteren Handeln bewegt.

Im August 2018, einen Tag nach der alljährlich stattfindenden Gedenkfeier zur Liquidierung des Gettos Litzmannstadt, fuhr ich mit Leon und seiner Familie in die Ortschaft Dobra bei Turek. Bei uns sind seine Frau Evamaria mit ihrer Schwester Isolda, Leons ältester Sohn Michał und sein Enkelsohn Pierre.

Der Besuch in Dobra gehört zum Pflichtprogramm von Leons Reise nach Polen. Warum? Weil dort seine Mutter zur Welt kam. Und Weintraub hat an diesem Ort etwas in die Wege geleitet, was auf den ersten Blick vielleicht überaus sentimental oder sogar verrückt erscheinen mag. In der kleinen Provinzstadt Dobra bildeten die Juden vor dem Krieg die Hälfte aller Einwohner, woran sich nach 1945 jahrzehntelang kaum noch jemand erinnern wollte. Leon hat dort aus eigenen Mitteln und Beiträgen von Familienmitgliedern und Freunden gemeinsam mit der Stadtgemeinde Dobra eine besondere Gedenkstätte errichten lassen. Sie soll nicht nur an seine ermordete Familie, sondern auch an die anderen jüdischen ehemaligen Einwohner dieser Kleinstadt erinnern.

Auch wenn er dies verneinen würde, so hat Leon für die Verständigung von Juden und Polen sicherlich weit mehr getan als so manch anderer gesellschaftlich aktive Zeitgenosse. Davon überzeugte mich Marek Milczarek, der Direktor der Schule in Dobra, der mit Weintraub befreundet ist. Milczarek erzählte mir, dass orthodoxe Juden in seinem Ort recht häufig zu Gast sind. In den dortigen Fleischbetrieben sind die unter Aufsicht von Rabbinern durchgeführten rituellen Schlachtungen nichts Ungewöhnliches. Niemanden vor Ort verwundert der Anblick von bärtigen Männern mit Schläfenlocken, die Kaftane tragen. Die Gedenkstätte in Dobra blieb glücklicherweise bislang von den antisemitischen Schmierereien verschont, die viele Häuserwände der nahe gelegenen Großstadt Lodz lange Zeit verunstalteten.

Drei Generationen der Familie Weintraub standen nun in Dobra an der Gedenkstätte vor den Marmortafeln und legten davor kleine Steine nieder, die an die verstorbenen Angehörigen der Familie erinnern sollten. Und Leon erklärte seinem Enkel Pierre, der zum ersten Mal in Polen war, die Geschichte dieses Ortes und seiner Familie. Darin kam etwas Mächtiges zum Ausdruck …

*

In welcher Phase deines Lebens hast du damit begonnen, nach deinen familiären Wurzeln zu forschen?

Ich hatte bereits eigene Kinder und Enkel, als ich irgendwann erkannte, dass ich mich sehr unwohl in meiner Haut fühlen würde, wenn mich jemand nach meinen Vorfahren fragen würde und ich darauf nichts zu sagen wüsste. Zwar kannte ich die Geburtsdaten meiner Schwestern, aber nicht im Traum wäre ich darauf gekommen, auch meine Mutter danach zu fragen: »Mama, wo und wann bist du zur Welt gekommen?« Von meinen weiteren Familienangehörigen hatte ich noch nebulösere Vorstellungen. Ich konnte lediglich mit Sicherheit sagen, dass die meisten von ihnen durch den Holocaust ums Leben gekommen waren. Ich verkörpere ja nicht den Anfang von etwas Neuem, sondern nur die Fortsetzung von etwas, was bereits bestand.

Evamaria und ich waren 1976 auf unserer Hochzeitsreise in den USA. Wir besuchten meine Cousine Tilly Davis-Lacterman, die Tochter meiner Tante Róża Davis – Mamas ältester Schwester. Tante Róża war bereits 1910 aus Polen ausgewandert. Das ist eine recht abenteuerliche Geschichte: Różas späterer Mann Maurycy Dudek emigrierte zunächst nach Südafrika, kehrte aber nach wenigen Jahren wieder zurück, da er meinte, dass dort zu viele Schwarze lebten. Aber was dachte er denn, wen er in Südafrika antreffen würde?! Maurycy heiratete schließlich meine Tante. Dann zog er nach Vancouver um und holte erst ein halbes Jahr später meine Tante zu sich, die damals bereits schwanger war. In Vancouver kam meine Cousine Tilly zur Welt, die dann aus Kanada in die USA umzog und seitdem im kalifornischen San Luis Obispo lebt. Von ihr erhielt ich ein für mich sehr wichtiges Geschenk: die Kopie eines Fotos, die meine Mutter Nacha ihrer Schwester Róża im Jahre 1934 geschickt hatte, also ein Jahr nach dem Tod ihres Vaters – meines Großvaters Salomon Joel Bajrach. Auf dem Foto sind der Grabstein meines Großvaters sowie fünf weitere mir nahestehende Personen zu sehen, mit denen ich viele Erinnerungen an meine Kindheit verbinde: Mamas Schwester, Tante Frania, mit ihrem

Mann, Szyja Russak, Mama selbst, Tante Ewa Widawska (mit der Mama in die Gaskammer geschickt wurde) sowie Michał Łęczycki aus Warta an der Warta. Als das Foto aufgenommen wurde, war Mama gerade 40 Jahre alt. Aber sie sieht wegen ihres traurigen Gesichtsausdrucks etwas älter aus. Ich habe das Foto vergrößern lassen und es eingerahmt. Du hast es in meiner Wohnung in Stockholm bereits gesehen.

Auf dem Grabstein befindet sich eine Inschrift in hebräischer Sprache, die ich nicht entziffern konnte. Dabei half mir mein Freund Ignacy Zachariasz. Die Inschrift lautet: »Hier liegt Zalman Joel Bajrach, geboren in der Ortschaft Dobra, verstorben in Lodz«.

Wer war dein Großvater?

Er war Buchhalter. Ich habe seine Gestalt immer noch vor Augen. Er war recht unorthodox gekleidet und trug stets einen knielangen grauen Mantel mit Wildlederkragen. Dabei zog er oft ein in Papier eingewickeltes Päckchen aus der Manteltasche und fragte uns: »Leon, möchtest du ein paar geräucherte Sprotten«? (»Luzerl, wilst a szprotl?«) Meine Schwester Mala konnte sich noch an die Anisbonbons erinnern, die er uns oftmals anbot. Meine Großmutter Rykela Bajrach hingegen habe ich wohl nur ein einziges Mal zu Gesicht bekommen, als ich sie einst mit Mama im jüdischen Altersheim in der Pomorska-Straße 54 in Lodz besuchte. Sie war damals bereits schon sehr alt, lag unter einer Federdecke und hatte bandagierte Hände, da sie sich mit heißem Tee verbrüht hatte. Aber von Dobra bei Turek – dem Ort, aus dem die Familie meiner Mutter herkam – hatte ich bereits nach Kriegsende zum ersten Mal gehört.

Was hast du dann mit diesem Wissen gemacht?

Ende der 1990er Jahre befand ich mich bereits in Rente. Damals rief ich eines Tages das Standesamt in Dobra an und bat um Auskunft darüber, welche Dokumente bezüglich meiner Ver-

Das Grab von Leon Weintraubs Großvater Zalman Joel Bajrach. Auf der rechten Seite sitzend Leon Weintraubs Mutter

wandten unter dem Namen »Bajrach« existierten. Daraufhin erhielt ich in Stockholm ein Antwortschreiben mit 20 verschiedenen »Bajrachs« und der Frage, ob ich an weiteren gleichlautenden Personen interessiert sei – 80 stünden dem Standesamt noch zur Verfügung. Bei meinem anschließenden Telefongespräch sagte ich dem Leiter des Standesamtes, Herrn Kazimierz Zasiadczyk, dass ich nun persönlich erscheinen wolle. Mit einer

Flasche Wein im Gepäck reiste ich nach Dobra. Aus unserer für mich unerwarteten innigen Vertrautheit entwickelten sich rasch sehr freundschaftliche Bande. Einige Jahre später fragte ich einmal Kazimierzs Frau Mirka, warum ihr Mann mir gegenüber eigentlich so herzlich sei. »Wie, das weißt du nicht? Als du das erste Mal angerufen hast, wäre Kazimierz vor Schreck beinahe vom Stuhl gefallen, da er meinte, die Stimme seines verstorbenen Bruders aus dem Jenseits zu hören. Ihr habt völlig identische Stimmen.«

Ein noch größeres Problem hatte ich bei der Ermittlung des Stammbaums der Familie meines Vaters. Denn wie bereits erwähnt, pflegte ich zu ihr keine näheren Kontakte. Ich wusste lediglich etwas von drei Onkeln Weintraub: Welwel, Stiefonkel Szapsa und Mejlech. Über meinen vierten Onkel Joel konnte ich hingegen kaum etwas sagen. Welwel Weintraub hatte zwei Kinder, mit denen ich manchmal gespielt hatte. Sie wohnten in Lodz in der Młynarska-Straße. Mein Stiefonkel Szapsa hat den Holocaust zwar selbst überlebt, aber dennoch zehn Kinder verloren. Ich habe ihn in Israel besucht. Onkel Mejlech Weintraub starb bereits 1938. Er hatte eine Bäckerei in der Gdańska-Straße in Lodz. Auch dort bin ich einmal gewesen. Dabei sah ich auch meinen Cousin Lutek, der ganz weiß vor Mehl war, da er seinem Vater bei der Arbeit half.

Nach dem Krieg kannte ich insgesamt 18 Personen aus meiner Familie, die den Holocaust überlebt hatten. 16 davon hatten vor dem Krieg in Polen gelebt und zwei waren in die weite Welt ausgewandert, um ein besseres Leben zu finden: abgesehen von Tante Róża noch der älteste Sohn von Tante Hadasa Łęczycka: Icchak. Dieser war bereits 1936 nach Netanja in Palästina emigriert und vertrat sehr linke politische Auffassungen. Er lernte, wie man in der Landwirtschaft arbeitet. Icchak vermählte sich mit einer Jüdin aus Sieradz. Ich weiß, dass sie mit ihrem ältesten, damals noch sehr kleinen Sohn Meir im Sommer 1939 nach Polen gereist war, da sie die starke Hitze in Palästina nicht ertragen konnte. Sie verfügte über einen palästinensischen Reisepass, so dass sie britischem Protektorat unterstand. Daher konnte sie im September 1939 ungehindert aus Polen ausreisen. Mit dem letzten Zug über Zaleszczyki und Rumänien kehrte sie mit ihrem Sohn unbeschadet nach Palästina zurück. Der Reisepass hat beide gerettet.

Den Holocaust haben aus der engeren Familie nur ich und meine drei Schwestern Lola, Franka und Mala überlebt. Von Lüneburg aus reisten meine Schwestern 1949 in den neu entstandenen Staat Israel. Auf Dauer blieb letztlich nur Mala dort, die bald nach ihrer Ankunft eine Arbeit fand und bis ans Lebensende im Kibbuz[2] Na'an wohnte. Lola und Franka hingegen wanderten nach einiger Zeit in die USA aus.

Darüber hinaus konnten sich abgesehen von Icchak auch vier Cousins und eine Cousine seitens meiner Tante Hadasa Łęczycka retten: Leon, nach 1945 Kriegsinvalide, der mit uns im Getto gelebt hatte, und Henryk, Tante Hadasas jüngster Sohn, der in einem Konzentrationslager bei Posen gewesen war. Die übrigen drei – Gabriel, Minia und Michał – flüchteten bei Kriegsbeginn in die Sowjetunion. Dort trennten sich ihre Wege, jeder von ihnen wusste bald nichts mehr über das weitere Schicksal der anderen. Sie wurden zwar nicht in einen Gulag verschleppt, wurden jedoch in verschiedenen Fabriken zu harter körperlicher Arbeit gezwungen. Nach dem Krieg haben sie sich wiedergefunden.

Minia heiratete einen Herrn Słotwiner, beide ließen sich in Stettin nieder. Ihr Mann war Schlosser. Minia ging oft aus Langeweile zum dortigen Hauptbahnhof, um sich die an- und abfahrenden Züge aus der Nähe zu betrachten. Denn der Bahnhof war gleichsam ihr Fenster zur Welt, so wie es Wojciech Młynarski[3] in seiner Ballade »Ein Sonntag am Hauptbahnhof« besang. Eines Tages erblickte Minia einen kleinen Jungen, der auf dem Bahnsteig herumging. »Was machst du hier, bist du ganz alleine?« – fragte sie ihn. – »Nein, im Waggon sind meine Eltern.« Daraufhin nahm sie ihn an der Hand und führte ihn zum Waggon. Im Abteil saß … ihr älterer Bruder Gabriel. Darauf stieg die Familie aus dem Zug aus und blieb in Stettin.

Als der Staat Israel gegründet wurde, schlossen sich die Geschwister ihrem ältesten Bruder Icchak an. Denn sie hatten einst abgemacht, dass sie sich im Falle ihres Überlebens bei ihm versammeln würden. Als ich nach meinen familiären Wurzeln forschte, bat ich Minia um entsprechende Dokumente und Fotos aus der Zwischenkriegszeit. Ich hatte gehofft, dass sie derartige Familienerinnerungen noch in Besitz hatte, da sie ja niemals in einem Getto oder Lager gewesen war. Leider hatte Minia nichts aufbewahrt, sondern alle Dokumente und Fotos einfach verbrannt. Denn sie hatte befürchtet, dass man sie als »Ausländerin« entdecken und nach Polen zurückschicken würde.

Seitens der Familie meines Vaters haben sechs Menschen den Holocaust überlebt. Drei Kinder von Onkel Mejlech Weintraub: Lutek, Jakub und Rutka. Alle drei emigrierten in die USA und änderten ihren Nachnamen auf »Wayne«. Und drei Töchter von Onkel Joel, die die gleichen Vornamen tragen wie meine Schwestern: Franka, Róża und Mala.

Meine Cousine Mala Weintraub heiratete Henryk Dorfman. Beide lebten in Marburg. Sie hatten diese Stadt deshalb als Wohnsitz gewählt, weil der Mann meiner zweiten Cousine Róża, Julius Schamburg, Vorfahren gehabt hatte, die in der Gegend von Marburg Viehhandel betrieben. Gemeinsam gründeten sie daher ein Handelsunternehmen und eröffneten eine Schlachterei. Als Cousin und Medizinstudent fuhr ich ein bis zwei Mal im Monat aus Göttingen zu ihnen, um mich satt zu essen. Derart saftige panierte Schweinekoteletts habe ich ein Leben lang nie wieder gegessen! Noch heute kann ich mich an ihren Geschmack erinnern.

Meine Cousins erhielten ein Visum zur Einreise in die USA. Als ich einmal wieder bei ihnen war und mich über die Schweinekoteletts hermachte, überlegten sie gerade, wie sie bei der Emigration ihr gesamtes erarbeitetes Vermögen in Höhe von mehreren Tausend Dollar unbemerkt in die USA bringen konnten. Ich sagte ihnen, dass ich das gerne für sie erledigen könne. Die ganze Reise über würden sie dann Geld zur Hand haben, und niemand würde das entdecken. Sie lachten mich nur aus: »Oh, diese eingebildeten Studenten!« Daraufhin bat ich sie um die Reisekoffer. Ich trennte die Griffe auf und zog deren Pappeinlagen heraus. Dann faltete ich die Dollarscheine in Rollen, streifte Präservative darüber und schob diese in die aufgetrennten Griffe hinein. Zum Schluss vernähte ich alles sorgfältig mit zwei Polsternadeln, so dass keine Spuren von Veränderungen an den Koffern zu erkennen waren. Auf diese Weise hatten meine Cousins während der Ausreise in die USA ihr gesamtes Geld stets zur Hand.

In Detroit, in den Vereinigten Staaten, arbeiteten sie dann auch in einer Fleischerei. Später kauften sie den Betrieb auf und erweiterten ihre wirtschaftliche Tätigkeit. Letztendlich gingen sie damit sogar an die New Yorker Börse. Sie haben es also zu etwas gebracht und sind heute eine wohlhabende Familie, ja sogar Millionäre. Nach dem Krieg hatten wir recht engen Kontakt miteinander und besuchten uns mehrmals.

Mala Dorfman ist zwei Jahre älter als ich und lebt noch. 2019 verstarb mein Cousin Jack Wayne (Jakub Weintraub). Aus unserer Generation sind Mala seitens meines Vaters und ich seitens meiner Mutter also die letzten noch lebenden Familienmitglieder.

Ich weiß, dass meine Schilderung vielleicht an russische Matryoschkapuppen erinnert – je tiefer wir einsteigen, desto mehr kommt zum Vorschein.

Etwas Interessantes ist mir aufgefallen: Von allen deinen Verwandten hast nur du dich nach dem Krieg in Polen niedergelassen. Wenn es den März 1968 nicht gegeben hätte, würdest du dort heute immer noch leben. Warum sind deine Familienangehörigen deinem Beispiel nicht gefolgt?

Meine Cousins, die den »real existierenden Sozialismus« ja bereits in der Sowjetunion am eigenen Leib zu spüren bekommen hatten, wollten nicht noch einmal unter einem solchen Regime leben. Von der UdSSR hatten sie die Nase gestrichen voll! In Polen hielten sie sich daher nur wenige Monate lang auf. Meine Schwestern hingegen hatten nach dem Krieg einfach Angst vor dem Kommunismus. Daher setzten sie ihre Hoffnungen ganz auf den neu entstandenen Staat Israel. Mala und Franka pflegten später nur recht spärliche Kontakte zu Polen. Franka besuchte einmal mit ihrer Familie Lodz und fand dabei das Grab unseres Vaters auf dem Friedhof in der Bracka-Straße. Lola sagte, dass sie niemals wieder ihren Fuß auf die nun von Märtyrerblut durchtränkte Heimaterde setzen werde, und konnte sich nie dazu durchringen, nach Polen zu kommen. Unser Vaterland war wohl für alle meine Familienmitglieder mit derart entsetzlichen Erinnerungen verbunden, dass die meisten von uns diese lieber vergessen wollten. Aber mir hat man meine Rückkehr nie übelgenommen.

Als ich mir einen ersten Überblick über die Geschichte meiner Familie verschafft hatte, habe ich ausgerechnet, dass mein engster Familienkreis – also meine Eltern sowie deren Geschwister und Kinder – insgesamt 80 Personen umfasste. Nur 16 von ihnen haben überlebt.

Um zum eigentlichen Thema zurückzukehren: Du hast eine Übersetzung der Inschrift auf dem Grabstein deines Großvaters sowie den Hinweis auf ein Dutzend Personen, die Nachkommen »Bajrach« in Dobra, bekommen. Was hast du dann gemacht?

Ich begab mich zu den Mormonen. Denn ich hatte erfahren, dass sich in einem Stockholmer Vorort deren Tempel und genealogische Abteilung befinden. Die Mormonen sind gute Christen. Daher ist für sie der Gedanke unerträglich, dass im Kosmos namenlose unerlöste Seelen herumschwirren. Ihre Aufgabe ist es, diese Seelen zu erlösen. Aber um das zu tun, sind Beweise für die Existenz einer Seele nötig. Dies erklärt die Initiative der Mormonen, alle Geburts-, Sterbe- oder Heiratsurkunden zu fotografieren.[4]

Ich fuhr also zweimal in der Woche zu den Mormonen, um die genealogischen Dokumente einzeln zu durchforsten, und kam dadurch der Wahrheit über unsere Familiengeschichte allmählich immer näher. Diese Nachforschungen zogen sich über mehrere Jahre hin. Im Suchregister tippte ich dabei stets Nachnamen, Ort und Jahr ein. Hauptsächlich interessierten mich zwei Nachnamen: Weintraub und Bajrach. Aber sogar das war gar nicht so einfach, da es mindestens neun verschiedene Schreibweisen meines Namens gibt. Ich stieß auf Dokumente zu einer bestimmten Gegend und einem bestimmten Zeitraum sowie auf Nummern von Mikrofilmrollen, von denen ich Fotokopien bestellte. Die Mikrofilme mit den abgelichteten Dokumenten schickte man mir dann wenige Wochen später aus Salt Lake City nach Stockholm. In Salt Lake City befindet sich bis heute der Hauptsitz und das größte Archiv der Mormonen. Während meiner Hochzeitsreise habe ich dort einen Besuch abgestattet. Zuhause legte ich die Rollen in ein Lesegerät ein und durchforstete jeden einzelnen Film, Foto für Foto.

Dabei lernte ich, dass die erste Zeile stets die gleichen Auskünfte enthielt: Im Jahre X erschien der gläubige Jude und zeigte in Gegenwart zweier Zeugen das Kind XY an. Bis 1865 wurden diese Dokumente in polnischer Sprache verfasst, dann auf Anweisung des Zaren nur noch auf Russisch. Zum Glück kannte ich das kyrillische Alphabet. In den Archivalien der Mormonen tauchte immer die gleiche Chiffre auf: BMD (birth, marriage, death) – also Geburt, Heirat und Tod. Ich fügte ein weiteres »D« für »divorce« hinzu, da Scheidungen recht oft vorkamen.

Mit einigen wenigen Basisinformationen begann ich meine Nachforschungen in Polen. Die Familie meines Vaters stammte aus dem Städtedreieck Radom-Lublin-Warschau, während die Familie meiner Mutter aus Kalisz, Dobra und den umliegenden Ortschaften kam. Ich suchte daher nach Dokumenten, die bestätigten, dass meine Verwandten an diesen Orten gelebt hatten. Dabei musste ich mich sehr diplomatisch verhalten, da die polnisch-jüdischen Beziehungen damals sehr angespannt waren. In den Archiven, wie zum Beispiel in der Piotrkowska-Straße 153 in Lodz, bemerkte ich die feindseligen Blicke der Archivangestellten. Darauf reagierte ich bei der Bestellung von Fotokopien wie folgt: »Mir geht es nur um den reinen Inhalt, nicht um den juristischen Wert der Dokumente. Denn ich habe kein Interesse an etwaigen Rechtsansprüchen, sondern allein an den Fakten. Ein gekürzter Auszug genügt daher.« Auf diese Weise entschärfte ich die Situation und konnte eine erhebliche Anzahl von kopierten Archivdokumenten sammeln, also gekürzte Auszüge von Geburts-, Heirats- und Sterbeurkunden sowie Fotos, die ich von Verwandten erhielt.

Dabei entdeckte ich, dass mein ältester, in den Quellen nachweisbarer Vorfahre im 18. Jahrhundert in Kalisz zur Welt gekommen war. Er hieß ursprünglich mit Nachnamen »Tobak«, änderte diesen aber in den slawischer klingenden Namen »Arkusz« um. Die Familie Arkusz war in Kalisz einst recht bekannt. Maria Dąbrowska zum Beispiel schrieb in ihrem Roman *Nächte und Tage* über eine Frau Arkusz. Weiter zurück in die Vergangenheit konnte ich nicht mehr gehen. Die Juden trugen nämlich in der Regel keine Nachnamen und nannten sich daher zumeist nur beim Vornamen oder bezeichneten sich als Sohn von jemandem. Erst unter der Verwaltung der preußischen und russischen Teilungsmacht im 19. Jahrhundert verlieh man den polnischen Juden auch echte Familiennamen. Wir Juden haben wirklich seltsame Nachnamen. Denn entweder bildeten sich unsere Nachnamen aus religiösen Amtsbezeichnungen heraus, aus den Leviten[5] oder den Kohanim[6] entwickelten sich Familiennamen wie Lewicki oder Kachański. Oder aber die Nachnamen entstanden in Anlehnung an bestimmte Herkunftsorte, zum Beispiel die Familie Sieradzki aus dem Ort Sieradz oder die Familie Łęczycki aus dem Ort Łęczyce. Es gibt auch Nachnamen, die sich von bestimmten Berufen oder Pflanzen ableiteten, wie zum Beispiel Stolarski vom Tischler [poln. *stolarz*], Krawiecki vom Schneider [poln. *krawiec*] oder Różański von der Rose [poln. *róża*].

Der Name »Bajrach« entstand höchstwahrscheinlich in Zusammenhang mit den während der Inquisition aus Spanien vertriebenen Sepharden. »Bajrach« leitet sich aus dem hebräischen Wort *bracha* ab, das so viel wie Segen oder Gebet bedeutet. Und der Name »Weintraub« kommt natürlich vom Wein und tauchte erstmals in Böhmen auf. In Südpolen leben heute noch recht viele Menschen mit diesem Namen.

Hast du auch nachgeforscht, wer deine Vorfahren genau waren und welche Berufe sie ausübten?

Nicht direkt. Eine meiner Cousinen sagte mir, dass mein Großvater väterlicherseits aus einer Rabbinerfamilie stammt. Dafür fand ich in den Dokumenten jedoch keine Bestätigung. Mein Großvater wuchs sicher in einer armen jüdischen Familie auf, in der niemand Vermögen und Grundbesitz hatte oder einen konkreten Beruf ausübte.

Als ich alle Informationen komplett erfasst hatte, rekonstruierte ich unseren Familienstammbaum mit Hilfe eines eigens erworbenen PC-Programms und leitete ihn an das Douglas E. Goldman Jewish Genealogy Center in Tel Aviv und an den Family Tree of the Jewish People in New York weiter. Jedem einzelnen Nachnamen im Stammbaum sind einschlägige Dokumente und Fotos zugeordnet. Ich fügte auch Hinweise auf das Kriegsschicksal der näheren Verwandten bei.

Zum Stammbaum der Familie Weintraub kam dann noch der weitverzweigte, bis ins 16. Jahrhundert zurückreichende Stammbaum der Familie Odemann hinzu, von der die Mutter meiner ersten Frau Katja, Emma Hof, abstammt.

Wie viele Nachfahren der Familien Bajrach und Weintraub leben heute noch?

Laut meinem Register etwa über 300. Alle stammen von den vorab erwähnten 16 Holocaust-Überlebenden ab. Sie leben verstreut auf der ganzen Welt, mit den meisten von ihnen pflege ich bis heute ständigen Kontakt. Wir rufen uns gegenseitig an, schreiben uns oder sehen uns mit Hilfe von anderen Kommunikationsmitteln. Gott sei Dank gibt es die Social Media und die modernen Informationstechnologien!

Ich vermute, dass deine »Mission« durch die Rekonstruktion des Familienstammbaums keineswegs zu Ende war?

Das ist nun mal mein Naturell. Alles was ich anfange, möchte ich auch unbedingt zu Ende bringen. Bei den Nachforschungen über meine Vorfahren kam mir die Idee, ihnen die Ehre zu erweisen und in Dobra für sie eine Gedenkstätte zu errichten. Denn die Juden aus diesem Ort sind heute völlig verschwunden, sie wurden ja zumeist in den Vernichtungslagern ermordet und haben keine eigenen Grabstätten. Sie hatten dort bereits seit dem 16. Jahrhundert gelebt. In Dobra existierte vor dem Krieg eine wunderschöne Synagoge. Das deutsche Besatzungsregime wandelte sie in ein Kasino für Wehrmachtsoffiziere um und setzte das Gebäude beim Rückzug aus dem Ort in Brand. Ganz in der Nähe lag der jüdische Friedhof. Die meisten seiner Grabsteine hatte der vom NS-Regime eingesetzte deutsche Bürgermeister ausgraben lassen und aus ihnen einen Gehweg um seine Villa errichtet. In den 1960er Jahren ordneten die lokalen Behörden den Abriss der Synagoge an. Diese war damals bereits eine baufällige Ruine, der der völlige Zusammenbruch drohte. Die durch den Abriss gewonnenen 47.000 Ziegelsteine verkaufte man an umliegende Hauseigentümer. Es kursierte das Gerücht, dass es allen, die diese Ziegelsteine erwarben, bald darauf schlecht erging – denn das war eine Sünde, geradezu eine Entweihung. Man hörte zum Beispiel davon, dass jemandem das Haus abgebrannt war oder dass andere schlimme Dinge geschahen. An der Stelle der früheren Synagoge entstand schließlich ein Marktplatz, während der jüdische Friedhof zunehmend von dichtem Gestrüpp bewachsen wurde.

Du wolltest das Denkmal also als Privatperson errichten?

Während einer meiner Besuche in Dobra wies mich der dortige Leiter des Standesamtes, Kazimierz Zasiadczyk, darauf hin, dass es Zwistigkeiten zwischen den Behörden von Dobra und der Jüdischen Gemeinde in Breslau gebe. Im Jahre 1994 ordnete der damalige Staatspräsident Aleksander Kwaśniewski die Übertragung des früheren Eigentums jüdischer Gemeinden an heute existierende Nachfolgegemeinden an. Aber weil es diese weder in Dobra noch in Kalisz/Kalisch oder Posen gab, wurde der frühere Besitz der Gemeinde in Dobra der heutigen Jüdischen Gemeinde Breslau übertragen. Diese forderte eine Ausgleichszahlung für die Nutzung des Grundstücks der ehemaligen Synagoge in Dobra als Marktplatz. Die Stadt Dobra meinte hingegen, dass man ihr etwas bezahlen müsse – für die Asphaltierung und Instandsetzung des heutigen Marktplatzes. Die Streitparteien zogen bis vor Gericht. Ich schlug folgende Lösung vor: Im Namen der heutigen Nachfahren der Juden von Dobra kaufe ich das umstrittene Gelände und errichte dort eine Gedenkstätte. Ich flog also nach Tel Aviv, traf mich mit den Familienangehörigen und erhielt von ihnen die nötigen Vollmachten.

Dabei vereinbarten wir, dass jede Familie 100 Dollar zahlen sollte und wir versuchen würden, von den jüdischen Organisationen in Polen weitere Unterstützung zu erhalten. Wir hatten ziemlich unverbindliche Pläne. Das Wichtigste war, dass ich als polnischer Staatsbürger im Namen der Nachfahren der jüdischen Familien von Dobra das ehemalige Synagogengelände auf Dauer erwarb. Die Verhandlungen mit der Jüdischen Gemeinde Breslau zogen sich jedoch jahrelang hin und waren für mich bisweilen eine recht bittere Erfahrung. Mein Vorschlag lautete: Das ist ein heiliger Ort, vereinbaren wir einen vernünftigen Preis! Der notariell vereinbarte Betrag sollte dann für die damals gerade wiedererrichtete Breslauer Synagoge »Zum Weißen Storch« überwiesen werden. Im Gegenzug sollte die Jüdische Gemeinde Breslau den Nachfahren der jüdischen Bevölkerung von Dobra das ehemalige Synagogengelände und den angrenzenden alten Friedhof übereignen. Es ging also um einen halben Hektar Land! Im Januar 2005 einigten wir uns auf einen Endpreis in Dollar. Glücklich kehrte ich nach Stockholm zurück. Dort erreichte mich dann folgende Mail: »Der Dollarkurs hat sich geändert, es sind noch 5.000 Zloty nachzuzahlen.« Ich war ziemlich empört.

In Polen erhielt ich weder von der »Stiftung zum Schutz des Jüdischen Erbes« (poln. *Fundacja Ochrony Dziedzictwa Żydowskiego* – FODŻ) noch aus Mitteln des »Polnisch-Jüdischen Projekts zur Erneuerung von Friedhöfen« (poln. *Polsko-Żydowski Projekt Odnowy Cmentarzy* – PJCRP) irgendeine finanzielle Unterstützung. Zu beiden Organisationen und zur Jüdischen Gemeinde Breslau habe ich bis heute ein recht kritisches Verhältnis. Denn eine kleine Schar von Holocaust-Überlebenden – die heutigen Nachfahren der früheren Judengemeinden – liegen sich in den Haaren und können die unter ihnen herrschenden Unstimmigkeiten nicht beseitigen, anstatt diese internen Meinungsunterschiede zu schlichten und sich gegenseitig zu helfen. Das ist völlig unnötig.

Wie haben die Leute in Dobra reagiert?

Meine Zusammenarbeit mit den Bürgermeistern von Dobra, zuerst mit Marianna Ochocka und dann mit Andrzej Piątkowski, verlief sehr gut. Von Anfang an wusste ich, dass ich nicht einfach in Dobra auftauchen und dort unverblümt meine Absichten verkünden konnte. Denn wie hätte das ausgesehen: Ein Jude aus Schweden fährt nach Dobra und bringt dort eine Ordnung in die Stadt, ganz wie es ihm gefällt? Ich wollte vielmehr in Einklang mit den dortigen Behörden sowie den Einwohnern dieser Kleinstadt handeln. Ich begab mich also zum Direktor der Schule, die an den ehemaligen jüdischen Friedhof angrenzt, und auch zum Priester, Dekan Zygmunt Chromiński, um ihnen meine Absicht mitzuteilen. Der Dekan antwortete mit Tränen in den Augen: »Das steht in Einklang mit dem Denken von Johannes Paul II.« Er versprach, das Thema in der nächsten Predigt anzusprechen, um die Einwohner von Dobra positiv einzustellen. Und so geschah es.

Ich weiß noch, wie wir dann zur Villa des früheren NS-Bürgermeisters gingen und den Leuten dort sagten, dass wir die jüdischen Grabsteine aus dem dortigen Gehweg wieder ausgraben und stattdessen einen normalen Bürgersteig bauen wollten.

Der Einwohner rief laut: »Na endlich! Meine Mutter würde sich darüber freuen. Denn sie sagte, dass es eine Sünde sei, auf jüdischen Grabsteinen herumzulaufen.« Zum Glück waren die Grabsteine so in den Gehweg eingebaut worden, dass deren Inschriften auf sandigem Untergrund auflagen, so dass teilweise sogar die Vergoldung der Buchstaben unversehrt geblieben war.

Von den Verwandten mütterlicherseits erhielt ich von jeder Familie die versprochenen 100 Dollar. Die Familie meines Vaters hingegen wollte sich von einigen Ausnahmen abgesehen nicht an der Finanzierung beteiligen, da es sich bei den Juden aus Dobra angeblich nicht um ihr Blut handle. Einen erheblichen Zuschuss erhielt ich von der Deutschen Schule in Stockholm, die meine Tochter besuchte, sowie vom Schwedisch-Deutschen Verband. Nachfahren der Juden aus Dobra, die heute über die ganze Welt verstreut leben, schlossen sich der Finanzierungsaktion an. Ich selbst nahm einen Bankkredit auf, aber als ich der beauftragten Firma die letzte Rate bezahlen sollte, fehlte mir das Geld. Daraufhin fragte ich meinen ältesten Enkel Filip, ob er sich nicht an dem Vorhaben beteiligen wolle. Daraufhin machte Filip aus eigener Tasche eine beträchtliche Summe locker und hat darüber nie ein Wort verloren. Eine wirklich schöne Geste! Es gab mehr solcher Gesten …

Lech Król aus Warschau, dessen Geburt in Otwock einer der Vorwände für meine Entlassung gewesen war, fertigte einen kostenlosen Entwurf des Denkmals an, das zwar recht bescheiden ausfiel, aber die Würde des Anlasses voll zum Ausdruck brachte. Das Fundament hat die Gestalt eines Davidsterns, auf dessen oberer Seite wir drei Gedenktafeln in polnischer, jüdischer, englischer und hebräischer Sprache anbrachten. Deren Inschrift lautet: »Zum ehrenden Gedenken an die Geschichte der jüdischen Einwohner von Dobra, insbesondere der Opfer der nationalsozialistischen Okkupation in den Jahren 1939-45. Die Nachfahren sowie der Stadtrat von Dobra und die Einwohner-Selbstverwaltung der Stadt Dobra.«

Im Juni 2008 reiste ich erneut nach Polen. Die Errichtung der Gedenkstätte war damals noch in Gang, so dass wir vereinbarten, diese erst am 19. August 2008 feierlich zu eröffnen. Erst auf dem Rückweg nach Stockholm erinnerte ich mich plötzlich daran, dass man mich und meine Familie höchstwahrscheinlich am 18. August 1944 im Getto Litzmannstadt festgenommen und dann nach Auschwitz deportiert hatte. Der für die Enthüllung des Denkmals in Dobra vorgesehene Tag fiel also zufällig fast zeitgleich auf den Tag der Ermordung meiner Mutter. Solche Zufälle haben für mich symbolische Bedeutung.

Bei der Eröffnung waren Leiter der lokalen Behörden, ein Vertreter der israelischen Botschaft in Warschau, Jugendliche aus der ortsansässigen Schule sowie die Rabbiner von Lodz und Breslau anwesend. Auch viele meiner Verwandten und engsten Freunde reisten extra an. Es war ein feierliches Ereignis.

Hat allen deine Idee gefallen?

Anfangs tauchten in den sozialen Medien kritische Stimmen auf, die den Sinn eines derart großen Denkmals in einer Kleinstadt bezweifelten. Aber was stand eigentlich hinter dieser Kritik? »Von einem Juden kann man nie etwas Gutes erwarten …« »Wo liegt der versteckte Haken an der Sache, warum macht dieser Jude das?« Schlechte Menschen glauben nicht daran, dass jemand auch gut sein kann, sondern unterstellen anderen nur böse Absichten oder einen unlauteren Willen. Aber inzwischen gehört die Gedenkstätte untrennbar zum Stadtbild von Dobra.

Ich kann meine Zufriedenheit nicht verhehlen, dass ich in dieser polnischen Kleinstadt etwas Gutes säen konnte. Aus eigener Initiative ließen die dortigen Behörden auf dem Marktplatz inzwischen die Umrisse der früheren Synagoge in die Pflastersteine einmauern. Man kann also heute zumindest deren historische Spuren erkennen. Die Jugendlichen der Schule in Dobra beteiligen sich auf meine Anregung hin am landesweiten Programm der »Dialog-Schulen«, das vom »Forum für Dialog« koordiniert wird. Dadurch lernen sie die Geschichte der jüdischen Bewohner von Dobra und der umliegenden Ortschaften kennen – sie erfahren also, wo diese wohnten und wie

Leon Weintraub und seine Familie am zehnten Jahrestag der Einweihung der Gedenkstätte in Dobra, 2018

sie hießen. Das verleiht den verstorbenen Juden vor Ort erneut ein konkretes Gesicht. Die Schüler von Dobra haben zusammen mit ihrem Direktor Marek Milczarek auch den »neuen« Jüdischen Friedhof instandgesetzt. Man brachte dort einen Gedenkstein und eine Tafel mit den Namen der dort beigesetzten Menschen an. Wäre dies alles geschehen, wenn ich vor etlichen Jahren nicht in Dobra aufgetaucht wäre? Ich glaube nicht.

Du betrachtest die Errichtung der Gedenkstätte also als dein Lebenswerk?

Das hat sich eigentlich eher unabsichtlich so ergeben. Ich begann einfach irgendwann damit, näher nach meinen familiären Wurzeln zu forschen. Ich fuhr nach Dobra, erfuhr von den Auseinandersetzungen mit der Jüdischen Gemeinde und wurde aktiv. Es folgte eine Entscheidung nach der anderen. Heute stelle ich zufrieden fest, dass nach meinem Tod etwas Dauerhaftes zurückbleiben wird. Aber noch etwas anderes ist geschehen.

Vor einigen Jahren knüpfte ich Kontakt zum »Bildungswerk Stanisław Hantz«. Im Rahmen dieses Vereins versuchen erwachsene deutsche Bürger – vor allem Ärzte, Juristen, Kuratoren, Sozialarbeiter und Studenten – näher zu erforschen, wie es dazu kam, dass sich so viele Deutsche zu den nationalsozialistischen Verbrechen hinreißen ließen. Die Mitglieder des Bildungswerks besuchen daher konkrete Orte dieser tragischen Vergangenheit. Als ehemaliger Augenzeuge erzähle ich ihnen dabei über das Getto Litzmannstadt und begleite sie bei ihren Besuchen in Chełmno/Kulmhof. Eine Bedingung für meine Begleitung stelle ich den Besuchern aus Deutschland dabei jedoch: Die Besichtigung von Dobra bei Turek muss unverzichtbarer Bestandteil des Reiseprogramms sein. Auf diese Weise habe ich diese vergessene jüdische Kleinstadt wieder auf die Landkarte Europas zurückgeholt …

In bleibender Erinnerung

Ich treffe mich mit Jugendlichen, um zu zeigen, dass wir Holocaust-Überlebenden der unumstößliche Beweis dafür sind, dass Hitler letztlich nicht gewonnen hat. Denn er wollte uns ja ganz auslöschen, uns alle ermorden – dennoch haben wir überlebt und leben weiterhin! Wir verkörpern also den Beweis für seine Niederlage. Was das Leben nach meiner Befreiung und meine Erinnerungsarbeit in Polen angeht, so möchte ich deutlich machen, dass es auch andere Nachbarn gibt als die Nachbarn von Jedwabne. Denn es leben heute viele anständige Menschen in Polen – echte Humanisten mit offenem Herzen und Verstand. Ich kenne Hunderte solcher mir nahestehender Menschen in meinem Heimatland und bin stolz auf deren Freundschaft – und sie sind stolz auf die Freundschaft mit mir.

Während unseres gemeinsamen Besuchs in der Gedenkstätte und im Museum Auschwitz-Birkenau im Oktober 2019 war ich Zeuge einer wichtigen Begebenheit. Im Backsteingebäude »Zentralsauna« in Birkenau, also genau in dem Gebäude, in das Leon Weintraub nach der Selektion auf der Rampe gelangte, traf er sich nun mit einer Pfadfindergruppe aus Lodz. Zum ersten Mal sah ich ihn dabei in der Rolle eines Redners, und es lag mir sehr daran, dass ihm auch diese Rolle gelang. Das Publikum war nicht ganz einfach: viele Grundschüler, aber auch etliche Gymnasiasten – insgesamt etwa 200 junge Leute. Welche Worte waren am geeignetsten, um zu erzählen, was man durchgemacht hatte? Wie konnte Leon zu seinen jungen Zuhörern überhaupt durchdringen? Als er so an dem Rednerpult stand, wirkte er seltsam zerbrechlich – ein älterer Herr in elegantem Anzug und Fliege, wie aus einer längst vergangenen Zeit. Er legte sich zunächst die vorbereiteten Notizen zurecht, auf die er dann eineinhalb Stunden lang keinen einzigen Blick warf. Das Publikum verhielt sich anfangs distanziert. Ein Schüler sprach mit seinem Nachbarn, ein anderer schaukelte hin und her … Als Leon jedoch zu sprechen begann, zog er sofort die ungeteilte Aufmerksamkeit aller Anwesenden bis zuletzt auf sich. Während seines gesamten Vortrags herrschte völlige Ruhe, man spürte die angespannte Konzentration der Zuhörer. Seine Erzählung nahm vielfach Bezug auf die Erfahrungen junger Leute und das Alltagsleben in Lodz in der Zwischenkriegszeit. Dabei rief er bestimmte Orte in Erinnerung, die die Schüler selbst gut kannten. Damit baute er die innere Distanz seiner Zuhörer ab. Als Leon seine Zeit im Getto beschrieb, sprach er auch über den Hunger. Noch heute klingen mir seine Worte in den Ohren: »Wenn ihr von der Schule heimkehrt und dort keine Zeit für ein zweites Frühstück oder ein Mittagessen hattet, sagt ihr: Ich sterbe vor Hunger! Aber ihr habt keine Ahnung, was Hunger heißt! Ich weiß, wovon ich spreche, da ich fünf Jahre, acht Monate und drei Wochen lang Tag und Nacht hungrig war. Ich bitte euch also, missbraucht die Bedeutung des Wortes ›Hunger‹ nicht!« Das machte gehörigen Eindruck. Am Ende seines Vortrags holte Leon ein Smartphone hervor und fotografierte seine jungen Zuhörer, was Lachen und Applaus auslöste. Danach vielfaches Händeschütteln, Glückwünsche und gemeinsame Erinnerungsfotos. Ich sah, dass Leon bereits ziemlich erschöpft war und sich wohl gerne eine kleine Ruhepause gegönnt hätte. Aber anmerken ließ er sich das nicht. Diese Begegnung hatte für die anwesenden Jugendlichen sicher größeren Wert als so manche Geschichtsstunde in der Schule.

*

Wann haben die Begegnungen mit Jugendlichen begonnen?

1992. Das erste Treffen fand mit Jugendlichen der Deutschen Schule in Stockholm statt, die auch meine Tochter Emilia besuchte. Als »lebendiges audiovisuelles Lehrmittel« hielt ich Vorträge zur Zeitgeschichte für Schüler der 9. und 10. Klasse, die das Thema »Drittes Reich«, Nationalsozialismus, Zweiter Weltkrieg und Holocaust bereits durchgenommen hatten. Seitdem wiederhole ich diese Vorträge jedes Jahr bei Begegnungen mit nachrückenden Jahrgängen. Ich erzähle einfach davon, was ich erlebt habe, und spreche über meine Erfahrungen und Gefühle.

Denkst du, dass die jungen Leute solche Begegnungen brauchen?

Ja, aber für mich sind diese Begegnungen auch wichtig. Vor einigen Jahren sprach ich in Offenburg in einem der beiden Backsteingebäude, die vom ursprünglichen Lager noch übriggeblieben sind. Dorthin hatte man im Krieg Häftlinge aus Flossenbürg zur Entschärfung von Minen an Bahngleisen verlegt. In einem dieser Gebäude befindet sich heute eine Polizeistation, das andere beherbergt zwei Schulen: die Anne-Frank-Grundschule und das Erich-Kästner-Gymnasium. Am 20. April 2016, also fast genau am 72. Jahrestag meiner Befreiung durch französische Truppen, hatte ich ein Gespräch mit Schülern in dem gleichen Gebäude, in dem ich einst als Häftling festgehalten wurde. An diesem Ort stand ich nunmehr als freier Mensch und ausgebildeter Arzt, war immer noch aktiv und erzählte deutschen Jugendlichen über das Martyrium und die Erniedrigung meines Volkes in der NS-Zeit.

Zu den Deutschen habe ich heute die meisten Kontakte. Ich arbeite zum Beispiel mit dem Maximilian-Kolbe-Werk[1] in Freiburg recht eng zusammen. Sie laden mich immer wieder als Gast zu sich ein. Ich treffe mich dort in regelmäßigen Abständen zu Gesprächen mit Jugendlichen. Einer dieser Auftritte wurde im Rahmen des Jugendbildungsprogramms des Kolbe-Werks organisiert. Tief im Schwarzwald, fernab aller Zivilisation, wohnen Kinder und Jugendliche in Breitnau auf einem Bauernhof der »Timeout-Jugendhilfe« – ganz ohne Handy, Fernseher und Internet. Dabei handelt es sich um junge Menschen, die irgendwie auf die schiefe Bahn geraten sind, sei es aufgrund schlechter sozialer Bedingungen sowie Drogen- oder Alkoholsucht, sei es aufgrund gravierender familiärer Probleme. Ich denke dabei zum Beispiel an einen etwa zehnjährigen Jungen, der seit seiner Ankunft auf dem Bauernhof von Tag zu Tag immer dicker zu werden schien. Es stellte sich heraus, dass er sich klammheimlich Brotscheiben unters Hemd schob. Denn er befürchtete, nicht jeden Tag etwas zu essen zu bekommen. Seine Mutter hatte ihm zu Hause nämlich nur immer dann etwas gekocht, wenn sie aus ihrem Drogenrausch aufgewacht war – wenn nicht, hatte das Kind hungern müssen. Seitdem ich diesen Jungen kennengelernt habe, muss ich immer wieder an ihn denken. Vielleicht deshalb, weil ich einst selbst so sehr an Hunger gelitten habe … Auf diesem Bauernhof wohnte auch ein Junge aus einer Adelsfamilie – ein störrischer Freigeist, zudem recht aggressiv. Er hatte sich in keiner Schule länger halten können, überall warf man ihn hinaus, da er stets eine abweichende Meinung vertreten hatte. Auf dem Bauernhof brachte man ihm die Arbeit in der Landwirtschaft bei.

Als ich das erste Mal in den Schwarzwald fuhr, überlegte ich, wie ich die Jugendlichen dort wohl am besten ansprechen könnte. Sie waren von der Welt der Erwachsenen ja tief enttäuscht worden und hatten derart viele Demütigungen erfahren, dass sie nun niemandem mehr gehorchten und eine trotzige Oppositionshaltung einnahmen. Daher betonte ich während der Begegnung mit ihnen, dass man sogar aus den schlimmsten Lebensbedingungen herauskommen könne. Wir Menschen haben ein verborgenes Potential in diesem wunderbaren Organ, das wir Gehirn nennen. Man muss dieses Potential nur richtig nutzen. Die Bedingung ist jedoch, die von Erwachsenen angebotene Hilfe nicht kategorisch zurückzuweisen. Ich wollte einfach nur vermitteln, dass andere wohlwollende Menschen einem oftmals positive Auswege aus schwierigen Situationen aufzeigen können. Als ich ein Jahr später erneut auf Einladung des Maximilian-Kolbe-Werks nach Freiburg fuhr, erklärte ich, dass ich gerne auch wieder die Jugendlichen im Schwarzwald besuchen wolle. Seitdem fahre ich dort regelmäßig hin.

In Freiburg hatte ich auch eine recht verblüffende Begegnung: im Gefängnis. Im Stadtzentrum liegt eine riesige Strafanstalt, die auch mehrere Berufsschulen und ein Gymnasium beherbergt. Außerdem finden dort laufend Workshops statt. Die Häftlinge hatten für einwandfreies Verhalten und gute Schulnoten das Privileg erhalten, an der Begegnung mit mir teilnehmen zu dürfen. Es waren knapp 80 an der Zahl, ausschließlich Männer, die man für unterschiedlichste Vergehen zu Gefängnisstrafen verurteilt hatte – angefangen von geringfügigen Diebstählen bis hin zu lebenslänglich wegen Mordes. Aber was für mich dabei sehr überraschend war: Ich sah keine finsteren, niedergeschlagenen Typen, sondern nur helle, offene und wissbegierige Gesichter. Sie stellten mir sehr kluge Fragen, lediglich die Zeit war stark beschränkt. Auf die Sekunde genau mussten hinterher alle in ihre Zellen zurückkehren, andernfalls hätte sich ein Alarm eingeschaltet. Daher musste ich meinen Auftritt etwas abkürzen. Aber wenn ich mal richtig loslege, kann ich mich nur schwer wieder stoppen. Ich wies vor allem darauf hin, dass wir Menschen keine wehrlosen Bauern auf dem Schachbrett des Lebens sind. Wir haben alle einen eigenen Willen und können Entscheidungen alleine treffen.

Ich möchte dir das nicht vorhalten, aber der Jüngste bist du ja nicht mehr. Warum fährst du eigentlich immer noch zu Begegnungen mit Jugendlichen?

Ich fühle eine Verpflichtung gegenüber den ermordeten Mitgliedern meiner Familie. Ich kann mich nicht damit abfinden, dass das, was uns widerfahren ist, jetzt einfach der Vergessenheit anheimfällt. Das Schlimmste, was man tun kann, ist, der würdevollen Erinnerung an unschuldige Opfer den Boden zu entziehen. Allein die Erinnerung an die tragische Vergangenheit kann bewirken, dass diese sich nicht mehr wiederholt. Einmal hat man mich in der Schule Dobra gefragt, warum wir eigentlich eine Gedenkstätte in dieser Kleinstadt errichtet haben. Wenn jemand sterbe, habe er doch ein Grab auf dem

Friedhof. Ich erklärte den Schülern, dass wir das deshalb getan hatten, weil meine Familie überhaupt keine Gräber von ihren ermordeten Angehörigen hat. Ferner wies ich darauf hin, dass Mama und Tante Ewa auf der Rampe in Auschwitz-Birkenau nach links gelenkt wurden – zum Tod in der Gaskammer und anschließend zur Verbrennung im Krematorium. Die Asche ihrer Leichname gelangte auf den Müllhaufen. Daher wolle auch ich ein Grab meiner Mutter haben. Dies wurde vom Publikum anscheinend verstanden, fortan fragte niemand mehr danach …

Aber es gibt noch einen anderen Grund für meine ständigen Reisen. Ich treffe mich mit Jugendlichen, um zu zeigen, dass wir Holocaust-Überlebenden der unumstößliche Beweis dafür sind, dass Hitler letztlich nicht gewonnen hat. Denn er wollte uns ja ganz auslöschen, uns alle ermorden – dennoch haben wir überlebt und leben weiterhin! Wir verkörpern also den Beweis für seine Niederlage. Was das Leben nach meiner Befreiung und meine Erinnerungsarbeit in Polen angeht, so möchte ich deutlich machen, dass es auch andere Nachbarn gibt als die Nachbarn von Jedwabne. Denn es leben heute viele anständige Menschen in Polen – echte Humanisten mit offenem Herzen und Verstand. Ich kenne Hunderte solcher mir nahestehender Menschen in meinem Heimatland und bin stolz auf deren Freundschaft – und sie sind stolz auf die Freundschaft mit mir.

Bekommst du im Gegenzug etwas für dein Engagement?

Ich habe ein paar Hundert Briefe von Jugendlichen. Manchmal erhalte ich einige bescheidene Dankesworte, andere Briefe sind fast zwei Seiten lang. Aber von allen Briefen bin ich tief gerührt, da das Echo zu hundert Prozent positiv ist. Zwei Mal hatte ich eine Begegnung in Ostjerusalem, und zwar in der Schmidt-Schule, einer Deutschen Mädchenschule. Das war für mich ein besonderer Moment, da ich an einem Ort sprach, dessen palästinensische Entscheidungsträger gegen Israel eingestellt sind, die in Gaza herrschende Hamas hat offen gedroht, Israel vernichten zu wollen. Bei dieser Begegnung fragte man mich, wie ich über den palästinensisch-israelischen Konflikt denke.[2] Die Schulleiterin unterbrach die Fragestellerin abrupt: »Heute geht es um das Thema Holocaust.« Aber ich wollte eigentlich auf die Frage antworten. Denn als Arzt und Humanist bedauere ich es immer, wenn es Menschen schlecht geht. Ich sehe jedoch keine Möglichkeiten für eine Konfliktlösung, wenn eine Seite die andere einfach liquidieren möchte – wie die Hamas, die die gesamte jüdische Nation im Mittelmeer zu ertränken beabsichtigt. Solange die Palästinenser den Staat Israel nicht anerkennen und mit ihm in ernsthafte Verhandlungen treten, kann von einer Beilegung des Konflikts keine Rede sein. Nach meinem Vortrag stellten sich 45 Mädchen um mich herum und schossen Selfies mit mir. Beim abendlichen Konzert in der Sankt-Anna-Kirche traten deren Eltern an mich heran, um mir ihren Dank und ihre Glückwünsche auszusprechen. Es stellte sich heraus, dass die Schulleitung alle Eltern dieser Schülerinnen um die Einwilligung in das Treffen mit einem Holocaust-Überlebenden gebeten hatte. Der Schule lag also viel daran, dass es zu dieser Begegnung kam – das gibt Anlass zur Hoffnung.

Die Lesungen vor Schulklassen zehren schon ein bisschen an meiner Gesundheit, aber sie bereiten mir dennoch Freude und Genugtuung. Dabei spreche ich in der Regel etwa eineinhalb Stunden im Stehen und habe eine Seite mit Notizen vorbereitet, falls ich etwas vergessen sollte. Aber meistens brauche ich nicht auf den Zettel zu schauen … Und obwohl das schon eine nicht geringe körperliche Anstrengung für mich ist, spüre ich nach jedem Auftritt vor allem Erleichterung, dass es mir ein weiteres Mal gelungen ist, auf eine Gruppe von Menschen einzuwirken. Seit den 1980er Jahren bin ich auf diese Weise bereits mehreren Tausend jungen Leuten begegnet und habe wohl gewisse Spuren in ihnen hinterlassen. In den letzten Jahren trete ich überwiegend in Deutschland auf. Denn für mich ist es am Wichtigsten, im Land der Täter zu den Jugendlichen zu sprechen und ihnen das wahre Antlitz des Nazismus zu zeigen.

Fühlen die Deutschen sich schuldig für den Holocaust?

Was die offiziellen Amtsträger in Regierung und Parlament anbelangt, so existiert dieses Bewusstsein durchaus. Es gibt heute keinen anderen Staat in Europa, der derart nachhaltig und tatkräftig im ganzen Land jeden Tag aufs Neue immer wieder betont, was die Anhänger der Nazi-Ideologie der Menschheit angetan haben.

Aber denken auch die einfachen Leute in Deutschland so?

»Die Deutschen« ist eine Verallgemeinerung, die ich stets vermeiden möchte. Viele junge Deutsche sind sich sicherlich bewusst, wieviel Leid und Unrecht ihre Vorfahren anderen Völkern Europas im Zweiten Weltkrieg zugefügt haben. Dies bestätigt sich bei meinen Begegnungen mit Jugendgruppen – in der Regel sind jeweils 40 bis 50 Jugendliche dabei, obwohl einmal sogar über 600 anwesend waren. Die jungen Menschen sind sich der tragischen Vergangenheit ihrer Nation im »Dritten Reich« voll bewusst und schweigen diese Vergangenheit nicht tot. Sie verehren sie nicht, sondern nehmen sie mit Bedauern zur Kenntnis.

Hast du einmal den Satz gehört: »Mein Großvater war in der SS«?

Ich hatte einmal eine wirklich erschütternde Begegnung in einer Schule im süddeutschen Coburg. Am Ende meines Vortrags trat ein etwa 30-jähriger Mann an mich heran und fragte, ob er kurz unter vier Augen mit mir sprechen dürfe. Als wir die Schule dann gemeinsam verließen, fing er plötzlich zu weinen an und sagte, dass er vor kurzem entdeckt habe, dass sein geliebter, vor drei Jahren verstorbener Großvater ein SS-Mann in einem KZ gewesen sei. Er fragte mich, ob ich ihm vergeben könne. Ich sagte: »Junger Mann, du bist nicht auf der Welt gewesen, als dein Großvater andere Menschen quälte. Es gibt also nichts, was zu verzeihen wäre. Diese Art von Schuld erbt man nicht.« Daraufhin fiel er auf die Knie und küsste meine Schuhe.

Als Evamaria näher kam und dies sah, hatte sie Tränen in den Augen, woraufhin ich ganz verlegen wurde. Ich half dem Mann wieder auf und fragte nur: »Was soll denn das?« Wir begannen uns weiter zu unterhalten. Dabei erklärte ich ihm, dass es meiner Meinung nach keine vererbbare Verantwortung oder Schuld gebe. Aber vom Wissen, was sein Großvater im Krieg angestellt habe, könne ich ihn nicht befreien. Er fragte mich, wie es nun in seinem Leben weitergehen solle. Ich wies ihn darauf hin, dass er als Lehrer einigen Einfluss auf die Jugend habe und daher alles Menschenmögliche tun sollte, damit sich eine derartige Tragödie nie mehr wiederholt. Darin bestehe seine Art der Wiedergutmachung. Genau das sage ich allen, die mich nach der Schuld der Nachfahren von NS-Tätern fragen, und danach, was die Nachfahren angesichts dieser Schuld selbst tun können.

Hat man dir irgendwann einmal vorgeworfen, nicht die Wahrheit zu sagen?

Ein einziges Mal warf man mir eine falsche Äußerung in einem Interview vor, das in einem polnischen Nachrichtensender im Internet erschien.[3] Dabei erinnerte ich daran, dass auch die polnische »Blaue Polizei« an der Überwachung der »Allgemeinen Gehsperre« teilgenommen hatte. Bald darauf tauchten Stimmen auf, die behaupteten, dass es im Getto keine »Blaue Polizei« gegeben habe. Aber ich habe das mit eigenen Augen gesehen, das waren weder Deutsche noch Juden. In den Kommentaren zu meinem Interview las ich u.a. folgenden Satz: »Er hat Schweden gewählt und stopft sich jetzt die Socken mit schwedischen Kronen voll.« Vulgäre, fürchterliche Dinge haben die Leute geschrieben. Ich versuche dennoch sachlich zu sein und erzähle nur von dem, was ich selbst erlebt habe. Und wenn ich etwas zitiere, gebe ich stets die dazugehörige Quelle an. Ich weiß, dass Menschen, die Juden gegenüber feindlich gesinnt sind, nur darauf lauern, diese bei einem »Ausrutscher« zu ertappen. Wenn sie auch nur irgendeinen kleinen Fehler entdecken, halten sie sofort die gesamte Aussage für unwahr.

Denkst du bisweilen darüber nach, was passieren wird, wenn es irgendwann einmal keine Holocaust-Überlebenden mehr gibt?

Ich bin Optimist. Wenn ich an etwas glaube, dann ist es der menschliche Verstand, der derartige Verbrechen nicht mehr zulassen wird. Es gibt keine andere Epoche in der Geschichte der Menschheit, die so gut dokumentiert ist wie der Zweite Weltkrieg und die zwölfjährige Herrschaft des »Tausenjährigen« »Dritten Reiches«. Nicht nur seitens der Augenzeugen, sondern auch seitens der Täter. Einschlägige Quellen finden sich in den an Familienangehörige in der Heimat gesandten Briefen und Fotografien sowie in zahlreichen Zeugenaussagen.

1997 bat mich die Shoah Foundation[4] als Holocaust-Überlebenden um einen solchen Zeitzeugenbericht. Diese Stiftung war von Steven Spielberg gegründet worden, finanziert durch den Erlös seines Kinofilms *Schindlers Liste*. Meine Aussagen als Zeitzeuge wurden in meiner Stockholmer Wohnung in Ton und Bild aufgenommen. Ich saß dabei im Wohnzimmer in Begleitung von Emilia und Evamaria. Anwesend waren auch eine Kamerafrau und ein Journalist, die eigens für die Durchführung dieses Zeitzeugengespräch geschult worden waren. Ich überlegte, welche Sprache ich dabei am besten wählen sollte, denn im Alltag bewege ich mich in vier Sprachen. Zu Hause unterhalten wir uns auf Deutsch, außerhalb der Wohnung spreche ich Schwedisch, mit einigen Familienangehörigen und Freunden kommuniziere ich auf Polnisch und mit dem überwiegenden Teil meiner Familie und den auf der ganzen Welt verstreuten Freunden spreche ich Englisch. Polnisch und Schwedisch sind zu wenig verbreitet, so dass eine Aufnahme in diesen beiden Sprachen für die meisten der mir nahestehenden Menschen nicht zugänglich gewesen wäre. Englisch beherrsche ich nicht gut genug, um in dieser Sprache meine Gedanken, Gefühle und Erfahrungen adäquat auszudrücken. Daher entschied ich mich, das Interview auf Deutsch durchzuführen.

Über 50.000 solcher Zeitzeugengespräche sind bislang dokumentiert. Mein Interview trägt die Nummer 26.999 und wurde in Kopie an mehrere Gedenkstätten gesandt, u. a. an das Jüdische Museum in Berlin. Anschließend bat mich die Freie Universität Berlin um eine Erlaubnis, ein Transkript zu erstellen, so dass das Interview jetzt für eine noch größere Anzahl von Menschen zugänglich ist.

Es mag etwas übertrieben klingen, aber ich habe inzwischen ziemlich viele Spuren unter meinen Mitmenschen hinterlassen. Nicht nur in den Köpfen meiner Familie und meiner Freunde, sondern auch durch meine zahlreichen Interviews, Aufnahmen und Filmdokumentationen – ich hoffe, dass das auch mit dem vorliegenden Buch und bei zahlreichen mir unbekannten jungen Menschen der Fall sein wird. Bereits vor einiger Zeit hat sich auch der deutsche Verein »Zweitzeugen e. V.«[5] an mich gewandt. Dieser Verein führt Interviews mit Holocaust-Überlebenden durch und gibt diese in Form von kleinen Broschüren heraus, die in Schulen verteilt werden. In meinem Namen erzählen dessen Mitarbeiter dann vor Ort über mein Schicksal und das meiner Familie. Nach solchen Treffen erhalte ich stets Hunderte von Briefen. Ein ähnliches Programm existiert auch in Schweden unter dem Namen »Gedenken«, dieser Gruppe hat sich auch meine 20-jährige Enkelin Ella angeschlossen. Das lässt hoffen, dass die Erinnerung auch dann bleibt, wenn keiner von uns mehr lebt. Es ist für mich erschütternd, dass einige Leute den Holocaust trotz umfangreicher Quellendokumentationen und unwiderlegbarer Fakten bis heute leugnen. Das bedauere ich sehr.

Der Versuch der Leugnung ist also offensichtlich?

Zahlreiche Holocaust-Überlebende haben bereits an den Facebook-Gründer Mark Zuckerberg appelliert, die Kommentare von Holocaustleugnern in diesem Medium entfernen zu lassen. Auch ich habe ihm bereits geschrieben. Denn als ein Mensch, der mehrere Konzentrationslager überstanden hat, finde ich es unerhört, dass heute auf Facebook Meinungen verbreitet werden, die dies bestreiten. Tag für Tag schreiben weitere Überlebende in dieser Angelegenheit an Zuckerberg. Ich meine schon, dass dies letztlich Erfolg haben wird.

Was müsste die heutige junge Generation tun, damit eure Generation in größerer innerer Ruhe Abschied von diesem Leben nähme?

Wir wurden als Menschen geboren, also bleiben wir doch Menschen bis ans Lebensende! Eine humanistische Grundgesinnung ist für mich dabei entscheidend. Die NS-Täter verteidigen sich oftmals, dass sie »nur« gemäß dem damals geltenden Recht handelten. Hitler befahl, alle Juden umzubringen – also taten sie es. Aber ich meine, dass die humanistische Grundgesinnung über allen von Menschen geschaffenen Rechtsordnungen steht. Wahre Menschlichkeit sollte daher das Maß aller Dinge sein, deren Grenzen niemals überschritten werden dürfen. Es gibt keine Ideologie, Religion oder Politik, die Menschen das Recht verleiht, anderen Menschen das Leben zu nehmen.

Ich habe dabei ein Bild aus dem Ersten Weltkrieg vor Augen. In den Schützengräben an der Front standen sich damals die Soldaten von zwei verfeindeten Armeen gegenüber. Bevor die Soldaten aufeinander losstürmten, wurden sie von einem katholischen Priester, orthodoxen Geistlichen oder einem Rabbi gesegnet. Sie zogen also unter dem Banner des gleichen Gottes aufeinander los, um zu töten. Für mich ist das völlig unbegreiflich. Und eben das hatte ich im Sinn, als ich sagte, dass keine Religion die Ermordung von Menschen rechtfertigt.

Wird deine Erinnerungsarbeit eigentlich gebührend geschätzt?

Daran liegt mir eigentlich kaum etwas. Dennoch habe ich das mir 2004 verliehene Bundesverdienstkreuz der Bundesrepublik Deutschland natürlich mit Genugtuung entgegengenommen. Vorgeschlagen hatte mich die Internationale Deutsche Schule in Stockholm, in der ich mich seit über 30 Jahren zu Gesprächen mit Jugendlichen treffe. Für einen kleinen Burschen aus der armen Lodzer Innenstadt ist das schon eine große Sache!

Eine hübsche »Schleife« in meinem Leben, wenn man bedenkt, woher ich komme, wohin ich gegangen bin und was ich im Leben erreicht habe. Die Auszeichnung wurde mir in der Deutschen Botschaft Stockholm verliehen. Als man mich von dort anrief und über die vorgesehene Ehrung informierte, glaubte ich zunächst an einen schlechten Scherz und legte einfach auf. Daraufhin riefen sie mich nochmal an. Bei der feierlichen Verleihung waren auch Emilia, Evamaria und Robert zugegen. Danach lud uns der deutsche Botschafter zu einem Lunch ein.

Ich trage eigentlich nie irgendwelche Orden, aber das Bundesverdienstkreuz hefte ich mir bei öffentlichen Auftritten neben einer anderen Auszeichnung in Menora-Gestalt – also mit dem siebenarmigen Leuchter – an die Brust. Dieses Ehrenabzeichen wurde mir von der Jüdischen Gemeinde Stockholm für meine Verdienste für das jüdische Volk verliehen, obwohl ich der Gemeinde formal nie beigetreten bin und dies auch in Zukunft nicht beabsichtige.

Ich finde, beide Auszeichnungen passen hervorragend zusammen.

Im Gelobten Land

In Israel besitzt die Religion heute zu großen Einfluss. Pioniergeist und Solidarität sind inzwischen fast verschwunden. Letzte Relikte dieser Haltungen sind in den Kibbuzim zu finden. Es regierte oft die nationalkonservative Rechte. Das Land ist immer kapitalistischer geworden, wobei das Rabbinat eine große Rolle spielt, ähnlich wie leider in Polen die katholische Kirche, die den Menschen ihre Bedingungen diktiert und das Leben der Bürger weitgehend kontrollieren will. Daher wandelt sich Israel derzeit von einem weltoffenen, freundlichen Land immer mehr zu einem engstirnigen Konfessionsstaat. Dies erschien noch vor wenigen Jahren sogar gläubigen Juden undenkbar.

Leon Weintraub weiß noch genau, wie 1948 der Staat Israel entstand. Er fühlte damals Stolz und Freude. Dennoch ist er bis heute dagegen, diese Tatsache pathetisch als historische Erneuerung seines Volkes zu bezeichnen. Viele meinen, dass die Juden das historische Recht hatten, auf Gebieten einen eigenen Nationalstaat zu gründen, in denen sie seit 2.000 Jahren leben. Leon überzeugt dieses Argument jedoch nicht. Bewundernswert findet er hingegen die ersten Siedler – die Pioniere –, die landwirtschaftlich kaum nutzbares Brachland aus eigener Kraft umpflügten, um aus öden Sandwüsten ein leistungsstarkes, blühendes Land zu schaffen. In Israel herrscht heute relativ großer Wohlstand. Die Technologie dieses Staates nimmt weltweit einen Spitzenplatz ein, aber auch die Medizin und andere Wissenschaftsgebiete befinden sich weiterhin auf hohem Niveau. Dazu ist es aber nicht nur dank deutscher Entschädigungsleistungen oder aufgrund der aus der ganzen Welt in das Land fließenden Kapitalströme gekommen, wie manche böswilligen Zeitgenossen meinen. Die Israelis haben sich ihren Wohlstand durch harte Arbeit und rationales Handeln vielmehr selbst verdient. Daher gehört Israel trotz seiner geographischen Lage eindeutig zu den Ländern des Westens – und nicht zur Dritten Welt. Für Leon verkörpert der israelische Staat die Schweiz des Nahen Ostens.

*

Hast du eigentlich nie daran gedacht, in Israel zu leben? Warum hast du 1950, als du aus Deutschland emigrieren musstest, nicht Israel gewählt? Deine Schwestern hätten dir dort den Start sicherlich erleichtert.

Daran habe ich nicht einen einzigen Augenblick gedacht! Mein Herz hing stark an Polen, ich fühlte mich mit diesem Land eng verbunden. In Frage kamen damals noch die USA, wo meine Schwester Franka lebte, aber hier empfand ich die Sprachbarriere als zu groß.

Als ich 1950 nach Polen zurückkehrte, spürte ich dort zunächst ein wohlwollendes Verhältnis zu Israel. Erst 1968 – nach der Uraufführung der *Totenfeier* mit Kazimierz Dejmek und der staatlich angeordneten Hetzjagd gegen Studenten sowie infolge der internen Machtkämpfe innerhalb der Kommunistischen Partei – ging man in aller Öffentlichkeit auf die »Zionisten« los, die als »Fünfte Kolonne« verunglimpft wurden. Wir waren völlig geschockt. Diese Ereignisse zwangen mich zur Emigration – so wie Tausende anderer polnischer Juden auch.

Wie war dein erster Besuch in Israel?

Ich besuchte das Land erstmals 1956 nach dem Suez-Krieg. Ich habe das noch gut in Erinnerung, da mich wie bereits erwähnt nach meiner Rückkehr nach Warschau der staatliche »Sicherheitsdienst« kontaktierte. Seitdem reise ich regelmäßig nach Israel und freue mich, dass das Land sich – ähnlich wie Polen – ständig weiterentwickelt: Es entstehen neue Autobahnen und schöne, moderne Gebäude, aber auch den Menschen geht es materiell immer besser.

1956 wohnte ich bei meiner ältesten Schwester Lola in Tel Aviv und dann bei meiner jüngsten Schwester Mala im Kibbuz *Na'an*, das Pflanzenanbau und Viehzucht betreibt, aber auch als Produktionsbetrieb für die Herstellung von Bewässerungssystemen bekannt ist. In *Na'an* sah ich den Kommunismus in seiner positiven, utopischen Gestalt. Das war eine echte Gemeinschaft! Es imponierte mir, dass ein Mensch, der formal eigentlich nur für die ausländischen Handelskontakte des Kibbuz zuständig war, in seiner Freizeit auch gerne in der Gemeinschaftsküche aushalf. Jedes erwachsene Mitglied der Kibbuz-Gemeinde arbeitete im Wechsel auf jeder einzelnen Stelle in der Landwirtschaft und der Fabrik. Wenn auf Versammlungen der Kibbuz-Mitglieder gemeinsame Anliegen erörtert wurden, durfte stets jeder freimütig das Wort ergreifen, da jeder aus eigener Erfahrung wusste, wovon er sprach. Egal, ob es um Produktionsabläufe in der Fabrik oder um den Anbau von Baumwolle, um Avocados oder Pomelos ging – jedes Kibbuz-Mitglied konnte sich kompetent zu allen Themen äußern. In den 1950er Jahren arbeiteten mit den Israelis in den Kibbuzim auch Palästinenser harmonisch zusammen. Diese waren mit den dort herrschenden Lebensverhältnissen im Allgemeinen sehr zufrieden.

Ein solcher Gemeinschaftsgeist ist im Kibbuz heute leider fast völlig verschwunden. Denn inzwischen hat man dort bis auf Kinderkrippen und Grundschulen so gut wie alles privatisiert. Jedes Kibbuz-Mitglied hat eine eigene Wohnung oder ein eigenes Haus sowie ein eigenes Auto. Der Speisesaal ist für alle offen, hier treffen sich die Mitarbeiter regelmäßig zum Lunch, während das Abendessen bereits zuhause im Familienkreis stattfindet. Der Kollektivcharakter wurde durch übermäßigen Individualismus ersetzt, so dass auch der egalitäre Charakter des Kibbuz weitgehend verblasst ist. Und das steht sicherlich nicht in Einklang mit den Grundsätzen, auf denen die Kibbuzim einst beruhten.

Wie hat sich der israelische Staat über all die Jahre hin verändert?

In Israel besitzt die Religion heute zu großen Einfluss. Pioniergeist und Solidarität sind inzwischen fast verschwunden. Letzte Relikte dieser Haltungen sind in den Kibbuzim zu finden. Es regierte oft die nationalkonservative Rechte. Das Land ist immer kapitalistischer geworden, wobei das Rabbinat eine große Rolle spielt, ähnlich wie leider in Polen die katholische Kirche, die den Menschen ihre Bedingungen diktiert und das Leben der Bürger weitgehend kontrollieren will. Daher wandelt sich Israel derzeit von einem weltoffenen, freundlichen Land zunehmend zu einem engstirnigen Konfessionsstaat. Dies erschien noch vor wenigen Jahren sogar gläubigen Juden undenkbar.

Ich kann mich noch an ein Gespräch mit dem Mentor unserer Tochter, Rabbi Levi Lauer, erinnern, der in Jerusalem lebt. Er besuchte uns einmal in Stockholm. Rabbi Lauer ist Professor am Shalom Hartman Institute und betreibt Forschungen zur jüdischen Gegenwartsphilosophie und zur Identität heutiger Juden. Er meinte, dass es in Israel derzeit nur noch zehn Prozent orthodoxer Juden gebe, und dass auch diese auf einem bereits »angesägten Ast« säßen. Rabbi Lauer irrte sich, denn es hat sich herausgestellt, dass diese orthodoxe Minderheit überaus einflussreich ist und über das Leben der meisten Israelis bestimmt. Denn die orthodoxen Juden diktieren den Menschen im Lande, wie ihre Hochzeiten, Beerdigungen und Mahlzeiten auszusehen haben. Es gibt zwar Läden, in denen man Schweinefleisch kaufen kann, aber die meisten von ihnen tragen ein Koscher-Zertifikat und werden vom Rabbinat kontrolliert. Diese Einmischung des Glaubens in die Alltagsgewohnheiten der Leute ist für viele eine erhebliche Belastung.

Ich weiß noch, wie wir einmal Freunde in Jerusalem besuchten. Hinterher wollten wir mit einem Sammeltaxi nach Tel Aviv zurückkehren. Auf dem Weg dorthin wären wir von orthodoxen Juden fast mit Steinen beworfen worden, da es gerade Samstag war – ein Feiertag. Vor diesem Hintergrund sind viele meiner Freunde – weltlich ausgerichtete Juden – von Jerusalem nach Tel Aviv umgezogen. Aber das ist nicht das Schlimmste.

Es ist kaum vorstellbar, dass es extrem orthodoxe jüdische

Sekten auch gibt, die sich die Zerstörung Israels herbeiwünschen, sie warten auf den Messiah – zum Glück sind das Ausnahmen. Für gewöhnlich verhalten sich traditionsbewusste Juden ähnlich wie zahlreiche Katholiken in Polen – sie besuchen nicht jeden Sonntag den Gottesdienst, sondern nur an Weihnachten und Ostern.

Warum tolerieren die weltlich ausgerichteten Israelis den großen Einfluss der orthodoxen Minderheit?

Die weltlich ausgerichteten Israelis halten die Orthodoxen für die eigentlichen Träger und die Seele des Judentums. Karthago ist untergegangen, das alte Griechenland und Rom auch – aber das jüdische Volk lebt seit der Antike bis heute. Die Israelis meinen, dass sie dies ihrer Religion – vor allem der Tora – verdanken. Aber jede Tradition ist nur so lange schön, wie sie das Alltagsleben ihrer Anhänger nicht erschwert und deren Denk- und Redefreiheit nicht einschränkt. Doch genau das nehmen besonnene Juden ihren orthodoxen Glaubensbrüdern übel. Dennoch toleriert man sie und sieht geflissentlich über deren Einmischungsversuche hinweg, obwohl sie ganz auf den Unterhalt der israelischen Gesellschaft angewiesen sind und die meisten von ihnen keiner geregelten Erwerbstätigkeit nachgehen. Obwohl die fanatisch Orthodoxen also nichts zur Gesamtentwicklung des Landes beitragen, sind sie zugleich die radikalsten Gegner dieses Landes!

Bist du kritisch gegenüber den Israelis eingestellt?

Gegenüber einigen schon. Bei meinem ersten Besuch in Israel schenkte mir meine Schwester Lola eine einwöchige Rundreise in einer Limousine. Der Fahrer war zugleich Reiseführer. Die Besuchergruppe bestand aus acht Personen, darunter auch ein unsympathisches Paar aus Südafrika, das Handel mit Diamanten trieb. Ich dachte damals, dass jeder Holocaust-Überlebende aus Polen oder Russland mir nähersteht als diese beiden nur in ihren Reichtum verliebten Kapitalisten. Ich schaue immer auf den Menschen.

Am meisten stört mich die Ansicht, dass die Zeit ja sowieso für Israel arbeite. Also je mehr Gebiete die Israelis im von Palästinensern bevölkerten Westjordanland einnehmen, desto besser, da sich diese territorialen »Eroberungen« mit der Zeit verfestigen werden. Ich bin ein entschiedener Gegner einer solchen Politik. Denn man muss auch den Palästinensern die Möglichkeit geben, ein normales Leben zu führen.

Siehst du eine Chance für die Beilegung des Nahostkonflikts?

Zwei Dinge sind für eine Verständigung unentbehrlich – guter Wille und beiderseitige Achtung. Dank dieser Haltungen gelang es mir, in Dobra eine Gedenkstätte zu errichten. Aber im Nahen Osten fehlt diese Haltung. Denn während die israelische Friedensbewegung »Frieden Jetzt« (*Shalom Achshav*) zwar auf die Gebiete des Westjordanlands verzichten möchte, streben die Anhänger der nationalkonservativen Rechten – also die frommen Israelis, aber auch amerikanische Juden – nach der Einverleibung dieser Territorien. Aber auch das Verhalten der palästinensischen Seite ist völlig inakzeptabel. Denn dort gibt es einerseits die radikale Hamas, die den israelischen Staat ganz auslöschen will, und andererseits die Al-Fatah mit ihrem Präsidenten Mahmud Abbas – die auf den ersten Blick eine gemäßigte politische Partei zu sein scheint, aber in Wirklichkeit zwei Gesichter hat.

Beide Seiten zeigen keinen guten Willen. Einerseits haben wir das mächtige Israel, dessen Aktivitäten nicht hinnehmbar sind – ich denke an den von den Israelis forcierten Siedlungsbau im besetzten Westjordanland. Und andererseits haben wir die palästinensische Gegenseite, die den israelischen Staat einfach liquidieren will. Aber inmitten dieses Konflikts befinden sich Menschen, die sich in dieser Situation irgendwie zurechtfinden müssen, wenn sie überleben wollen.

Es stimmt mich traurig, dass die Holocaust-Überlebenden und ihre Nachfahren dort bis heute nie echten Frieden erfahren durften – so wie ich das in Schweden erlebe. Der Alltag in Israel verläuft scheinbar recht normal: Die Frauen gehen mit ihren Kinderwagen in den Gassen spazieren, die Cafés sind voller Leute und man sieht kaum Soldaten oder Polizisten in der Öffentlichkeit, obwohl formal immer noch Krieg herrscht. Aber es gibt ein Anzeichen dafür, dass irgendetwas doch nicht stimmt: Die Israelis haben von früh bis spät ihre Radiogeräte eingeschaltet, um für den Fall eines plötzlichen Angriffs der Palästinenser die aktuelle Berichterstattung in den Nachrichten mitverfolgen zu können.

Fühlst du dich in Israel eigentlich eher als Jude oder eher als Pole?

Ich fühle mich einfach nur als Mensch. Der Ort der Geburt oder Herkunft hat für mich keine Bedeutung, da meine Identität multikulturell ist. Ich fühle mich mit denjenigen Ländern verbunden, in denen mir nahestehende Menschen leben.

Hat man dich als Holocaust-Überlebenden anders wahrgenommen?

Anfangs schon, aber das hat sich geändert. Die in Israel geborenen Nachfahren meiner Cousins denken bereits nicht mehr an ihre polnischen Vorfahren. Für sie ist die Geschichte nur noch eine eher abstrakte »Erzählung«, die nicht mit eigenen Erfahrungen oder schmerzlichen persönlichen Erlebnissen verbunden ist. Aber das ist gut so. Leider spreche ich mit der jüngsten Generation vor allem Englisch, da ich das Hebräische nicht beherrsche und nur recht wenige Menschen sich in dieser Sprache verständigen. Ich hatte weder den Ehrgeiz noch das nötige Durchhaltevermögen, um Hebräisch zu lernen. Aber meine Tochter Emilia verfügt über gute Hebräischkenntnisse.

Als meine Schwester Lola verstarb, fuhren wir auf ihre Beerdigung. Emilia gab mir dazu einen in phonetischer Lautschrift verfassten Text des jüdischen Kaddisch-Gebets der Trauernden. Dabei überraschte mich, dass im Kaddisch von den Verstorbenen gar nicht die Rede ist, sondern einzig und allein Gott gepriesen wird. Ich finde das ziemlich unverständlich und seltsam. Aus genau dem gleichen Grund stören mich auch bestimmte Predigten in der Kirche. Wenn ich mich da in die Worte des Priesters hineinhöre … No comment! Da kommt manchmal so viel Gedankenlosigkeit zum Ausdruck.

Um zu deinen Verwandten zurückzukehren …

Als ich unsere Familiengeschichte weitgehend rekonstruiert hatte, lud ich meinen Cousin aus den USA, der mir bei der Suche nach meinen familiären Wurzeln so sehr geholfen hatte, nach Polen ein. Zwei Wochen lang reisten wir dann zusammen kreuz und quer durch das Land. Beim Abschied fragte er mich unvermittelt: »Wie kommt es, dass du so viele sympathische, edle Polen kennst?« Ich erwiderte: »Erstens gibt es solche Polen, und zweitens – wenn ich mit jemandem Freundschaft schließe, dann nicht mit irgendwelchen Halunken, sondern nur mit anständigen Menschen.«

Er dachte also, dass alle Polen per se Antisemiten sind und alle das Massaker von Jedwabne zu verantworten haben?

Ja, genau. Und diese einseitige Sichtweise verfestigt sich leider zunehmend. Alle israelischen Oberschüler sind verpflichtet, Polen zu besuchen – aber nur die Stätten des Martyriums des jüdischen Volkes. Schade, dass die jungen Israelis mein Heimatland ausschließlich von dieser Seite kennenlernen, was auch die polnische Regierung zu Recht bemängelt. Sie besichtigen also Auschwitz und Treblinka, begeben sich aber nicht an die wunderbaren Orte, aus denen ihre Vorfahren stammen. Ohne erweiterte Denkhorizonte wird es schwer sein, die Einstellung der heutigen Israelis zu ändern.

Die Versöhnung mit dem Bösen

Schon seit langer Zeit fühle ich, dass mir die Redewendung »Auge um Auge, Zahn um Zahn« irgendwie gegen den Strich geht. Soll man wirklich erlittenes Unrecht mit gleicher Münze zurückzahlen? Das kann ich nicht akzeptieren, da ich mich sonst auf die gleiche Stufe stelle wie der Täter. Worin wäre ich dann besser als er? Begriffe wie Hass, Vergeltung oder Rache haben schon immer nicht zu meinem Wortschatz gehört. Ich halte sie für unmenschlich. Aber meine Haltung gegenüber dem Erlebten musste erst langsam reifen.

Auch nach stundenlangen Gesprächen überrascht mich Leon Weintraub ständig aufs Neue – durch sein freundliches Wesen, seinen Optimismus und seine offene Lebensart, die andere Menschen zu begeistern vermag. Auf die Frage, wie es ihm geht, erhalte ich immer die gleiche Antwort: »Ausgezeichnet!« In Anbetracht seiner Kriegserlebnisse, seines hohen Alters und der für ältere Menschen besonders schwierigen Zeit der Corona-Pandemie hätte man meinen können, dass Leon eher verbittert, frustriert und traurig ist. Ich vergesse, dass ich vor meinem Skype-Bildschirm einen Menschen sehe, der bereits eine große Zeitspanne seines Lebens hinter sich gebracht hat und dem großen Finale immer näherkommt. Und obwohl ich bereits recht viel über ihn weiß, fällt es mir schwer, noch ein ganz bestimmtes Thema anzusprechen. Ich möchte ihm nicht zu nahe treten. Schließlich ist es aber doch an der Zeit, ihm eine schwierige Frage zu stellen, die mich schon seit Beginn unseres Gesprächs bewegt.

*

Wie bist du mit der schmerzlichen Vergangenheit zurechtgekommen? Wie erklärst du sie dir?

Erste Überlegungen zum Täter-Opfer-Verhältnis habe ich 2012 angestellt, als in der Deutschen St. Gertrudskirche in Stockholm ein »Tag der Versöhnung« veranstaltet wurde. Man lud mich dazu als Holocaust-Überlebenden – als Opfer – ein, obwohl ich mich nicht als Opfer fühlte. Es mag vielleicht übertrieben klingen, aber ich fühle mich als Sieger. Ich musste zwar viel leiden und wurde von den Nazis verfolgt, habe aber dennoch überlebt, während sechs Millionen meiner Landsleute, darunter die meisten meiner Verwandten, ums Leben kamen. Vor der Begegnung in der St. Gertrudskirche dachte ich darüber nach, was ich eigentlich fühle und wie meine Reflexionen zum Thema Holocaust aussehen.

Zu welchen Schlussfolgerungen bist du gekommen?

Ich fange mal mit etwas generelleren Überlegungen an. Seit die Menschen aus ihren Steinzeithöhlen herauskamen und in größeren Gruppen zusammenlebten, entstand das Problem, wie man der Tatsache begegnen sollte, dass sich die Menschen gegenseitig Unrecht und Leid zufügten. Man schuf Religionen, die verbindliche Rechtssysteme entwickelten, wie zum Beispiel die Zehn Gebote. Dann ließ jedes Land ein Strafgesetzbuch in Kraft treten, das für jede schuldhafte Übertretung eine bestimmte Strafe festlegte. Meiner Auffassung nach existiert über diesem schwarz auf weiß verbrieften Kodex noch ein höheres Recht. Hier betreten wir den Boden der Ethik und der Moral. Die Nazis versuchten sich damit herauszureden, dass sie ja nur in Einklang mit dem damals geltenden Recht handelten. Die NS-Regierung hatte seit den Nürnberger Rassengesetzen[1] von 1935 zum Ausdruck gebracht, dass die Juden letztlich auszulöschen seien – also taten die Nazis das auch. Derzeit berufen sich die radikalen Islamisten auf den Koran und meinen das Recht zu haben, alle Menschen anderen Glaubens töten zu dürfen.

Aber meiner Ansicht nach sollten wir uns als denkende Wesen nicht nur nach den Zehn Geboten, staatlichen Gesetzen oder anderen Rechtsvorschriften richten, sondern auch nach unantastbaren ethischen Grundsätzen.

Bereits lange vor dem Tag der Versöhnung in der Deutschen St. Gertrudskirche habe ich gefühlt, dass mir die Redewendung »Auge um Auge, Zahn um Zahn« irgendwie gegen den Strich geht. Soll man wirklich erlittenes Unrecht mit gleicher Münze zurückzahlen? Das kann ich nicht akzeptieren, da ich mich sonst auf die gleiche Stufe stelle wie der Täter. Worin wäre ich dann besser als er? Begriffe wie Hass, Vergeltung oder Rache haben schon immer nicht zu meinem Wortschatz gehört. Ich halte sie für unmenschlich. Aber meine Haltung gegenüber dem Erlebten musste erst langsam reifen.

Fühlst du nicht Hass gegenüber denjenigen, die deine Mutter ermordeten?

Natürlich fühle ich Groll und Bitterkeit. Ich bedaure zutiefst, was geschehen ist, und nehme es den Tätern übel. Aber zwischen Übelnehmen und konkreter Vergeltung liegt ein weiter Weg. Die Täter sollten eine angemessene Strafe erhalten, aber nicht ich persönlich habe das Strafmaß festzulegen. Die Nürnberger Kriegsverbrecherprozesse und der Adolf-Eichmann-Prozess waren sicher notwendig und gerecht. Denn Menschen, denen man ihre verbrecherischen Vergehen nachgewiesen hat und die sich das Recht zur Tötung anderer Menschen angemaßt haben – also selbstherrlich zu bestimmen, wer Mensch ist und wer nicht –, müssen hart bestraft werden.

Die erste Reaktion unmittelbar nach der Befreiung war Rache – eben das »Auge um Auge, Zahn um Zahn«. Etliche Häftlinge töteten damals ihre Peiniger noch an Ort und Stelle. Ich selbst erlebte dies nicht, aber derartiges Verhalten ist in den Quellen dokumentiert. Ich habe für diese Häftlinge zwar ein gewisses Verständnis, aber gutheißen kann ich solch ein Vorgehen nicht.

Der »Tag der Versöhnung« in Stockholm half mir dabei, die Beziehung zwischen Täter und Opfer genauer zu definieren. Im Polnischen gibt es die Begriffe »verzeihen« (im Sinne von nicht nachtragen, poln. *wybaczyć*), »vergeben« (poln. *przebaczyć*) und »rechtfertigen« (poln. *usprawiedliwić*). Alle drei Begriffe sind inadäquat. Denn wie könnte ich jemandem verzeihen oder jemandem nicht nachtragen, meine Mutter und vier Fünftel meiner Familie umgebracht zu haben? Das kann man auch nicht vergeben! Aber damit fertigzuwerden, es irgendwie innerlich zu verarbeiten, also die negative erste Reaktion zu überwinden und sie im Namen der Menschlichkeit ad acta zu legen, ohne dabei das begangene Unrecht zu vergessen – dazu bin ich sehr wohl fähig. Wenn ich Tag für Tag vom Wunsch nach Rache beseelt wäre, würde ich mein Leben nur vergiften.

Zustimmen kann ich einzig und allein der »Versöhnung« – aber die Bereitschaft dazu muss auf beiden Seiten vorhanden sein. Das bedeutet, dass ein Täter und ich uns wirklich versöhnen wollen. Die versöhnende Haltung wird also nicht nur von einer Seite eingenommen, sondern von beiden Seiten, um den Kreislauf des Bösen endgültig zu unterbrechen. Irgendwann muss man das »Wie du mir, so ich dir« unterbinden, damit man zusammen einen guten, menschlichen Weg beschreiten kann. Aber dazu ist es nötig, Bilanz zu ziehen und sich mit den Fakten objektiv auseinanderzusetzen.

Und wie sieht diese Bilanz in deinen Augen aus?

Gleiches mit Gleichem zu vergelten führt nicht zu mehr, sondern zu weniger Menschlichkeit. Denn das Talionsprinzip[2] bedeutet ja die Fortsetzung bestehender Feindschaften, wobei das Böse auf immer mehr Menschen übertragen wird. Man muss endlich sagen: »Es ist genug!«

Antisemiten behaupten, dass das Blut Christi über alle jüdischen Generationen kommen werde. Dabei unterstellt man uns, dass wir heimlich die Welt regieren, die Presse unterwandern und eine globale Verschwörung anzetteln wollen. Die Juden können jedoch keine Nachsicht mit Polen üben, die für antisemitische Hetze und Pogrome verantwortlich sind. Man hört oft den Vorwurf, dass es unter den Juden viele Kollaborateure und unter den Polen etliche »Szmalcowniks«[3] (poln. Sing. *szmalcownik*) gegeben habe. Beide Seiten halten sich gegenseitig nur das Negative vor Augen. Aber wir sollten vielmehr ohne jegliche Geschichtsverfälschung aufrichtig zueinander sagen: »Dies und jenes ist geschehen.« Legen wir also zuerst gemeinsam die historischen Fakten fest. Und wenn wir weiter neben- oder miteinander leben wollen – ziehen wir endlich einen Schlussstrich unter diese Fakten! Hören wir auf, uns gegenseitig anzuklagen! Man muss eine Gesamtbilanz erstellen, also sich verbindlich darüber einigen, wer wem in der Vergangenheit konkret Böses angetan hat, und dann sagen: »Es ist genug mit den Vorwürfen!« – und auf weitere Anklagen für immer verzichten. Um gemeinsam weiterzugehen, halte ich eine solche »Versöhnung« für unabdingbar. Einen Schlussstrich unter die Erinnerung kann es allerdings nicht geben.

Als du in den 1950er und 1960er Jahren nach Deutschland gereist bist, haben viele ehemalige NS-Täter noch gelebt. Hattest du auch damals schon Versöhnung im Sinn?

In Deutschland lebte ich bis 1950. Aber ich war damals so sehr mit meinem Studium beschäftigt, dass ich abgesehen von der kommunistischen FDJ keine näheren Kontakte zu anderen Deutschen knüpfte. Die FDJ-Kameraden waren Sozialisten, Humanisten und Antifaschisten – mit ihnen war ich eng befreundet. 1959 reiste ich mit Katja und unseren Söhnen zu ihren Eltern in Hessen. In der Folgezeit fuhr ich regelmäßig nach Deutschland. Auf einer dieser Reisen spürte ich plötzlich eine unangenehme innere Anspannung, ich war wie elektrisiert. Denn ich saß mit mehreren Deutschen in einem Zugabteil, ohne dass sie mir etwas antaten. Und ich musste mir nochmal bewusst werden, dass der Krieg ja schon längst vorüber war und ich keine Angst mehr zu haben brauchte. Meine atavistische Anspannung stammte aus einer Zeit, in der ich mich permanent bedroht gefühlt hatte. Es hat ziemlich lange gedauert, bis ich dieses unterschwellige Gefühl wieder verlor.

2015 fand der Gerichtsprozess gegen Oskar Gröning, den sogenannten »Buchhalter von Auschwitz«, statt. In der Verhandlungspause trat die Nebenklägerin Eva Mozes Kor,[4] die dieses Vernichtungslager überlebt hatte, an Gröning heran und reichte ihm die Hand – daraufhin umarmte er sie.

Für mich ist das unvorstellbar, ich könnte ihm das nicht verzeihen. Aber auf intellektueller Ebene verstehe ich durchaus, dass wir trotz allem Menschen sein möchten und irgendwie in Frieden leben wollen – wenn schon nicht miteinander, so doch wenigstens nebeneinander. Eben das ist für mich Versöhnung, so verstehe ich diesen Begriff. Aber man sollte das Vergangene nicht aus dem Gedächtnis streichen, so als ob nichts passiert wäre. Denn die Erinnerung an Geschehenes darf man niemals auslöschen. Nichtsdestotrotz sollten beide Seiten versuchen, die Spirale der gegenseitigen Anklagen wirksam zu unterbrechen. Ich denke dabei zum Beispiel an den ehemaligen Bundeskanzler Willy Brandt, der vor dem Getto-Mahnmal in Warschau niederkniete. Damit brachte er seine Reue sinnfällig zum Ausdruck, genau so sollte man das tun! Die Bundesrepublik Deutschland hat die Nazi-Verbrechen immer wieder beim Namen genannt, klar verurteilt und gebrandmarkt.

Wann haben dich die ersten Nachrichten über das Ausmaß und die Grausamkeit der Verbrechen erreicht?

Im Getto lebten über 170.000 Menschen. Ich habe miterlebt, wie viele von ihnen verhungerten, ein Teil von ihnen verschwand irgendwann aus meinem Blickfeld. Es war mir bewusst, dass hier fundamentale Menschenrechte mit Füßen getreten worden waren. Den Höhepunkt dieses Vorgangs erlebte ich in Auschwitz. Nach dem Krieg drangen immer mehr Informationen über das ungeheure Ausmaß dieser Verbrechen zu mir durch. Ich erfuhr, dass sechs Millionen Juden ermordet worden waren, und entdeckte, dass es enorm viele Konzentrationslager gegeben hatte. Zudem erschienen erste wissenschaftliche Publikationen und Zeitschriften über den Holocaust. Ziemlich rasch wurde mir klar, welche gigantischen Dimensionen der Völkermord angenommen hatte.

Du hast sicherlich gedacht, dass es unmöglich ist, dass Menschen anderen Menschen so etwas angetan haben.

Es ist mir unbegreiflich, wie sich ein menschliches Gehirn die massenhafte Tötung anderer Menschen ausdenken konnte. Ebenso unvorstellbar ist für mich die industrielle Verwertung der Leichen zahlreicher ermordeter Juden. Eine derartige Dehumanisierung hatte es in der Geschichte der Menschheit bislang nicht gegeben. Ich sage nicht animalische Verrohung, denn Tiere verhalten sich nicht so – der Holocaust führte zur Dehumanisierung, also zur Entartung der Täter jenseits von Moral und Ethik. Man muss die instinktiv feindseligen Reaktionen jedoch überwinden und als Mensch Stellung beziehen. Es sei nochmals betont: Nur einer beiderseitigen Versöhnung kann ich zustimmen, da weder Verzeihung noch Rechtfertigung dem Problem des heutigen Umgangs mit dem Holocaust gerecht werden. Hingegen ist die auf dem Humanismus basierende Versöhnung ein hohes ethisches Gut, das uns dabei hilft, weiterhin Mensch zu bleiben.

Dabei fällt mir eine Anekdote ein, die mich mit persönlicher Genugtuung erfüllt. 2004 nahm ich an den Feierlichkeiten zum 59. Jahrestag der Befreiung des KZs Flossenbürg teil. Während des Besuchs hatten wir einen Tag zur freien Verfügung, an dem wir Ausflüge in die umliegende Region machen konnten. Ich suchte mir Nürnberg aus und besuchte das Gelände, auf dem zum Ruhm des »Tausendjährigen Reiches« einst ein gigantisches NS-Propagandazentrum existierte. Auf dem dortigen Zeppelinfeld steht bis heute die Tribüne mit dem kleinen

Balkon, auf dem Hitler auf den NSDAP-Reichsparteitagen die Aufmärsche und Paraden aller NS-Organisationen abnahm. Ich betrat also das Zeppelinfeld, auf dem weit und breit kein Mensch zu sehen war. Dabei dachte ich, dass ich unbedingt etwas tun musste, um meinen Aufenthalt an dem Ort zu verewigen, an dem der oberste Henker meines Volkes jahrelang gestanden hatte, um vor den Augen der Welt die militärische Macht des »Dritten Reiches« zu demonstrieren. Also pinkelte ich auf den betonierten Platz, wobei das Echo dieses Vorgangs fast über das gesamte Zeppelinfeld hallte.

An diesem Ort machte der Fotograf Stefan Hanke ein Porträtfoto von mir. Er hatte sich zehn Jahre Zeit genommen, um viele Überlebende des KZs Flossenbürg einzeln abzulichten, darunter Belgier, Franzosen, Polen, Ukrainer und Juden. Hanke ist Autor des Buches *KZ überlebt*, das über 200 Abbildungen mit Kurzbiographien enthält. 2015 stellte er im Bayerischen Landtag erstmals 20 repräsentative Fotos aus dieser Serie aus. Ich war damals bei der feierlichen Vernissage dabei und besitze ein Foto, das zeigt, wie ich neben meinem Porträtfoto stehe. Alle meine Bekannten sagen, dass dieses Foto sehr gelungen ist, da ich darauf Stolz ausstrahle, dass ich noch da bin und lebe.

Und wie bewertest du das Verhältnis zwischen Polen und Juden im Krieg? Denn es gibt kritische Stimmen, die zu bedenken geben, dass der polnische Staat für seine Bürger jüdischen Glaubens zu wenig getan habe.

Die Frage ist falsch gestellt. Polen war damals ein besetztes Land und seine Bürger standen unter der Herrschaft des NS-Regimes. Für Hilfe gegenüber Juden drohte die Todesstrafe. Es ist also verständlich, dass kaum ein Pole dafür seinen Kopf hinhalten wollte. Meine Frage lautet, ob die negativen Verhaltensweisen der Polen im Verhältnis zu den Juden tatsächlich eher beschränkt blieben. Denn ein Teil der Polen fügte Tausenden von Juden ohne äußeren Zwang aus niederen Beweggründen erhebliches Leid und Unrecht zu. Wenn Menschen sich in einer schwierigen Situation befinden, kann man von ihnen nicht erwarten oder verlangen, dass sie sich zusätzlichen Gefahren für Leib und Leben aussetzen. Aber was die fehlenden Reaktionen auf feindliches Verhalten gegenüber Juden anbelangt, so kann ich keinerlei Nachsicht üben. Abgesehen von der wirklich ruhmreichen »Żegota« (Codename für »Rat zur Unterstützung der Juden«)[5] und den »Gerechten unter den Völkern«,[6] die ihre jüdischen Mitbürger retteten, gab es leider auch viele Verbrecher unter den Polen. Denn diese verbargen die Juden nur solange sich das bezahlt machte – und lieferten sie dann der Gestapo aus. Das darf man nicht tolerieren, und das lässt sich auch nicht durch den allgemeinen Niedergang der Moral oder die schwierigen Lebensbedingungen im Krieg erklären.

Die größten Möglichkeiten, eindeutig Stellung zu beziehen und die »Szmalcowniks« klar zu verurteilen, hatte die katholische Kirche. Denn sie hätte ihre gleichgültigen Anhänger zu einer aktiveren Haltung gegenüber verbrecherisch handelnden polnischen Christen ermuntern können. Aber die Kirche tat nichts und spielte auf diese Weise den Besatzern in die Hände. Daher bewerte ich die Politik von Papst Pius XII. sehr negativ. Dessen Haltung gab auch den Ausschlag für den in der polnischen Gesellschaft tief verwurzelten Antisemitismus. Die Kirche hat diesen Antisemitismus im Krieg nicht nur toleriert, sondern sogar weiter angefacht und auf dessen Erscheinungsformen positiv reagiert. In Kirchenkreisen wurde es vielfach begrüßt, dass die Juden in Polen zunehmend ausgelöscht wurden, weil man dachte, dass man diese damit ein für alle Mal loswerden würde. Die Londoner Exilregierung verurteilte zwar offiziell den verbrecherischen Umgang etlicher Polen mit ihren jüdischen Mitbürgern, aber das hatte auf die Wirklichkeit keinen Einfluss.

Andererseits sind die meisten »Gerechten unter den Völkern« ausgerechnet Polen …

Zahlreiche Juden fanden zum Beispiel in Klöstern geheimen

Unterschlupf, einige von ihnen kenne ich persönlich. Zum Glück setzten sich etliche Polen im Krieg tatsächlich für ihre jüdischen Landsleute ein. Aber es gab auch Leute, die sich unmenschlich verhielten. Die Polen sollten diese Tatsache heute mit Reue zur Kenntnis nehmen und sich dafür entschuldigen – und nicht den Spieß umdrehen und sagen: »Die Juden haben sich selbst ermordet und sich selbst in die Viehwaggons nach Auschwitz begeben.« Dass ein Anderer etwas Schlechtes getan hat, rechtfertigt das negative Verhalten seiner Mitmenschen in keinster Weise!

Einige Juden wurden in besondere Einheiten wie zum Beispiel das »Sonderkommando« des KZ Auschwitz-Birkenau beordert, sie waren an den Gaskammern und Krematorien eingesetzt und wussten, dass man auch sie wenige Monate darauf ermorden würde. Dennoch übten sie diese Tätigkeit aus, um mehr Nahrungsmittel und bessere Lebensbedingungen zu erhalten. Der menschliche Selbsterhaltungstrieb nimmt bisweilen extreme und unbegreifliche Formen an.[7]

Es geht nicht darum, dass die polnische Gesellschaft den Juden nicht aktiv half, sondern dass sie sich im Allgemeinen eher neutral und gleichgültig verhielt – und eben dadurch keine christliche Haltung einnahm. Die meisten Katholiken in Polen wiesen eben nicht lautstark darauf hin, dass es unter ihnen auch Leute gab, die aus dem Getto fliehende Juden der Gestapo auslieferten oder auf andere Weise zu deren Ermordung beitrugen.

Auch nach dem Krieg verhielt sich ein Teil der polnischen Bürger gegenüber den Juden weiterhin feindselig. Das ging so weit, dass diejenigen Polen, die sich einst für die Rettung ihrer jüdischen Landsleute eingesetzt hatten, es nun für angebracht erachteten, dies aus Furcht vor negativen Reaktionen des sozialen Umfelds zu verschweigen. Nach 1945 kam es nicht nur in Kielce zu Pogromen. Derartige in den Quellen gut dokumentierte Aktionen gab es viele. Eben das ist für mich am schwersten zu verkraften. Die Holocaust-Überlebenden kehrten nach dem Krieg halbtot aus den Konzentrationslagern zurück. Sie suchten nach ihren Angehörigen, um ein neues Leben zu beginnen. Und dennoch wurden viele aus den ankommenden Waggons gezogen und von ihren Landsleuten getötet – also von Mitbürgern, die entweder auf Raub und Plünderung aus waren oder die Juden einfach nur hassten. Angesichts dieser Ereignisse stockt mir noch heute der Atem.

Musstest du dich später mit Menschen versöhnen, die dich 1969 zur Emigration aus Polen gezwungen hatten? War das ein weiteres Unrecht, das du nachträglich hinnehmen musstest?

Das ist ein ganz anderes Kaliber von Schuld. Denn mir wurde nicht physisches Leid zugefügt, sondern ich litt rein seelisch und ideell. Man vertrieb mich von meinem Arbeitsplatz in Polen, was für mich sehr schmerzlich war. Aber meinen Arztberuf konnte ich in Schweden behalten und unter anderen Umständen weiter ausüben. Bis heute empfinde ich großes Bedauern beim Gedanken an das kommunistische Regime, das mich brutal zur Emigration zwang. Das mir dadurch zugefügte Unrecht spüre ich immer noch. Das ist natürlich nicht vergleichbar mit der tiefen Trauer angesichts der ermordeten Mitglieder meiner Familie. Dass man mich 1968 im Namen der Staatsideologie so ungerecht behandelt hat, quält mich bis heute. Die Propaganda machte damals Extremisten aus uns und griff dabei geschickt auf Nazi-Vokabular zurück: »Der Feind hört mit« – »Fünfte Kolonne«. Menschen, die sich offiziell »Kommunisten« nannten und Loblieder auf die Solidarität unter den Völkern sangen, verhielten sich in der Praxis ganz anders. Dennoch kann ich heute mit Genugtuung feststellen, dass es mir gelungen ist, sowohl unter Polen als auch Deutschen echte Freunde zu finden. Freunde, die es zutiefst bedauern, was mit mir während des Krieges und danach geschah. Mit mehreren Dutzend Menschen verbindet mich also eine gemeinsame Sprache. Dabei gibt es nicht die Beziehung Jude-Pole oder Jude-Deutscher, sondern nur die Beziehung von Mensch zu Mensch.

Kennst du den Spruch, dass Leid den Menschen adelt?

Ich kenne den Spruch, aber ich finde ihn inakzeptabel. In Schweden diskutiert man vielmehr über die »Krankheit« der Gesellschaft durch eine zu lange Friedensperiode in ihrer Geschichte. Die schwedische Nation hat seit über 200 Jahren nicht mehr die »Unannehmlichkeiten« des Krieges erlebt, so dass es ihr heute schwerfällt, die von der Corona-Pandemie auferlegten Beschränkungen hinzunehmen. Aber ich habe ja eine ganz andere Art der Freiheitsberaubung hinter mir. Dass ich also bis vor kurzem nicht mehr nach Belieben aus dem Haus gehen konnte, aber dennoch einen vollen Kühlschrank und weiterhin Kontakt zur ganzen Welt hatte – mit meiner Tochter in New York konnte ich mich über das Internet unterhalten –, ist wie das Leben eines Vogels im goldenen Käfig. Wir mussten also gewisse Unannehmlichkeiten unter Luxusbedingungen hinnehmen. Aber für die Jugend, die vor der Pandemie keine Beschränkungen gekannt hatte, war das nicht so einfach.

Im Rahmen meiner häuslichen »Isolierungshaft« hatte ich auf Zoom einen Auftritt bei einer Gala der »Dialog-Schulen«, die vom »Dialog-Forum« in Warschau organisiert wurde. Unter den eingeladenen Gästen befand sich auch ein katholischer Pfarrer. Nach meinem Beitrag fand eine Diskussion zum Thema »Gott und Religion« statt. Ich sagte, dass ich niemanden in seinen religiösen Gefühlen beleidigen wolle, aber für mich als Arzt sei die Gestalt eines personifizierten Gottes, der im Himmel ist und dort unsere Geschicke lenkt, unannehmbar. Wenn es einen solchen Gott wirklich geben sollte, warum ließ er dann den Holocaust und andere Menschheitstragödien zu? Das verstehe ich nicht. Daraufhin erwiderte der Pfarrer, dass gerade dies ein vortrefflicher Wesenszug Gottes sei. Gott habe dem Menschen den freien Willen gegeben, was die Möglichkeit einer Entscheidung für das Böse miteinschließe. Ohne freien Willen – auch wenn dieser für das Böse optiere – wolle er nicht leben, da er sich sonst wie eine bloße Marionette vorkommen würde. Es entsetzte mich, dass ein Mensch, der sich für einen gläubigen Rationalisten hielt, dem Bösen etwas Positives abgewann. Denn für mich ist alles Böse per se nur negativ. Ich sehe überhaupt nichts Positives darin, wenn jemand leidet. Aufgrund meiner Lebenserfahrungen kann ich gar nicht anders darüber denken.

Hast du dir jemals die Frage gestellt, warum dein Leben so überreich an dramatischen Situationen ist? Tod des Vaters, mehrere Konzentrationslager, Ausschluss aus der Jüdischen Gemeinde Göttingen, erzwungene Emigration aus Polen …

Am meisten hatte ich in meinem Leben darunter zu leiden, dass meine Eltern Juden waren. Ich selbst verstehe mich als Weltbürger und fühle mich zugleich besonders zu dem Land hingezogen, in dem ich meine Kindheit verbrachte. Meine ethnische Zugehörigkeit zum Judentum und das Bewusstsein einer gemeinsamen historischen Herkunft stehen jedoch außer Frage: Ich bin Teil einer Volksgruppe, die auf eine über 2.000jährige Geschichte verweisen kann, die im Alten Testament beschriebenen Epochen der Hebräer nicht miteingerechnet. Über diese »zwei Herzen in meiner Brust« bin ich mir völlig im Klaren. Daher sehe ich keinen Widerspruch zwischen der besonderen Sympathie für meine jüdischen Landsleute und der engen Verbundenheit mit Polen.

Unsere Tochter Emilia vereint mehrere Kulturen in sich: Sie wurde in Schweden geboren, hat eine deutsche Mutter, die der evangelisch-lutherischen Kirche angehört, während ihr Vater ein Pole jüdischer Herkunft ist. Im Alter von 17 Jahren beschloss Emilia, gläubige Jüdin zu werden. Diese Entscheidung hatte sich erst durch einen langen Reifungsprozess herauskristallisiert. Sie beschäftigte sich dabei sehr intensiv mit vielen Kulturen, so dass sie sich zu einer interessanten Persönlichkeit entwickelt hat. Emilia hat ein großes Herz, einen scharfen Verstand und wird sowohl als Ärztin als auch als Mensch von ihrer Umgebung geschätzt. Meinen Kindern habe ich vermittelt, dass wir Weltbürger sind und dass es auf dem Globus Interessantes zu entdecken gibt. Wir sind tolerant gegenüber anderen Kulturen und Menschen, nehmen alle ernst und achten sie. Wir behandeln sie so wie unsere eigenen Familien.

Im Leben habe ich viel erreicht. Die wenigen Schritte, die mir in Auschwitz-Birkenau das Leben retteten, sind wahrlich nicht vergeblich gewesen. Ich konnte ein Medizinstudium absolvieren und Arzt werden. Im Laufe der Zeit gelang es mir, unsere Familiengeschichte zu rekonstruieren. Darüber hinaus habe ich zwei interessante Hobbys, eine wunderbare Familie und einen großen Kreis von Freunden und Bekannten. Die Gesamtbilanz fällt also eindeutig positiv aus, trotz der tragischen Seiten meines Lebens. Abgesehen von den Ereignissen, auf die wir keinen Einfluss haben, gibt es ziemlich viele Dinge, die wir sehr wohl beeinflussen können. Denn unser menschliches Gehirn birgt unglaubliche Möglichkeiten, durch die es stets etwas Neues schaffen kann, was bislang noch nicht existierte.

Du bist also glücklich?

Ja, sehr! Mein Glück ergibt sich aus den kleinen Alltagsfreuden, aber auch aus den großen, bedeutenden Dingen, über die wir zuvor gesprochen haben. All diese glücklichen Momente verleihen mir Energie und treiben mich unermüdlich zum Handeln an. Ich habe immer noch gehörige Lust am Leben. Dabei hilft mir eine optimistische Sichtweise – für mich ist das Wasserglas immer halb voll und niemals halb leer! Möchtest du mein morgendliches Meditations-Mantra kennenlernen?

Mit Vergnügen!

Erstens überlege ich, was ich heute nicht tun muss und auf was ich Lust habe. Zweitens denke ich daran, keinem meiner Mitmenschen etwas übel zu nehmen und auch zu mir selbst verständnisvoll zu sein. Drittens kümmere ich mich in erster Linie um mich selbst, damit ich mich dann auch um andere kümmern kann. Viertens gehe ich vernünftig und sparsam mit der restlichen Energie um, die mir noch verblieben ist, damit diese noch länger ausreicht. Und fünftens sollte man ab dem 80. Lebensjahr möglichst nur gute Nachrichten entgegennehmen!

Leon Weintraub, 2021

Ich glaube fest daran, dass eine positive Einstellung und Herangehensweise viel Gutes bewirken können. Ich habe dir eingangs von meinem Gespräch mit Jens-Jürgen Ventzki, dem Sohn des Oberbürgermeisters von Litzmannstadt – des Henkers der Lodzer Juden –, erzählt. Es vergeht keine Woche, in der er mich nicht anruft. Wir führen leidenschaftliche Diskussionen, wobei ich von ihm zahlreiche Sympathiebeweise erhalte. So endet sogar diese finstere Geschichte letztlich mit einem positiven Aspekt.

Anmerkungen

Einführung

1 Die Nationalsozialisten benannten die besetzte Stadt Lodz im April 1940 in Litzmannstadt um. Namensgeber war der frühere General Karl Litzmann (1850-1936), der im Ersten Weltkrieg eine wichtige Schlacht bei Lodz gewinnen konnte. Später war Litzmann Funktionär der NSDAP und u.a. Mitglied des Reichstages (mit Unterbrechungen von 1932 bis 1936). Das Getto Litzmannstadt unterstand nicht der SS, sondern der zivilen Stadtverwaltung, an deren Spitze Werner Ventzki (1906-2004) zwischen 1941 und 1943 stand.

Das Czulent-Gässchen und andere Adressen

1 Der gesellschaftskritische Roman stammt von Władysław Stanisław Reymont (eigentl. Stanisław Władysław Rejment, 1867-1925) und erschien 1897-98 zuerst in Fortsetzungen im *Kurier Warszawski*. Für seinen vierteiligen Roman *Bauern* (*Chłopi*) erhielt Reymont 1924 den Literatur-Nobelpreis. Andrzej Wajdas Film kam 1975 in die Kinos.

2 Waldemar Wolański, *Ślepy Maks. Historia prawdziwa* [Der blinde Max. Eine wahre Geschichte], Lodz 2014, S. 38.

3 Joanna Podolska, *Spacerownik. Lodz żydowska* [Führer für einen Spaziergang durch das jüdische Lodz], Lodz 2009, S. 14.

4 Der Chassidismus ist eine jüdische religiöse Strömung, die zum ultraorthodoxen Teil des Judentums gehört.

5 Podolska, *Spacerownik*, S. 17.

6 Traditionelle jüdische Religionsschule für Jungen ab dem vierten Lebensjahr.

7 Jüdische Gottesdienste müssen nicht unbedingt in einer Synagoge stattfinden. Wichtig ist allerdings, dass zehn religiös mündige Juden vorhanden sind (der sogenannte Minjan), um aus der Tora lesen oder das Schmoneh Essre (das Hauptgebet im jüdischen Gottesdienst) öffentlich sprechen zu können.

8 Der Palast aus dem 19. Jahrhundert, der im Zeichen von Neo-Renaissance und Neo-Barock steht, ist heute eines der meist besuchten Museen der Stadt.

9 Der imposante Heinzl-Palast steht in der Piotrkowska-Straße 104 und entstand um 1880. Er beherbergt heute das Rathaus.

10 Podolska, *Spacerownik*, S. 74. Der Lyriker Julian Tuwim (1894-1953) wurde weltbekannt u.a. mit seinem Kinder-Gedicht »Die Lokomoti-

ve« (deutsch von James Krüss), Arthur Rubinstein (1887-1982) gehörte zu den weltbesten Pianisten und Artur Szyk (1894-1951) war einer der bedeutendsten Karikaturisten und politischen Illustratoren des 20. Jahrhunderts.

11 Pessach gehört zu den wichtigsten Festen im Judentum und erinnert an den Auszug aus Ägypten (2. Buch Mose).

12 Gläubige Jüdinnen und Juden dürfen nur koschere (»taugliche«) Speisen zu sich nehmen, d.h. solche, die den strengen Speisegesetzen (Kaschrut) entsprechen. Das Gegenteil von koscher ist treife.

13 Matzot (auch Matze) ist Brot, das aus Wasser und Getreide, aber ohne Triebmittel hergestellt wird. Es wird üblicherweise zu Pessach gegessen und erinnert an das Brot, das die Israeliten beim Auszug aus Ägypten der Überlieferung nach essen mussten. Ihnen blieb – so beschreibt es die Tora – keine Zeit mehr, um ihre Brote zu säuern.

14 An Purim wird der Errettung des jüdischen Volkes vor den Plänen des persischen Ministers Haman gedacht, der alle Juden »vom Knaben bis zum Greis, Kinder und Frauen an einem Tag« vernichten lassen wollte, wie das *Buch Ester* berichtet.

15 Das Werk entstand 1924/25; Majer Balaban (1877-1942) gilt als Begründer der modernen jüdischen Historiografie. Er starb im Warschauer Getto.

16 Die Mikwe bezeichnet im Judentum ein Tauchbad, durch das religiöse Reinheit erreicht wird.

17 Der ungarische Jugendroman, in dem auch ein Sägewerk eine Rolle spielt, erschien 1906 und gehört bis heute zur Pflichtlektüre in den ungarischen Grundschulen. Auch in Polen ist er noch immer eine empfohlene Lektüre.

18 Agnieszka Osiecka (1936-1997) war eine in Polen verehrte Schriftstellerin und Songtexterin.

19 Alexander Nikolajewitsch W(i)ertinski (1889-1957) war ein russischer Sänger, Kabarettist und Filmschauspieler.

20 Die »Narodowa Demokracja« (Nationale Demokratie) – nach ihren Anfangsbuchstaben kurz *Endecja* genannt – war eine im 19. Jahrhundert gegründete, polnisch-nationalistische, antisemitische Partei, die bis zum Ende des Zweiten Weltkrieges bestand.

21 Israel Poznański (1833-1900) war ein polnisch-jüdischer Textilunternehmer in Lodz, der v.a. in seiner späteren Lebenszeit auch als Philanthrop wirkte. Sein ehemaliger Wohnpalast beherbergt heute das Stadtmuseum, die ehemalige Fabrik wurde zu einem viel besuchten Einkaufszentrum umgestaltet.

22 Die Rede ist vom Polnischen (Danziger) Korridor, da dieser Teil Polens als Folge des Ersten Weltkrieges ab 1920 Ostpreußen vom Deutschen Reich trennte.

Stadt der Schattenmenschen

1 Zur Geschichte des Gettos Lodz/Litzmannstadt vgl. besonders *Andrea Löw: Juden im Getto Litzmannstadt. Lebensbedingungen, Selbstwahrnehmung, Verhalten*. Göttingen 2006, sowie die Nachworte in: *Die Enzyklopädie des Gettos Lodz/Litzmannstadt*, Göttingen 2020.

2 Anders als andere Gettos wurde das Getto in Lodz, das die Deutschen in Litzmannstadt umbenannt hatten, von einer Abteilung der zivilen Stadtverwaltung geleitet. Hans Biebow war deshalb auch kein Mitglied der SS, sondern Beamter der Stadt.

3 Szewach Weiss, Einleitung, in: Elżbieta Cherezińska, *Byłam sekretarką Rumkowskiego. Dzienniki Etki Daum* [Ich war die Sekretärin von Chaim Rumkowski. Die Tagebücher der Ester Daum], Poznań 2008, S. 9.

4 Zu den letzten Tagen des Gettos vgl. besonders *Die Chronik des Gettos Lodz/Litzmannstadt*. 5. Bde, Göttingen 2007, hier Bd. 4: 1944.

5 Der Anti-Kriegsroman erschien 1928 und war eines der von den Nationalsozialisten meist bekämpften Bücher. Es zeichnet allerdings kein romantisches, sondern ein brutales Bild des Ersten Weltkrieges.

6 Am 10.12.1939 formulierte Übelhör in einem geheimen Rundschreiben: »Endziel muß es jedenfalls sein, dass wir diese Pestbeule restlos ausbrennen.«

7 1941 wurden 20.000 Juden aus dem Altreich, Österreich, Böhmen und Luxemburg sowie 5.000 Sinti und Roma ins Getto deportiert. Viele starben dort an Hunger und Krankheiten, die allermeisten wurden aber nur kurze Zeit später in das Vernichtungslager Kulmhof (Chełmno) verschleppt.

8 Die Rede wurde am 4.9.1942 gehalten. Eine Übersetzung des jiddischen Redemanuskripts findet sich u. a. in Band 10 (Polen: Die eingegliederten Gebiete August 1941-1945) der Edition *Die Verfolgung und Ermordung der europäischen Juden durch das nationalsozialistische Deutschland 1933-1945* (VEJ). Berlin u. a. 2020 (Dokument Nr. 143).

9 Das Warschauer Getto war bereits 1943 vollständig zerstört worden, nachdem sich die Menschen gegen die Deportationen zur Wehr gesetzt hatten und der organisierte Widerstand 28 Tage lang gegen die deutsche Übermacht bestehen konnte.

Unsichtbar werden

1 Die Außenlager Martha und Martha II gehörten zum Konzentrationslager Buchenwald und befanden sich im thüringischen Mühlhausen. Sie wurden erst im April bzw. September 1944 gegründet und bereits im März 1945 aufgelöst. Die Häftlinge wurden nach Bergen-Belsen verschleppt, wo die allermeisten starben.

2 Tätowiert wurden lediglich die Häftlinge von Auschwitz-Birkenau

und dessen Außenlagern, darunter auch die in bestimmte Betriebe zur Zwangsarbeit entsandten Häftlinge.

3 Polnische Kurzform von »Ryszard«.

4 Die Existenz eines solchen Lampenschirms in Besitz des Buchenwalder Lagerkommandanten Karl Otto Koch wurde später durch zwei glaubwürdige Zeugen bestätigt, allerdings handelt es sich bei dem in der Nachkriegszeit verschiedentlich in Ausstellungen gezeigten Objekt sehr wahrscheinlich nicht um den besagten Lampenschirm. Es besteht die Vermutung, dass der echte Lampenschirm noch Ende 1941 vernichtet wurde, um Karl Otto Koch nicht zu belasten, als er wegen Korruption und Machtmissbrauch angeklagt wurde. Dass Ilse Koch, die Ehefrau des Lagerkommandanten, bewusst bestimmte Motive ausgesucht und die Herstellung des Lampenschirms beauftragt haben soll, konnte nicht bewiesen werden. Allerdings wurden nach der Befreiung des Lagers mehrere gegerbte und tätowierte Menschenhäute gefunden, die zum Teil auf eine weitere Verwendung hinweisen. Vgl. https://www.buchenwald.de/1132/.

Gebrauchsgegenstände zur einmaligen Verwendung

1 Die Produktionsstätten der sogenannten »Vergeltungswaffen« wurden nach der Zerstörung der Werke auf Usedom vor allem in die unterirdischen Stollen des Konzentrationslagers Mittelbau-Dora bei Nordhausen in Thüringen verlagert. Weitere Produktionsstätten befanden sich in Planung. Ob das »Projekt Riese« ebenfalls dafür vorgesehen war, ist nicht eindeutig belegbar. Allerdings waren dort vermutlich neben einem neuen, zusammengelegten Hauptquartier Hitlers sowie des Oberkommandos des Heeres und der Luftwaffe ebenfalls umfangreiche Rüstungsanlagen geplant.

2 Wie die anderen Arbeitslager des Projekts »Riese« gehörte auch Oberwüstegiersdorf als Außenlager zum KZ Groß-Rosen. Ein Teil der Baracken kann heute noch besichtigt werden. Die überwiegend jüdischen Häftlinge arbeiteten in Oberwüstegiersdorf in einem Steinbruch, um die anderen Baustellen des Komplexes mit Schotter zu beliefern. Insgesamt wurden im Projekt »Riese« wohl 20.000 Menschen zur Arbeit gezwungen, man geht davon aus, dass den mörderischen Bedingungen bis zu 5.000 Menschen zum Opfer fielen.

3 Die »Organisation Todt« (OT) wurde 1938 auf Weisung Hitlers von dem SA-Obergruppenführer und späteren Reichsminister für Bewaffnung und Munition Fritz Todt zur Errichtung v. a. von militärischen Anlagen ins Leben gerufen. Die Organisation vereinte zahlreiche Baufirmen unter ihrem Dach und beschäftigte deutsche Reichsbürger, die für den Wehrdienst untauglich bzw. noch zu jung waren, und unzählige Häftlinge als Zwangsarbeiter. Gegen Ende 1944 verfügte die OT über rund

1.360.000 Arbeitskräfte, von denen nur knapp 60.000 Deutsche waren.

4 Bereits 1943 begannen die Alliierten mit den Planungen für die Einrichtung von Suchstellen, um die Schicksale von NS-Verfolgten zu klären und Dokumente zu sichern. 1946 wurde das *Central Tracing Bureau* (CTB), bei dem diese Aufgaben letztlich zentralisiert werden sollten, nach Arolsen verlegt, das etwa in der Mitte aller Besatzungszonen lag und außerdem nahezu unzerstört war. Zunächst war die *United Nations Relief and Rehabilitation Administration* (UNRRA), dann die *International Refugee Organization* (IRO) für die Koordinierung der Suche zuständig. 1955 wurde der – wie er sich dann nannte – *International Tracing Service* (ITS) vom Internationalen Komitee vom Roten Kreuz (IKRK) übernommen. Bis heute werden Schicksale von NS-Verfolgten geklärt. Seit 2007 ist das Archiv mit seinen 30 Millionen Dokumenten zu 17,5 Millionen Menschen zudem wieder für die Forschung zugänglich. Die Einrichtung firmiert heute unter dem Namen *Arolsen Archives* und gehört zu den wichtigsten Akteuren der Bildungsarbeit zur NS-Verfolgung. Vgl. dazu v. a. https://arolsen-archives.org.

Wie ich von Neuem gehen lernte

1 Fleckfieber ist ein anderer Name für Typhus, eine Infektionskrankheit, die u. a. durch Läuse übertragen wird und v. a. mit Hautausschlag, hohem Fieber sowie häufigem Durchfall verbunden ist.

2 Kurzform von »Stanisław«.

3 Kurzform von »Aleksander«.

4 Die UNRRA war die Nothilfe- und Wiederaufbau-Organisation der Vereinten Nationen.

5 In Frankreich besaßen Juden seit 1791 Bürgerrechte. Napoleon trug diese Gleichberechtigung der Juden – u. a. über den *code civil* – auch in die von ihm eroberten Gebiete, freilich nicht ohne Gegenwehr und mit oft nur kurzem bzw. bedingtem Erfolg. 1862 gewährte das liberale Großherzogtum Baden dann als erster deutscher Staat die uneingeschränkte Gleichberechtigung für seine jüdischen Bürger, 1869 folgte der Norddeutsche Bund, dessen Gesetz zur »Gleichberechtigung der Konfessionen in bürgerlicher und staatsbürgerlicher Beziehung« ab 1871 auch im neuen Deutschen Kaiserreich galt.

6 Hermann Rein (1898-1953) wurde 1946 Rektor der Universität Göttingen. Er galt zu dieser Zeit als Gegner des Nationalsozialismus. Dieses Bild wurde in jüngerer Zeit aber wissenschaftlich erheblich korrigiert. Auslöser dafür war nicht zuletzt eine Diskussion um eine nach ihm in Göttingen benannte Straße. Vgl. Katharina Trittel: *Hermann Rein und die Flugmedizin. Erkenntnisstreben und Entgrenzung*, Paderborn 2018.

Eine revolutionäre Zeit

1 In Polen nahm der Antisemitismus in den 1930 Jahren rapide zu. Dazu gehörten Versuche, Juden über entsprechende Verordnungen am Studium zu hindern oder sie zu separieren. Universitäten führten dafür einen speziellen Numerus clausus für jüdische Studierende ein und zwangen sie, auf sogenannten Getto-Bänken zu sitzen, die es ab 1937 nahezu an allen höheren Bildungsanstalten in Polen gab.

2 1943 wurden in der Sowjetunion – ohne Zustimmung der polnischen Exilregierung in London – erneut polnische Streitkräfte aufgebaut. Das Kommando hatte General Zygmunt Berling (1896-1980). 1944 wurde die Berling-Armee mit der polnischen kommunistischen Untergrundarmee »Armia Ludowa« zur »Polnischen Volksarmee« (Ludowe Wojsko Polskie) zusammengelegt.

3 Als Enzyklopädisten bezeichnet man die 144 bekannten Autoren der *Encyclopédie ou Dictionnaire raisonné des sciences, des arts et des métiers*, einem Hauptwerk der Aufklärung, das zwischen 1751 und 1780 in 35 Bänden erschien.

4 1930 eingerichtete weibliche Gliederung der vier Jahre zuvor gegründeten Hitlerjugend.

Der Traum von Warschau

1 Die Weltfriedenskongresse, die nach dem Zweiten Weltkrieg auf kommunistische Initiative in neuer Form wiederbelebt wurden, gehen auf eine Tradition zurück, die bereits in der ersten Hälfte des 19. Jahrhunderts begann. Für den »1. Weltfriedenskongress« 1949 in Paris gestaltete Picasso seine berühmte Friedenstaube, die fortan zum Symbol für die Friedensbewegung weltweit wurde.

2 Die »Polnische Vereinigte Arbeiterpartei« (Polska Zjednoczona Partia Robotnicza) wurde 1948 als Zusammenschluss aus der Polnischen Arbeiterpartei und der »Polnischen Sozialistischen Partei« gegründet. Sie orientierte sich zunächst an der Kommunistischen Partei der Sowjetunion, schlug dann aber einen »polnischen Weg des Sozialismus« ein. Bis zu ihrer Auflösung 1990 war sie die führende politische Kraft im Lande.

3 Jan Zachwatowicz (1900-1983) war bereits vor dem Krieg ein anerkannter Architekt und Lehrstuhlinhaber an der Technischen Universität Warschau. Unter der deutschen Besatzung lehrte er im Untergrund weiter. Er galt nach 1945 als wichtigster Repräsentant der »Polnischen Schule der Denkmalpflege«.

4 Kurzform von »Aleksander«.

5 Kurzform von »Henryk«.

6 Kurzform von »Dorota«.

7 Bolesław Bierut (1892-1956) war von 1948 bis zu seinem Tod 1956 Generalsekretär der »Polnischen Vereinigten Arbeiterpartei« und zwischen 1947 und 1952 auch Staatspräsident der Volksrepublik Polen.

8 Rudolf Slánský (eigentlich: Rudolf Salzmann, 1901-1952) war ein kommunistischer Funktionär jüdischer Abstammung. Ab 1921 war er Mitglied der Kommunistischen Partei der Tschechoslowakei und nach 1945 deren Generalsekretär. Slánský wurde am 8. September 1951 seines Amtes enthoben und verhaftet. Ein Jahr später wurde er zusammen mit 13 anderen ehemaligen, hochrangigen Parteifunktionären jüdischer Herkunft der Spionagetätigkeit für Israel angeklagt und zum Tode durch den Strang verurteilt. Das Urteil wurde am 3. Dezember 1952 vollstreckt.

9 Fred Rose (1907-1983) war ein polnisch-kanadischer Politiker und Gewerkschaftsfunktionär, der aus einer jüdischen Familie stammte. Er gehörte dem kanadischen Parlament von 1943-1947 an und gilt bis heute als einziger Abgeordneter, der wegen Spionage verurteilt wurde. Nach seiner Haftentlassung emigrierte er nach Polen, nachdem er in Kanada nicht mehr hatte Fuß fassen können.

10 Zu den bekanntesten Liedern dieser 1948 u. a. von Pete Seeger gegründeten Folkgruppe gehört der ursprünglich aus Südafrika stammende Song »Wimoweh«.

11 Kurzform von »Krystyna«.

12 Alina Janowska (1923-2017) war eine polnische Schauspielerin, die auch dafür bekannt war, als junge Frau am Warschauer Aufstand mitgewirkt zu haben.

13 Mieczysław Czechowicz (1930-1991) war ein berühmter polnischer Theater- und Filmschauspieler, der auch als Synchronsprecher bekannt wurde.

14 Władysław Gomułka (1905-1982) war zwischen 1956 und 1970 Chef der »Polnischen Vereinigten Arbeiterpartei«. Er vertrat einen nationalkommunistischen Kurs.

15 Im Juni 1956 kam es in Posen zu wütenden Protesten von Arbeitern wegen der Mangelwirtschaft in Polen. Gefordert wurden v. a. bessere Lebensbedingungen und eine Absenkung der Arbeitsnorm. Rund 100.000 Menschen beteiligten sich an der größten Demonstration am 28. Juni, die schließlich von der Armee blutig aufgelöst wurde. 57 Menschen wurden getötet, über 600 verletzt und rund 700 inhaftiert. Und auch in den darauffolgenden Wochen verfolgten die Behörden erbarmungslos alle an den Protesten beteiligten Personen.

16 Aleksander Ford (1908-1980) gehörte zu den bekanntesten Filmregisseuren Polens. Bereits in der Zwischenkriegszeit feierte er große Erfolge. Nach der Besetzung seines Heimatlandes durch Deutschland ging er in die Sowjetunion und schloss sich der Roten Armee an. Als einer der Befreier des Konzentrations- und Vernichtungslagers Majdanek

drehte er bereits 1945 einen Dokumentarfilm über das Lager. In den 1950er Jahren wirkte er an der Filmhochschule in Lodz und unterrichtete dort u. a. Andrzej Waida und Roman Polański. 1968 verließ er aufgrund der antisemitischen Unruhen Polen.

17 Der staatliche »Sicherheitsdienst« (Służba Bezpieczeństwa – SB) wurde 1956 gegründet und war das Äquivalent zur Staatssicherheit in der DDR. Die SB war an der systematischen Unterdrückung der Bevölkerung wesentlich beteiligt und ist auch für zahlreiche Morde an Oppositionellen und Regimegegnern verantwortlich.

18 Im Jahr 2005 kopierte der Journalist Bronisław Wildstein im polnischen »Institut für Nationales Gedenken« eine Liste mit rund 240.000 Namen und publizierte sie. Die Namen gehören zu ehemaligen Angehörigen und inoffiziellen Mitarbeitern der SB. Allerdings befinden sich auf der Liste auch die Namen von Menschen, die sich einem Anwerbeversuch widersetzt haben.

19 Janusz Korczak, eigentlich Henryk Goldszmit, (1878/79-1942) war ein bedeutender polnischer Arzt, Pädagoge und Kinderbuchautor. Zu seinen berühmtesten Kinderbüchern gehört der zweiteilige Roman um König Hänschen (1923 erstmals publiziert). Korczak leitete ein berühmtes Waisenhaus nach ganz eigenen (und bis heute relevanten) Prinzipien, das er auch im Warschauer Getto unter der deutschen Terrorherrschaft weiterführte. Obgleich er die Möglichkeit gehabt hätte, der Deportation zu entgehen, ging er mit den ihm anvertrauten Kindern in den Tod. Er wurde wie sie im Vernichtungslager Treblinka ermordet.

20 Julian Sztatler (1914-1964) war ein in Polen bekannter und beliebter Sänger, der auch in Filmen auftrat. Sein Programm im »Café Pod Gwiazdami« (»Café unter den Sternen«) orientierte sich an französischen Vorbildern.

21 Tadeusz Chyła (1933-2014) war ein polnischer Sänger, Komponist und Gitarrist, der besonders als Interpret humorvoller und satirischer Balladen Berühmtheit erlangte.

Dr. Weintraub

1 Marie Skłodowska-Curie (1867-1934) erhielt 1903 den Nobelpreis für Physik sowie 1911 den Nobelpreis für Chemie.

Ein bitteres Gefühl

1 Kazimierz Dejmek (1924-2002) kämpfte als Partisan gegen das deutsche Besatzungsregime. Nach dem Krieg absolvierte er ein Schauspielstudium und wurde – nach einer ersten Station in Lodz – 1960 Intendant des Nationaltheaters Warschau. Wegen seiner Inszenierung von Adam Mickiewicz' (1798-1855) Dramenzyklus *Totenfeier* (poln. *Dziady*) wurde er 1968 entlassen und wirkte fortan in der Provinz bzw.

im Ausland. Mitte der 1970er Jahre übernahm er wieder die Intendanz in Lodz, nach dem Ende des kommunistischen Regimes wurde er 1996 polnischer Kulturminister.

2 Gustaw Holoubek (1923-2008) gilt als einer der bedeutendsten polnischen Schauspieler, Film- und Theaterregisseure. Er war auch Mitglied des Sejm und des Senats.

3 Adam Michnik (geb. 1946) war einer der wichtigsten Dissidenten im kommunistischen Polen. Heute ist er als Journalist und politischer Essayist tätig und leitet als Chefredakteur die liberale Tageszeitung *Gazeta Wyborcza*.

4 Henryk Szlajfer (geb. 1947) war wie Michnik schon als Student eine wichtige Figur im demokratischen Widerstand gegen das kommunistische Regime in Polen. Er ist heute als Wirtschaftswissenschaftler und Politologe erfolgreich. Unter anderem war er auch Abgesandter Polens bei der OSZE und ist seit 1992 als Chefredakteur für die politologische Fachzeitschrift *Sprawy Międzynarodowe* sowie deren englische Ausgabe *The Polish Quarterly of International Affairs* tätig.

5 Eine Wojewodschaft bezeichnet einen territorialen Verwaltungsbezirk, an dessen Spitze ein Regierungsvertreter (Wojewode) steht und das zugleich über ein direkt gewähltes Regionalparlament (Sejmik) mit eigener Haushaltskompetenz verfügt. Im heutigen Polen gibt es 16 Wojewodschaften.

6 Franciszek Król (1913-1999) war ein bekannter Sozialaktivist und Eisenbahnfunktionär.

7 Der Zionismus ist eine politische Bewegung, die die Gründung und Bewahrung eines jüdischen Nationalstaates in Palästina zum Ziel hat. Der moderne Zionismus wurde offiziell vom Wiener Journalisten und Schriftsteller Theodor Herzl (1860-1904) begründet, nicht zuletzt als Reaktion auf die damaligen massiven antisemitischen Anfeindungen und Pogrome in ganz Europa.

8 Leon reagierte in dieser Szene auf die jahrhundertealte antisemitische Verleumdung, Juden würden christliche Kinder töten, um deren Blut für rituelle Zwecke zu nutzen.

9 Die »Allpolnische Jugend« (poln. *Młodzież Wszechpolska*) ist eine rechtsextreme Jugendorganisation, die ein ethnisch-national homogenes, rein katholisches Polen anstrebt und die liberale Demokratie ablehnt.

10 Katarzyna Weintraub, *Karp pożydowski* [Karpfen nach jüdischer Art], in: Pogranicza, Bd. 45. H. 4 (2003).

Die Welt hinter dem Meer

1 Vgl. z.B. Elisabeth Åsbrink, *Made in Sweden: 25 Ideas that Created a Country*, Melbourne 2019, S. 239.

2 Ebd., S. 190.
3 Ebd., S. 184.
4 Ebd., S. 314.
5 Ebd., S. 291.
6 Jerzy Einhorn (1925-2000) war nicht nur ein erfolgreicher Arzt, der u.a. als Vorsitzender der Nobelvereinigung des Karolinska-Instituts fungierte, sondern er war auch Mitglied des Schwedischen Reichstags (1991-1994) und ist Autor einer Autobiographie, die sich v.a. seiner Kindheit und Jugend in Polen widmet, in der es ihm gelang, den Holocaust zu überleben.

Persönliche Angelegenheiten

1 Die Psychologin und Schriftstellerin Olga Tokarczuk (geb. 1962) ist die sechste polnische Literatur-Nobelpreisträgerin nach Henryk Sienkiewicz (1846-1916) 1905, Władysław Reymont (1867-1925) 1924, Isaac Bashevis Singer (USA/PL, 1902-1991) 1978, Czesław Miłosz (1911-2004) 1980 und Wisława Szymborska (1923-2012) 1996.
2 Das Stockholmer Internationale Friedensforschungsinstitut (SIPRI) wurde 1966 in Form einer Stiftung von der schwedischen Regierung gegründet. Als wissenschaftliche Einrichtung widmet sich das SIPRI der Erforschung von Konflikten und Kooperationen im Kontext globaler Entwicklungen von Frieden und Sicherheit. In den Jahren 1991 bis 2002 wurde das Institut vom späteren polnischen Außenminister Adam Daniel Rotfeld (geb. 1938) geleitet.
3 Traditionell werden am Freitagabend zwei Kerzen angezündet, die bis zum Ende des Schabbats nicht gelöscht werden dürfen, da dies als Arbeit gelten würde.
4 Am 4. Juli 1946 wurden in Kielce über 40 Juden ermordet und viele weitere verletzt, weil sich ein Gerücht über die Entführung eines christlichen Jungen verbreitet hatte. Dieses Verbrechen, das so kurz nach dem Holocaust begangen wurde und dem auch KZ-Überlebende zum Opfer fielen, löste eine große Emigrationswelle unter polnischen Juden aus.

Besondere Kennzeichen: Klassische Musik und Spielfilme

1 Benjamin Britten (1913-1976) war ein weltweit gefeierter Komponist, Dirigent und Pianist. Yehudi Menuhin (1916-1999) war einer der bedeutendsten Violinisten, Bratschisten und Dirigenten des 20. Jahrhunderts.
2 Joseph Joachim (1831-1907) galt als Wunderkind an der Geige und trat bereits im Alter von sieben Jahren als Solist auf. Joachim blieb auch als Erwachsener erfolgreich und wurde einer der einflussreichsten Musiker seiner Zeit.

3 Auch Fritz Kreisler (1875-1962) gehörte zu den musikalischen Wunderkindern. Schon im Alter von sieben Jahren wurde er in die Gesellschaft der Musikfreunde in Wien aufgenommen und begann damit seine Weltkarriere.

4 Anne-Sophie Mutter (geb. 1963) gehört zu den bedeutendsten zeitgenössischen Violinistinnen.

5 Jascha Heifetz (1901-1987) war einer der bedeutendsten Violinisten des 20. Jahrhunderts.

Eine Frage der Weltanschauung

1 Siehe offizielle Website des Staatspräsidenten der Republik Polen: https://www.prezydent.pl/aleksandra-kwasniewskiego/aktualnosci/rok-2001/art,157,469,prezydent-rp-wzial-udzial-w-uroczystosciach-zalobnych-w-jedwabnem.html (Zugang: 04. 01. 2021).

2 Das Warschauer »Dialog-Forum« ist die größte und älteste NGO Polens, die sich für Dialog und Verständigung zwischen Polen und Juden einsetzt.

3 Rybak ist ein vorbestrafter polnischer Antisemit, vgl. zu der Protestaktion in Auschwitz https://www.welt.de/politik/ausland/article187813534/Holocaust-Gedenktag-Polnische-Nationalisten-marschieren-in-Auschwitz-auf.html (Zugang: 25. 05. 2022).

4 Nach dem Einmarsch der Sowjetunion in Ostpolen am 17. September 1939 waren ca. 250.000 polnische Soldaten durch die Sowjetunion als Kriegsgefangene in Gewahrsam genommen worden, darunter viele Berufsoffiziere sowie als Reserveoffiziere eingesetzte polnische Akademiker und Intellektuelle. In einem Wald bei Katyn nahe der Stadt Smolensk erschossen Angehörige des Sowjetischen Volkskommissariats für Innere Angelegenheiten (NKWD) zwischen dem 3. April und dem 11. Mai 1940 ca. 4.400 dieser Offiziere, zugleich wurden Tausende weitere Gefangene in der Nähe von Smolensk und in NKWD-Gefängnissen im Westen Weißrusslands und der Ukraine gezielt ermordet. Heute wird geschätzt, dass dieser von Stalin befohlenen, streng geheim gehaltenen »Säuberungsaktion« mindestens 22.000 Angehörige der militärischen und gesellschaftlichen Elite Polens zum Opfer fielen. Die Massenerschießungen bei Katyn wurde von Seiten der UdSSR jahrzehntelang dem NS-Regime angelastet, erst im April 1990 gestand Staatspräsident Michail Gorbatschow die Verantwortung der Sowjetunion für diese Verbrechen offiziell ein.

Geschichte eines gewissen Fotos

1 Maria Dąbrowska (1889-1965) war eine politisch äußerst engagierte Romanautorin und Essayistin, die sich seit 1927 literarisch auch mit der Verletzung von Menschenrechten in Polen kritisch auseinandersetzte.

Sie stammte aus dem verarmten polnischen Landadel, dessen Niedergang sie in ihrem berühmten Roman *Noce i dnie* (»Nächte und Tage«) schildert.

2 Ein Kibbuz ist eine Kollektivsiedlung, die basisdemokratisch organisiert ist und ursprünglich nur gemeinsames Eigentum vorsah.

3 Wojciech Młynarski (1941-2017) war ein in Polen überaus berühmter polnischer Liedermacher, Dichter und Satiriker.

4 Die Mormonen sammeln auf der ganzen Welt genealogische Daten; Dokumente zu rund vier Milliarden Namen wurden so bereits zusammengetragen und im Hauptarchiv der Glaubensgemeinschaft in Salt Lake City in unterschiedlicher Form verwahrt. Hintergrund der Sammlung ist der Glaube der Mormonen, auch längst verstorbene Vorfahren noch taufen lassen zu können und in die Gemeinschaft der Mormonen zu integrieren, um deren Seelenheil sicherzustellen.

5 Als Leviten werden die Nachfahren des biblischen Stammvaters Levi bezeichnet, denen alleine die Zuständigkeit für den Tempeldienst übertragen wurde.

6 Die Kohanim, eine Untergruppe der Leviten, sind der Überlieferung nach Abkömmlinge von Aaron, dem Bruder von Mose. Sie sind im Tempel für den Altardienst zuständig.

In bleibender Erinnerung

1 Das Maximilian-Kolbe-Werk e. V. ist ein katholisches Hilfswerk für die Überlebenden der Konzentrationslager und Gettos in Mittel- und Osteuropa, vgl. https://www.maximilian-kolbe-werk.de/.

2 Das Gebiet Ostjerusalem umfasst die Altstadt von Jerusalem sowie die östlich gelegenen Bezirke. In diesem Gebiet befinden sich einige der heiligsten Stätten des Judentums, aber auch des Christentums und des Islam. Das Gebiet war seit dem Palästinakrieg 1948 von Jordanien besetzt, bis es im Sechstagekrieg 1967 von Israel erobert wurde. Bis heute ist seine Zugehörigkeit, zusammen mit dem Westjordanland, stark umstritten: Trotz der völkerrechtswidrigen Annexion Ostjerusalems durch Israel 1980 ist dieses Gebiet aus palästinensischer Sicht weiterhin die Hauptstadt eines zukünftigen Palästinenserstaates.

3 *Leon Weintraub: jak długo byliśmy potrzebni, tak długo mogliśmy żyć* [Leon Weintraub: Solange wir gebraucht wurden, durften wir leben]. Ein Gespräch mit Katarzyna Pruszkowska-Sokalla, https://wydarzenia.interia.pl/raporty/raport-zbrodnia-bez-kary/historie/news-leon-weintraub-jak-dlugo-bylismy-potrzebni-tak-dlugo-moglism,nId,3371930 (Zugang: 04.01.2021).

4 Die USC Shoah Foundation ist eine NGO zur Durchführung von audiovisuellen Interviews mit Holocaust-Überlebenden und Zeitzeugen anderer Völkermorde. In Deutschland ist die Datenbank mit den

Interviews u.a. an der Freien Universität Berlin und der Justus-Liebig-Universität Gießen zugänglich.

5 Zweitzeugen e. V. ist ein Verein, der junge Menschen lehrt, wie wichtig die historische Erinnerung an das Schicksal der Holocaust-Überlebenden ist. Der Verein ermuntert Jugendliche dazu, Zweitzeugen zu werden und die Erzählungen der ehemaligen Holocaust-Opfer in ihrem eigenen sozialen Umfeld weiterzuvermitteln. Damit will man sich jeglichen Formen von Rassismus und Antisemitismus entgegenstellen und das gesellschaftliche Verantwortungsbewusstsein junger Menschen stärken. Vgl. https://zweitzeugen.de.

Die Versöhnung mit dem Bösen

1 Die »Nürnberger Gesetze« oder auch Nürnberger Rassengesetze bildeten die juristische Grundlage für die Diskriminierung, Ausgrenzung und Verfolgung der jüdischen Bevölkerung im »Dritten Reich«. Sie wurden vom Deutschen Reichstag anlässlich des 7. Reichsparteitags der NSDAP in Nürnberg am 15. September 1935 erlassen und umfassten vor allem das sogenannte »Blutschutzgesetz«, mit dem die Eheschließung sowie sexuelle Kontakte zwischen Juden und Nichtjuden unter Strafe gestellt wurden, sowie das »Reichsbürgergesetz«, durch das die Bürgerrechte jüdischer Menschen empfindlich eingeschränkt wurden. In der Folge war die Durchsetzung besonders des »Blutschutzgesetzes« aber durchaus heterogen, besonders weil zwischen »privilegierten« und »nicht-privilegierten« sogenannten Mischehen nicht einheitlich unterschieden wurde.

2 Talionsprinzip oder kurz Talion wird eine juristische Figur genannt, in der ein Gleichgewicht zwischen dem einem Opfer zugefügten Schaden sowie dem Schaden hergestellt werden soll, der dem Täter als Bestrafung zugefügt wird.

3 Als »Szmalcowniks« (von jidd. »szmalz«: etwa »fette Beute«) wurden während der deutschen Okkupation kollaborierende Polen bezeichnet, die untergetauchte Juden ausfindig machten, sie dann erpressten und/oder an die Deutschen auslieferten.

4 Eva Mozes Kor (1934-2019) hatte gemeinsam mit ihrer Zwillingsschwester Miriam (1934-1993) die fürchterlichen Experimente Josef Mengeles in Auschwitz überlebt. Sie war als Zeitzeugin überaus aktiv und machte weltweit mehrfach Schlagzeilen, weil sie mehreren Tätern persönlich öffentlich vergab und auch den Enkel des Auschwitz-Kommandanten Rudolf Höß, Rainer Höß, symbolisch als Enkel adoptierte.

5 Die unter dem Decknamen »Żegota« (poln. eigentlich *Rada Pomocy Żydom*) im Dezember 1942 gegründete polnische Untergrundorganisation stand unter der Schirmherrschaft der Londoner Exilregierung und hatte die Aufgabe, Juden zu verstecken, sie mit gefälschten Papieren zu

versehen und ihnen medizinische und finanzielle Unterstützung zukommen zu lassen. Auf diese Weise wurden Tausende Menschen gerettet.

6 Die Bezeichnung bezieht sich auf den in Israel nach der Staatsgründung 1948 eingeführten Ehrentitel, den die Gedenkstätte Yad Vashem an Menschen nichtjüdischer Abstammung verleiht, die nachweislich ihr Leben einsetzten, um vom NS-Regime im Zweiten Weltkrieg verfolgte Juden zu retten.

7 Ein eindrucksvolles Zeugnis von dieser grauenhaften Existenz der Sonderkommandos Filip Müllers (1922-2013) bietet der jüngst in Neuauflage erschienene Erinnerungsbericht »Sonderbehandlung. Meine Jahre in den Krematorien und Gaskammern von Auschwitz« (Darmstadt 2022).